예제 중심의 웹 프로그래밍 입문서

HTML & CSS

for Beginner

황재호 지음

한빛아카데미
Hanbit Academy, Inc.

지은이 황재호 jaeho@swc.ac.kr

1991년부터 6년간 KT 연구개발본부의 연구원으로 영상신호처리와 관련된 연구를 했으며, 2001년에는 경희대학교 전자공학과에서 박사 학위를 취득했다. 2002년부터 2년간 경희대학교 컴퓨터공학과 외래교수로 'Visaul C++ 네트워크 프로그래밍'을 강의했다. 2001년부터 현재까지 수원여자대학교 시각디자인과에서 'HTML', 'PHP', '웹/모바일 디자인', '웹 기획' 등을 강의하고 있다.

HTML & CSS *for* **Beginner** : 예제 중심의 웹 프로그래밍 입문서

초판발행 2016년 11월 10일
5쇄발행 2021년 07월 20일

지은이 황재호 / **펴낸이** 전태호
펴낸곳 한빛아카데미(주) / **주소** 서울시 서대문구 연희로2길 62 한빛아카데미(주) 2층
전화 02-336-7112 / **팩스** 02-336-7199
등록 2013년 1월 14일 제2017-000063호 / **ISBN** 979-11-5664-279-4 93000

책임편집 김성무 / **기획** 김성무 / **편집** 김미정, 박민정 / **진행** 정서린
디자인 표지 김연정, 내지 여동일 / **전산편집** 김정미 / **제작** 박성우, 김정우
영업 이윤형, 길진철, 김태진, 김성삼, 이정훈, 임현기, 이성훈, 김주성 / **영업기획** 김호철, 주희

이 책에 대한 의견이나 오탈자 및 잘못된 내용에 대한 수정 정보는 아래 홈페이지나 이메일로 알려주십시오.
잘못된 책은 구입하신 서점에서 교환해 드립니다. 책값은 뒤표지에 표시되어 있습니다.

홈페이지 www.hanbit.co.kr / **이메일** question@hanbit.co.kr

지금 하지 않으면 할 수 없는 일이 있습니다.
책으로 펴내고 싶은 아이디어나 원고를 메일(writer@hanbit.co.kr)로 보내주세요.
한빛아카데미(주)는 여러분의 소중한 경험과 지식을 기다리고 있습니다.

1시간 강의를 위해 3시간을 준비하는 마음!

군더더기 없는 핵심 원리 + 말랑말랑 쉬운 콘텐츠

핵심 원리 하나만 제대로 알면 열 가지 상황도 해결할 수 있습니다.
친절한 설명과 명확한 기승전결식 내용 전개로 학습 의욕을 배가시켜줍니다.

핵심 원리 → 풍부한 예제와 연습문제 → 프로젝트로 이어지는 계단 학습법

기본 원리를 다져주는 예제, 본문에서 배운 내용을 촘촘하게 점검해볼 수 있는 연습문제,
현장에서 바로 응용할 수 있는 프로젝트를 단계별로 구성해 학습의 완성도를 높였습니다.

학습욕구를 높여주는 현장 이야기가 담긴 IT 교과서

필드 어드바이저의 인터뷰와 주옥 같은 현업 이야기를 담았습니다.
강의실 밖 현장의 요구를 접하는 기회를 제공하고,
학생들 스스로 필요한 공부를 할 수 있도록 방향을 제시합니다.

HTML과 CSS, HTML5 기초까지
초보자를 위한 웹 프로그래밍 입문서!

웹은 1989년 팀 버너스 리의 제안으로 시작되었다. 최근에는 어디서나 자유롭게 네트워크에 접속할 수 있는 유비쿼터스 환경과 스마트폰의 보급으로 더욱더 발전을 거듭하고 있다. 이에 따라 웹의 기초인 HTML과 CSS에 대한 관심도 커지고 있다.

초기의 HTML과 CSS는 구조가 단순하고 복잡하지 않아서 초보자가 이해하기에 어렵지 않았다. 그러나 2014년 10월에 웹 표준화 기구인 W3C에서 발표한 HTML5와 CSS3에는 새롭고 다양한 기능이 많이 추가되어 HTML을 처음 접하는 초보자가 HTML5의 핵심을 이해하는 데 어려움을 겪게 되었다. 따라서 HTML과 CSS의 기본 구조와 동작 원리를 먼저 이해해야 HTML5를 올바르게 이해할 수 있다.

HTML과 CSS에 관한 서적이 많이 출간되었지만 주로 HTML5와 CSS3의 새로운 기능을 설명하고 있다. 게다가 기초 기능을 소개하는 문법부터 고급 기능까지 너무 방대한 내용을 다루는 경우도 많다. 이러한 서적은 HTML에 대한 사전 지식이 있는 독자가 공부하는 데는 별 문제가 없으나 처음 접하는 초보자는 HTML과 CSS의 기초를 확립하는 데 어려움이 있다.

저자는 수년 동안 HTML과 CSS를 강의하면서 초보자가 이해하기 쉬운 다양한 예제를 통해 자연스럽게 HTML과 CSS의 기본을 확립하고 HTML5의 기초까지 익힐 수 있는 책의 필요성을 절감하여 이 책을 집필하게 되었다. 따라서 이 책은 HTML을 처음 접하는 초보자를 대상으로 한다. 다양한 실습 예제를 통해 자연스럽게 HTML과 CSS의 기본 동작 원리를 파악하고 HTML5의 기초를 확립하는 데 초점을 두었다. 또한 HTML5와 CSS3에 추가된 태그와 기능을 실제 웹 사이트 제작에 응용해보는 실습 예제를 통해 독자 스스로 웹 사이트를 제작할 수 있는 능력을 배양하는 데 그 목적이 있다.

아무쪼록 독자들이 이 책을 통해 HTML과 CSS의 핵심을 이해하고, 나아가 HTML5를 이용하여 웹 사이트를 자유자재로 제작할 수 있는 능력을 갖추는 데 많은 도움이 되기를 바란다. 끝으로 이 책이 출간되기까지 기획과 편집 과정에 많은 도움을 주신 한빛아카데미㈜의 김미정 과장님과 유경희 차장님, 김현용 팀장님께 감사드린다. 그리고 편안하게 집필 작업에 몰두할 수 있도록 도움을 준 사랑하는 아내와 딸에게 고마움을 전한다.

저자 **황재호**

무엇을 다루는가

❶ HTML의 기본 익히기 : 1~4장
- HTML 문서 구조 이해하기
- 텍스트
- 이미지와 멀티미디어
- 테이블과 폼 양식

❷ CSS의 기본 익히기 : 5~10장
- CSS : 텍스트
- CSS : 선택자
- CSS : 배경과 목록
- CSS : 박스 모델과 디스플레이
- CSS : 테이블과 폼
- CSS : 레이아웃

❸ 실전 웹 사이트 제작하기 : 11~14장
- 웹 페이지 레이아웃
- 커뮤니티 사이트 제작
- 쇼핑몰 사이트 제작
- 반응형 웹 디자인

❹ 웹 표준과 웹 개발 프로세스 : 부록
- 웹 표준
- 웹 개발 프로세스

예제 소스

실습에 필요한 예제 소스는 다음 주소에서 내려받을 수 있습니다.

- **http://www.hanbit.co.kr/exam/4279**

연습문제 해답 안내

본 도서는 대학 강의용 교재로 개발되었으므로 연습문제 해답은 제공하지 않습니다.

이 책의 실습 환경

이 책의 예제를 실습하는 데 필요한 환경은 다음과 같습니다.

- **운영체제 : Windows 7**(Windows 7 이후 모두 가능)
- **문서 편집기 :** 서브라임 텍스트 또는 메모장
- **브라우저 :** 구글 크롬 또는 인터넷 익스플로러

강의 보조 자료

한빛아카데미 홈페이지에서 '교수회원'으로 가입하신 분은 인증 후 교수용 강의 보조 자료를 제공받으실 수 있습니다. 한빛아카데미 홈페이지 상단의 [교수전용공간] 메뉴를 클릭하세요.

- **http://www.hanbit.co.kr/academy**

이 책은 HTML과 CSS를 통해 웹 프로그래밍을 처음 접하는 독자를 위한 기본서입니다. 좀 더 쉽게 학습 방향을 잡고 기본기를 다져 실력을 기를 수 있도록 다양한 학습 장치로 구성되어 있습니다. 이 책이 제안하는 다음의 4단계 학습법을 통해 학습 능률을 배가하길 바랍니다.

1 단계
워밍업 본격적인 학습을 시작하기 전에 앞으로 배울 내용을 알려주고 학습 방향을 제시합니다.

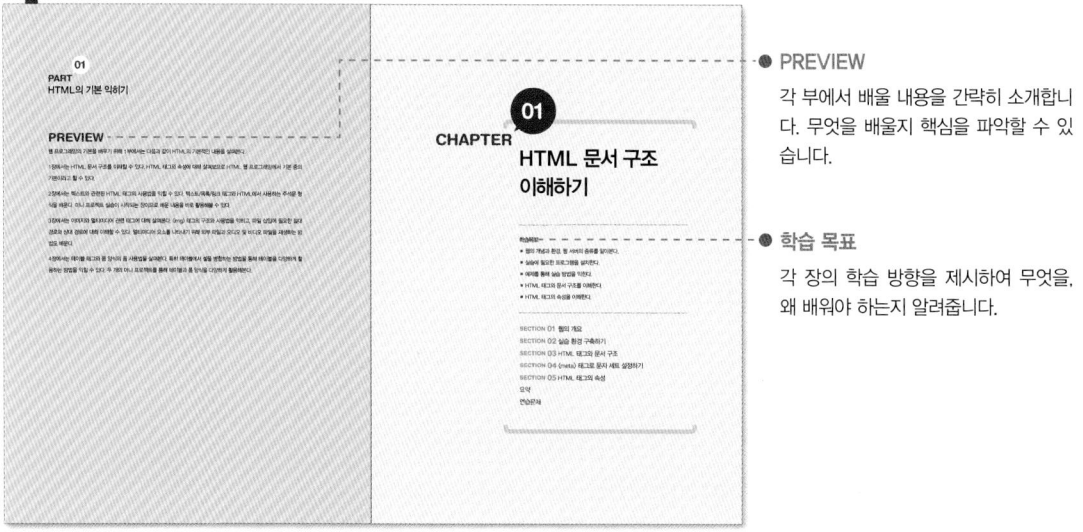

● **PREVIEW**
각 부에서 배울 내용을 간략히 소개합니다. 무엇을 배울지 핵심을 파악할 수 있습니다.

● **학습 목표**
각 장의 학습 방향을 제시하여 무엇을, 왜 배워야 하는지 알려줍니다.

2 단계
기본기 다지기 각 장의 본문 설명과 예제 실습을 통해 주요 기능과 실제 활용 방법을 익힙니다.

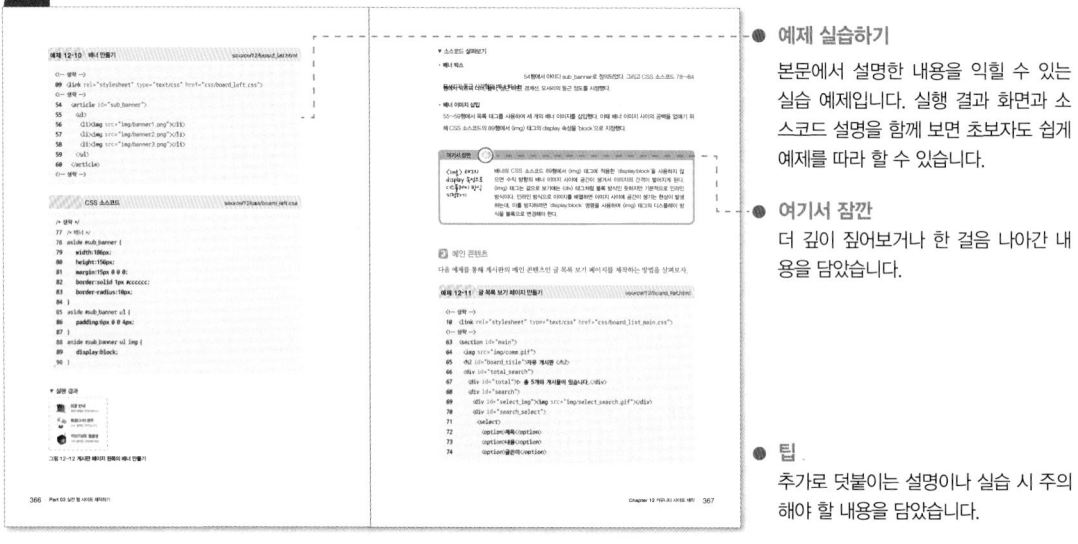

● **예제 실습하기**
본문에서 설명한 내용을 익힐 수 있는 실습 예제입니다. 실행 결과 화면과 소스코드 설명을 함께 보면 초보자도 쉽게 예제를 따라 할 수 있습니다.

● **여기서 잠깐**
더 깊이 짚어보거나 한 걸음 나아간 내용을 담았습니다.

● **팁**
추가로 덧붙이는 설명이나 실습 시 주의해야 할 내용을 담았습니다.

3 단계
응용력 기르기 미니 프로젝트를 통해 앞서 배운 내용을 활용하고 실전 감각도 기릅니다.

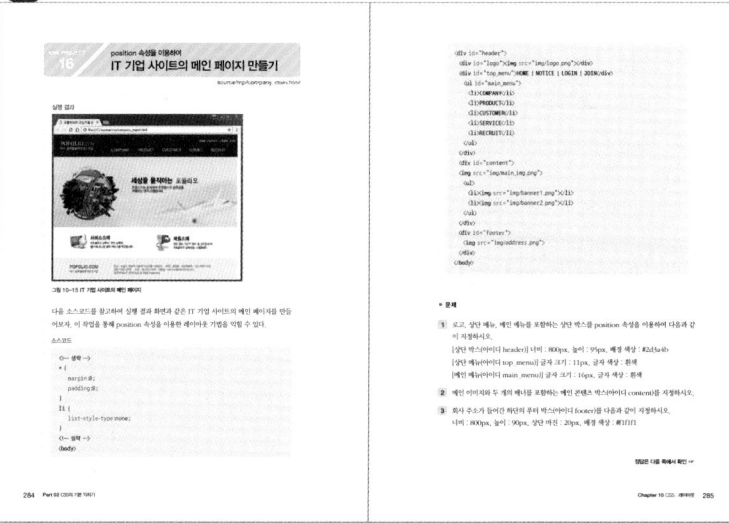

● **미니 프로젝트**

본문에서 배운 내용을 종합하여 응용해 볼 수 있는 미니 프로젝트입니다. 코드 가 좀 더 길고 추가로 알아야 할 내용도 있지만, 배운 내용을 바탕으로 차근차근 따라 하면 큰 어려움 없이 완성할 수 있 습니다.

4 단계
이해력 점검하기 장별 요약과 연습문제를 통해 각 장에서 배운 내용을 정리하고 문제 해결력을 기릅니다.

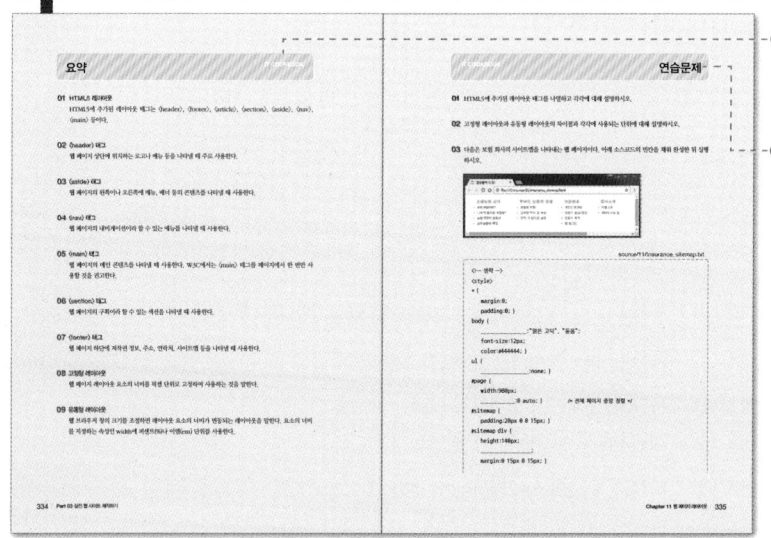

● **요약**

세분화된 지식을 정리, 종합하여 살펴볼 수 있습니다.

● **연습문제**

핵심 내용을 문제 형식으로 다시 확인함 으로써 자기 것으로 만들 수 있습니다.

텍스트와 관련된 HTML 태그인 텍스트/목록/링크 태그의 사용법을 익히고 HTML 주석문 형식을 배울 수 있습니다.

테이블 태그와 폼 양식의 폼 사용법을 살펴봅니다. 셀을 병합하는 방법을 통해 테이블 태그를 다양하게 활용할 수 있습니다.

CSS를 적용할 영역을 선택하는 데 사용하는 CSS 선택자에 대해 알아봅니다. CSS에서 사용하는 주석문의 형식과 사용법도 익힐 수 있습니다.

─ 실/습/목/차 ─

목차

CSS를 제대로 사용하기 위해 알아야 할 박스 모델 개념에 대해 살펴봅니다. CSS를 이용하여 경계선과 마진, 패딩을 나타내는 방법도 익힐 수 있습니다.

웹 페이지에 여러 요소를 배치하는 레이아웃 작업에 CSS를 이용하는 방법을 익힐 수 있습니다. 레이아웃 작업에 필요한 속성의 개념과 사용법도 살펴봅니다.

실 / 습 / 목 / 차

게시판을 통해 정보를 제공하는 커뮤니티 사이트의 메인 페이지와 다양한 게시판 페이지를 만드는 방법을 살펴봅니다. 글 목록 보기, 글쓰기, 글 내용 보기 페이지를 제작할 수 있습니다.

웹 페이지를 다양한 기기의 화면에서 제대로 보이게 하는 기술인 반응형 웹 디자인과 미디어 쿼리를 살펴봅니다. 가변 그리드 레이아웃과 미디어 쿼리로 반응형 웹 페이지를 제작할 수 있습니다.

목차

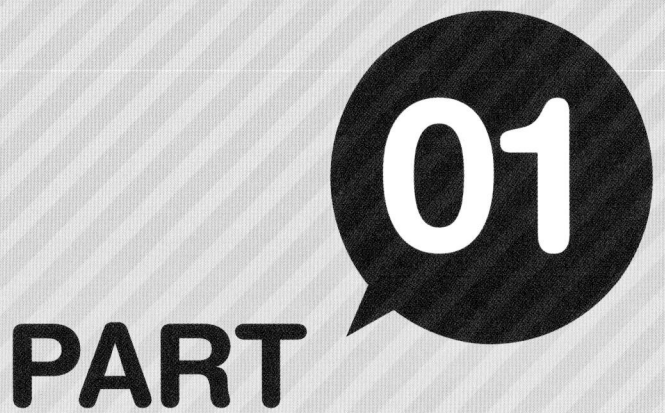

PART

HTML의
기본 익히기

PREVIEW

웹 프로그래밍의 기본을 배우기 위해 1부에서는 다음과 같이 HTML의 기본적인 내용을 살펴본다.

1장에서는 HTML 문서 구조를 이해할 수 있다. HTML 태그와 속성에 대해 살펴보므로 HTML 웹 프로그래밍에서 기본 중의 기본이라고 할 수 있다.

2장에서는 텍스트와 관련된 HTML 태그의 사용법을 익힐 수 있다. 텍스트/목록/링크 태그와 HTML에서 사용하는 주석문 형식을 배운다. 미니 프로젝트 실습이 시작되는 장이므로 배운 내용을 바로 활용해볼 수 있다.

3장에서는 이미지와 멀티미디어 관련 태그에 대해 살펴본다. ⟨img⟩ 태그의 구조와 사용법을 익히고, 파일 삽입에 필요한 절대 경로와 상대 경로에 대해 이해할 수 있다. 멀티미디어 요소를 나타내기 위해 외부 파일과 오디오 및 비디오 파일을 재생하는 방법도 배운다.

4장에서는 테이블 태그와 폼 양식의 폼 사용법을 살펴본다. 특히 테이블에서 셀을 병합하는 방법을 통해 테이블을 다양하게 활용하는 방법을 익힐 수 있다. 두 개의 미니 프로젝트를 통해 테이블과 폼 양식을 다양하게 활용해본다.

CHAPTER

01

HTML 문서 구조
이해하기

학습목표

- 웹의 개념과 환경, 웹 서버의 종류를 알아본다.
- 실습에 필요한 프로그램을 설치한다.
- 예제를 통해 실습 방법을 익힌다.
- HTML 태그와 문서 구조를 이해한다.
- HTML 태그의 속성을 이해한다.

웹의 개요

1 웹이란?

WWW(World Wide Web)로도 불리는 웹은 인터넷, 컴퓨터, 웹 브라우저(web browser)를 통해 글자, 이미지, 동영상, 음성 등의 데이터를 사용자에게 제공하거나, 사용자와 컴퓨터 또는 사용자 상호 간에 소통하게 해주는 서비스를 말한다. 이때 웹 브라우저는 서버에서 제공되는 데이터를 분석하여 화면에 보여주는 역할을 한다. 국외 및 국내에서 널리 사용되는 웹 브라우저로는 마이크로소프트의 인터넷 익스플로러(Internet Explorer), 구글의 크롬(Chrome), 애플의 사파리(Safari), 모질라재단(Mozilla Foundation)의 파이어폭스(Firefox) 등이 있다.

웹의 개념을 이해할 때 중요한 것이 웹 브라우저인데, 사용자 입장에서 보면 웹의 모든 것은 웹 브라우저를 통해 일어난다. 예를 들어 웹 브라우저를 열고 컴퓨터 게임을 하면 PC든 스마트폰과 같은 모바일 기기든 간에 그 게임을 웹 게임이라 부른다. 또한 웹 메일은 사용자가 웹 브라우저를 통해 메일 서비스를 제공하는 웹 사이트에 접속하여 메일을 이용하기 때문에 웹 메일이라 불린다.

웹과 관련된 직업에는 웹 디자이너와 웹 프로그래머가 있다. 먼저 웹 디자이너의 역할인 웹 디자인은 웹 브라우저에 들어가는 웹 페이지(웹 서핑을 할 때 보게 되는 화면)와 그 안의 콘텐츠, 즉 텍스트, 이미지, 동영상 등을 디자인하는 것을 말한다. 웹 디자이너가 되려면 포토샵이나 일러스트레이터 같은 기본적인 디자인 툴과 웹 페이지를 제작하는 데 필요한 HTML, CSS도 어느 정도 다룰 줄 알아야 한다.

웹 프로그래머의 역할인 웹 프로그래밍은 웹 브라우저에서 사용자의 마우스, 키보드 조작에 반응하는 기능, 프로그램에 필요한 데이터 저장 · 수정 · 삭제 등의 기능을 구현하는 것을 말한다. 예를 들어 회원 가입, 로그인, 게시판, 쇼핑몰의 장바구니, 배송 조회, 예약/예매, 카드 결제와 같은 기능을 구현하는 것이 바로 웹 프로그래머의 역할이다. 웹 프로그래머라면 당연히 HTML과 CSS를 능숙하게 다룰 수 있어야 하며, 웹 프로그래밍 언어인 PHP(또는 JSP, ASP), 자바스크립트(JavaScript), 제이쿼리(jQuery) 등과 데이터를 저장 · 수정 · 삭제할 수 있는 데이터베이스에 관한 지식을 지녀야 한다.

2 웹의 서버와 클라이언트 환경

HTML과 CSS를 기본으로 하여 구축된 웹 사이트를 사용자가 어떤 경로를 통해 이용하는지 알아보기 위해 먼저 웹의 서버와 클라이언트 환경에 대해 살펴보자.

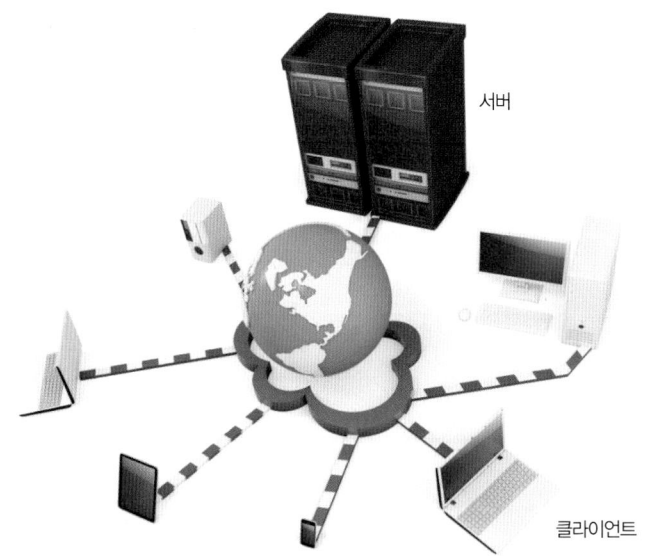

서버

클라이언트

그림 1-1 서버와 클라이언트의 개념

[그림 1-1]은 웹 서비스를 제공하는 웹 서버와 웹 서비스를 제공받는 클라이언트의 관계를 개념적으로 나타낸 것이다. 데이터센터나 자체 전산센터 내에 존재하는 웹 서버는 인터넷상에 자신만의 고유한 IP(Internet Protocol) 주소를 갖고서 인터넷 망에 연결되어 있다. 서버는 웹 서비스 제공에 필요한 HTML, CSS 파일과 이미지, 동영상, 사운드 등의 데이터를 저장하고 있다.

클라이언트 측에 있는 사용자가 웹 브라우저 주소 창에 웹 페이지의 주소, 즉 URL(uniform resource locator)을 입력하면 이 요청이 인터넷 망을 통해 서버에 전달되고, 서버는 요청받은 데이터를 클라이언트의 컴퓨터에 전송한다. 그러면 클라이언트의 웹 브라우저는 서버가 전송한 데이터를 해석하여 웹 브라우저 화면에 보여준다. 이와 같은 방식으로 웹 서버와 클라이언트는 서로 정보를 교환함으로써 소통하는 것이다.

위에서 설명한 내용 중 주요 용어를 좀 더 자세히 살펴보자.

■ 데이터센터

거대 네트워크가 구축된 대형 빌딩에 거주하는 데이터센터는 자신이 보유한 서버와 네트워크를 기업이나 기관에 임대하는 서비스를 제공한다. 국내에서는 KT, SK, LG유플러스, 삼성SDS, LG CNS 등의 기업들이 데이터센터를 운영하고 있다. 한편 가비아, 후이즈, 카페24, 고도 등의 업체는 데이터센터에서 제공하는 대용량의 네트워크나 서버를 임대하여 개인이나 기업에 재임대하는 웹 서비스를 제공한다. 이러한 서비스에는 웹 서버를 통째로 판매 또는 임대하는 서버 호스팅, 홈페이지를 구축할 수 있는 디스크 공간과 서버의 계정을 제공하는 웹 호스팅 등이 있다.

■ 웹 서버

서버는 인터넷과 같은 네트워크를 통해 클라이언트가 요청하는 서비스를 제공하는 컴퓨터를 의미한다. 예를 들어 메일 서버는 이메일 서비스를 제공하는 컴퓨터이고, 프린터 서버는 서버에 연결된 프린터를 통해 클라이언트가 요청하는 프린트 서비스를 제공하는 컴퓨터이다. 웹 서버는 원격에서 인터넷을 통해 웹 서비스를 제공하는 서버 컴퓨터의 소프트웨어를 의미하기도 하고, 하드웨어 자체인 서버 컴퓨터를 지칭하기도 한다.

■ 클라이언트

클라이언트는 원격의 웹 서버에 서비스를 요청하는 컴퓨터 또는 컴퓨터 사용자를 의미한다. 일반적으로 클라이언트는 PC나 스마트폰을 이용하여 웹 서핑을 하는 사용자를 가리킨다. 클라이언트는 웹 브라우저 주소 창에 웹 주소(URL)를 입력하여 서버에 웹 페이지를 요청하고, 서버는 클라이언트의 요청에 따라 텍스트 형태로 된 HTML 문서와 관련 데이터를 송신하며, 웹 브라우저는 서버에서 보내온 데이터를 해석하여 화면에 표시한다. 이런 과정을 통해 클라이언트 측의 사용자는 웹 서비스를 이용할 수 있다.

■ 웹 사이트와 웹 페이지

웹 사이트는 인터넷 프로토콜 기반의 네트워크에서 도메인 이름(domain name)만으로 구성된 URL이 나타내는 웹 페이지들의 묶음이다. 쉽게 설명하자면 흔히 말하는 홈페이지가 바로 웹 사이트이다.

웹 페이지는 웹 브라우저에서 보는 각각의 화면을 말한다. 웹 페이지는 기본적으로 HTML과 CSS로 구성된 텍스트 파일 및 관련 데이터 파일로 구성된다. 웹 서버는 클라이언트 측에 있는 웹 브라우저의 요청에 따라 해당 웹 페이지의 HTML, CSS 파일과 관련 데이터 파일(이미지, 동영상, 음성)을 클라이언트에 전송하고, 클라이언트 측의 웹 브라우저는 서버로부터 받은 데이터 파일을 해석하여 화면에 보여준다.

■ 웹 호스팅

웹 호스팅은 인터넷 전문 업체에서 자신이 보유한 웹 서버와 네트워크를 이용하여 개인 또는 기관이 홈페이지를 구축할 수 있도록 서버상의 사용자 계정과 디스크 공간을 임대하는 서비스를 말한다. 별도의 웹 서버를 보유하지 않은 개인이나 기관은 웹 호스팅 서비스를 통해 홈페이지 데이터를 저장할 수 있는 서버의 디스크 공간을 확보하고 서버 작업 환경을 설정할 수 있다. 검색 사이트에서 '웹 호스팅'을 검색해보면 여러 웹 호스팅 업체가 있는데, 이를 통해 이용 가능한 웹 호스팅 비용은 월 또는 연 단위로 지불한다.

■ IP 주소와 DNS

인터넷상의 각 컴퓨터는 다른 컴퓨터와 구별되도록 적어도 하나 이상의 고유한 주소를 갖는데 이를 IP 주소라고 한다. 숫자로 된 IP 주소는 ×××.×××.×××.×××(예 : 210.112.132.344)와 같은 형태이다. 그러나 숫자로 된 IP 주소는 기억하기 어렵기 때문에 이를 대신하여 도메인 이름을 사용하고 있다. 우리가 많이 사용하는 도메인 이름은 naver.com, cafe24.com, daum.net, auction.co.kr과 같이 알파벳과 숫자로 이루어졌으며, 이러한 도메인 이름은 DNS(domain name system)라는 도메인 네임 서버에 등록되어 있다. DNS는 실제 통신에 필요한 컴퓨터의 IP 주소와 그것에 대응하는 도메인 이름의 쌍으로 구성된 정보를 갖고 있다. 우리가 웹 브라우저 창에 도메인 이름을 입력하면 DNS가 그 도메인 이름에 설정되어 있는 IP 주소를 알려주어 그 IP 주소를 통해 네트워크 통신이 이루어지는 것이다.

3 웹 브라우저

앞에서 설명했듯이 클라이언트 측에서는 웹 브라우저가 핵심적인 역할을 하는데, 이러한 웹 브라우저의 종류에 대해 좀 더 자세히 알아보자.

　　크롬　　　　　　파이어폭스　　　　인터넷 익스플로러　　　　사파리　　　　　　오페라

그림 1-2 웹 브라우저의 종류

[그림 1-2]와 같이 웹 브라우저의 종류에는 구글의 크롬, 마이크로소프트의 인터넷 익스플로러, 애플의 사파리, 모질라재단의 파이어폭스, 오페라소프트웨어(Opera Software ASA)의 오페라(Opera) 등이 있다. 우리나라에서는 인터넷 익스플로러를 가장 많이 사용하고 있으나 전 세계적으로는 크롬의 시장 점유율이 가장 높다.

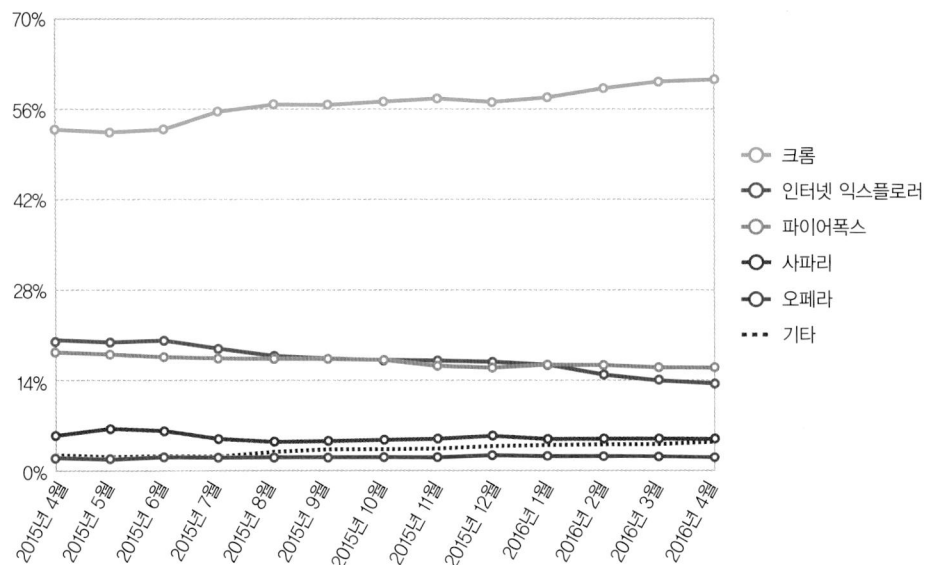

그림 1-3 웹 브라우저별 세계 시장 점유율(2015년 4월~2016년 4월)

아일랜드의 통계 분석 기관인 스탯카운터의 자료([그림 1-3] 참조, http://gs.statcounter.com)에 따르면, 2015년 4월부터 2016년 4월까지 데스크톱 컴퓨터 웹 브라우저의 세계 시장 점유율은 크롬이 60.5%, 파이어폭스가 15.6%, 인터넷 익스플로러가 13.3%, 사파리가 4.6%, 오페라가 1.9%를 차지하고 있다. 크롬이 높은 점유율로 1위를 달리고 파이어폭스와 인터넷 익스플로러가 그 뒤를 잇는다. 사파리는 아이폰에서 웹 브라우저로 널리 쓰이지만 데스크톱 부문의 점유율이 상당히 낮은 편이며, 오페라는 인터넷 접속 환경이 좋지 않은 유럽과 아프리카에서 주로 사용되지만 역시 세계 시장 점유율이 매우 낮다.

한편 국내 데스크톱용 웹 브라우저 시장을 살펴보면 세계 시장과는 뚜렷하게 다른 양상을 보이고 있다. 우리나라에서는 인터넷 익스플로러의 시장 점유율이 61%로 압도적인 1위이고 크롬이 32%로 그 뒤를 이으며, 나머지 브라우저(파이어폭스, 사파리, 오페라)는 7% 미만으로 사용률이 매우 낮다.

실습 환경 구축하기

HTML 문서 구조를 설명하기에 앞서 이 책의 예제를 따라 하는 데 필요한 실습 환경을 구축하고 구체적인 실습 방법을 알아보자.

1 프로그램 설치하기

먼저 실습에 필요한 HTML 문서 편집기와 크롬 브라우저를 설치한다.

❶ 문서 편집기 설치하기

HTML 문서를 작성하는 데 필요한 문서 편집기를 정하고 설치해보자. 국내에서 많이 사용하는 문서 편집기는 메모장, 서브라임 텍스트(Sublime Text), 아크로에디트(Acroedit), 에디트 플러스(Editplus) 등이다. 또한 비주얼 스튜디오(Visual Studio)와 같은 프로그래밍 전용 툴도 있는데, 자신에게 익숙한 문서 편집기 프로그램을 이용하면 된다.

선호하는 문서 편집기가 따로 없다면 서브라임 텍스트를 권한다. 서브라임 텍스트 홈페이지 (http://www.sublimetext.com/)에서 PC의 운영체제에 맞는 프로그램 설치 파일을 다운로드하고 더블클릭을 하면 간단히 설치할 수 있다(어려운 과정이 아니니 자세한 설명은 생략한다). 서브라임 텍스트는 유료 상용 프로그램이기 때문에 사용하는 도중에 등록을 하라는 팝업 창이 뜨지만, 이것 말고는 별다른 제약이 없으므로 큰 불편 없이 무료로 사용할 수 있다.

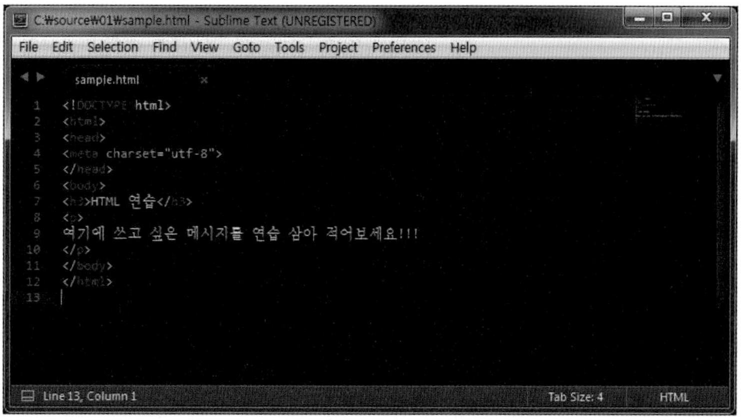

그림 1-4 서브라임 텍스트에서 sample.html 파일을 열었을 때의 화면

[그림 1-4]는 곧 실습할 sample.html 파일을 서브라임 텍스트 프로그램에서 열었을 때의 화면이다. 화면에서 보는 바와 같이 서브라임 텍스트에서는 HTML 태그의 글자 색깔을 다르게 나타내주며 그 외에도 HTML 문서를 편집하는 데 유용한 기능을 제공하므로 편리하게 이용할 수 있다.

❷ 크롬 설치하기

크롬은 구글의 크롬 사이트(http://www.google.com/chrome)에서 안내하는 대로 따라 하면 간단하게 설치할 수 있다. 컴퓨터에 크롬이 설치되어 있지 않다면 실습 전에 미리 설치한다.

❷ HTML 문서 편집 및 실행 연습하기

앞에서 설치한 서브라임 텍스트와 크롬을 이용하여 간단한 HTML 파일을 작성한 뒤 실행해보자. 먼저 작업 파일을 저장하기 위한 적당한 이름의 작업 폴더를 자신의 PC에 만들고, 서브라임 텍스트를 열어 [예제 1-1]의 소스코드를 입력한다.

TIP/ 이 책에서는 [source]-[01~14] 폴더에 작업 파일을 저장한다.
TIP/ 서브라임 텍스트가 아닌 다른 문서 편집기를 이용하는 경우에도 소스코드를 똑같이 입력하면 된다.

예제 1-1   **HTML 문서 작성하고 실행하기**   *source/01/sample.html*

```
<!DOCTYPE html>
<html>
<head>
<meta charset="utf-8">
</head>
<body>
<h3>HTML 연습</h3>
<p>
여기에 쓰고 싶은 메시지를 연습 삼아 적어보세요!!!
</p>
</body>
</html>
```

소스코드를 모두 입력하면 파일명을 'sample.html'로 하여 미리 만들어둔 작업 폴더에 저장한다. 이제 sample.html을 크롬에서 실행해보자. 작업 폴더를 열고 sample.html 파일을 더블 클릭하거나, 파일을 클릭하여 선택한 뒤 마우스 오른쪽 버튼을 눌러 [연결 프로그램]-[Google Chrome]을 선택하면 다음과 같은 실행 결과를 볼 수 있다.

▼ 실행 결과

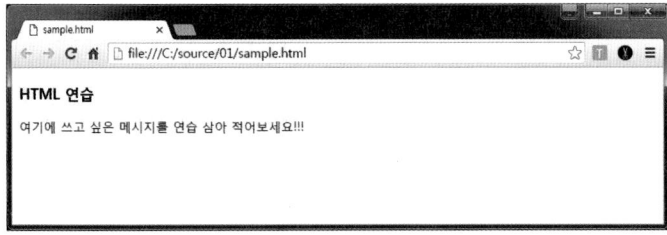

그림 1-5 sample.html을 크롬에서 실행한 결과

만약 한글이 깨져 보인다면 다음 사항을 확인해본다.

- [예제 1-1]의 소스코드 4행을 제대로 입력했는가?
- sample.html 파일을 UTF-8 문자 세트로 저장했는가?

서브라임 텍스트는 작성된 모든 문서를 기본적으로 UTF-8 문자 세트로 저장하므로 한글이 깨지지 않는다. 서브라임 텍스트가 아닌 다른 문서 편집기를 이용하는 경우에는 문서를 저장할 때 반드시 문자 세트(character set)를 UTF-8로 설정해야 한다. 대부분의 문서 편집기는 파일을 저장할 때 사용자가 문자 세트를 설정할 수 있는 기능을 제공한다.

TIP/ UTF는 'Unicode Transformation Format'의 약어로, UTF-8 방식에서 문자는 4바이트 크기의 이진 코드(0과 1의 조합)로 표현된다.

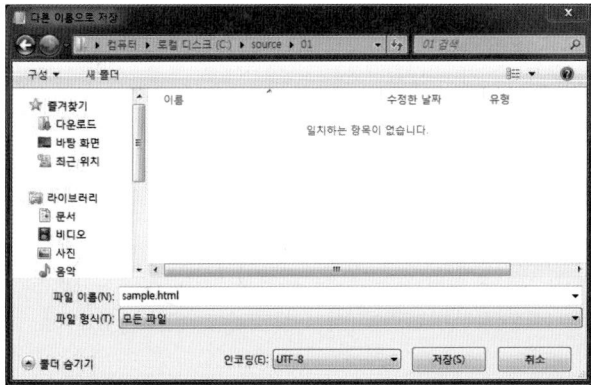

그림 1-6 메모장에서 '인코딩'의 문자 세트를 UTF-8로 설정하여 저장하는 경우

UTF-8 문자 세트는 텍스트 문서를 저장할 때의 국제 표준으로, 뒤에서 자세히 설명할 것이다.

SECTION 03 HTML 태그와 문서 구조

HTML은 'HyperText Markup Language'의 약어로, 웹 페이지를 만들 때 사용하는 가장 기본적인 웹 프로그래밍 언어이다. HTML에서 사용하는 명령어는 태그(tag)라고 하며 홑화살괄호인 〈 〉를 이용하여 나타낸다. HTML 태그는 〈body〉와 〈/body〉, 〈head〉와 〈/head〉, 〈p〉와 〈/p〉처럼 대부분 한 쌍으로 이루어져 있다. 이러한 HTML 태그로 작성된 문서를 HTML 문서라고 한다.

다음 예제를 통해 HTML 문서 구조를 살펴보자.

TIP/ [예제 1-2]의 각 행 앞에 있는 01~09는 이 책에서 소스코드를 효율적으로 설명하기 위해 붙인 행 번호이므로 실습할 때 입력하지 않는다.

예제 1-2 HTML 문서 구조 살펴보기	source/01/hello.html

```
01  <!DOCTYPE html>
02  <html>
03  <head>
04  <title>Welcome To My Home</title>
05  </head>
06  <body>
07    Hello! My name is HTML.
08  </body>
09  </html>
```

▼ 실행 결과

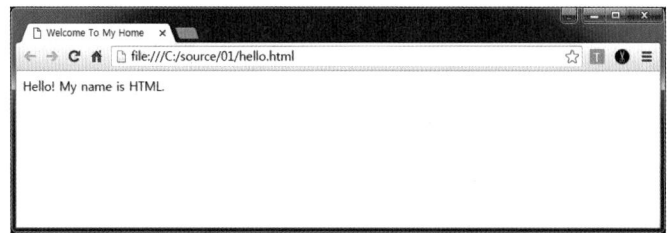

그림 1-7 HTML 문서 구조 살펴보기

▼ 소스코드 살펴보기

- **〈!DOCTYPE html〉**

  1행에서 사용한 〈!DOCTYPE〉은 브라우저에 HTML 문서의 버전을 알려주는 역할을 한다. 〈!DOCTYPE html〉은 이 HTML 문서가 HTML5 문서임을 알려주는데, 브라우저는 이 태그를 통해 '아, 이 문서는 HTML5를 기반으로 작성된 것이구나!' 하고 이해하여 HTML5 문법에 따라 해석하고 화면에 표시한다. 이 책의 예제는 모두 HTML5를 기반으로 작성한 것이므로 모든 HTML 문서의 첫 번째 행에 〈!DOCTYPE html〉이 들어간다.

- **〈html〉과 〈/html〉**

  2행에는 〈html〉을 넣고 문서의 마지막인 9행에는 〈/html〉을 넣었다. 〈html〉과 〈/html〉은 각각 HTML 문서의 시작과 끝을 의미한다.

- **〈body〉와 〈/body〉**

  실행 결과 화면에 'Hello! My name is HTML.'이 나타났다. 여기에 해당하는 것이 소스코드의 6~8행으로, 6행의 〈body〉와 8행의 〈/body〉 사이에 들어가는 내용이 브라우저 실행 화면에 보이게 된다. 〈body〉는 브라우저 실행 화면에 보이는 내용의 시작을 나타내고 〈/body〉는 끝을 나타낸다.

- **〈head〉와 〈/head〉**

  3행의 〈head〉와 5행의 〈/head〉는 브라우저의 실행 화면에는 보이지 않지만 HTML 문서에서 필요한 사항이나 특수한 기능을 설정할 때 사용한다. 〈head〉 태그의 영역에서 사용하는 〈title〉, 〈meta〉, 〈link〉, 〈style〉, 〈script〉 태그는 각각 HTML 문서의 제목 설정, 문자 세트 설정, 외부 파일 연결, CSS 정의, 자바스크립트 정의 등의 역할을 수행한다.

- **〈title〉과 〈/title〉**

  4행의 〈title〉과 〈/title〉은 실행 결과 화면 왼쪽 상단의 탭 버튼에 보이는 웹 페이지 제목 'Welcome To My Home'을 표시하는 데 사용한다.

HTML 문서 구조를 파악하기 위해 [예제 1-2]를 블록 형태로 나타내면 다음과 같다.

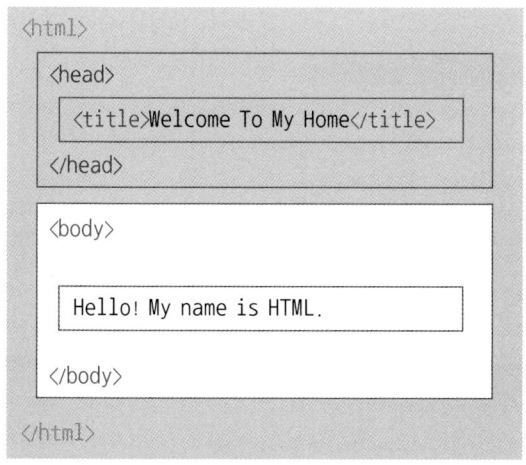

그림 1-8 hello.html로 살펴본 HTML 문서 구조

⟨meta⟩ 태그로 문자 세트 설정하기

⟨meta⟩ 태그는 데이터를 표현하는 속성인 메타데이터를 설정할 때 사용하는 것으로, 문자 세트를 설정하는 것이 주요한 역할 중 하나이다. 웹 페이지에서 사용하는 문자에 대해 약속된 코드를 알아야 브라우저가 한글 등의 문자를 제대로 표시할 수 있다. HTML5의 표준 문자 세트는 UTF-8이다.

다음 예제를 통해 문자 세트 UTF-8의 사용법을 알아보고 간단한 한글 메시지를 출력해보자.

예제 1-3 문자 세트를 설정하여 메시지 출력하기	source/01/charset.html

```
01  <!DOCTYPE html>
02  <html>
03  <head>
04  <meta charset="utf-8">
05  </head>
06  <body>
07     안녕하세요~~
08  </body>
09  </html>
```

▼ 실행 결과

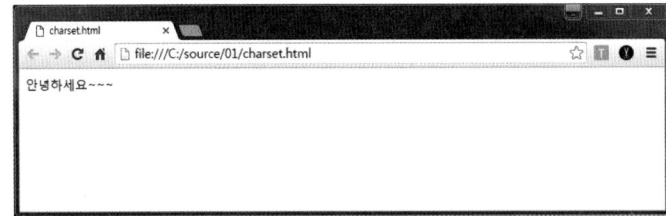

그림 1-9 문자 세트를 UTF-8로 설정하여 메시지 출력하기

▼ 소스코드 살펴보기

· ⟨!DOCTYPE html⟩

앞에서 설명했듯이 1행의 ⟨!DOCTYPE html⟩은 현재 HTML 문서가 HTML5를 기반으로 작성된 것임을 브라우저

에 알려준다.

- **UTF-8 문자 세트 설정**

  4행의 〈meta charset="utf-8"〉은 문자 세트를 'UTF-8'로 설정한다. 이때 〈meta〉 태그는 〈head〉 태그의 영역인 3행의 〈head〉와 5행의 〈/head〉 사이에 들어가야 한다.

- **〈body〉와 〈/body〉**

  7행의 '안녕하세요~~~'는 6행의 〈body〉와 8행의 〈/body〉 사이에 위치한다. 앞에서 설명했듯이 〈body〉와 〈/body〉 사이의 내용이 브라우저 실행 화면에 나타난다.

앞에서 설명했듯이 서브라임 텍스트를 문서 편집기로 사용하면 파일을 저장할 때 기본적으로 UTF-8로 설정되어 브라우저 실행 화면에 한글이 제대로 나타난다. 메모장과 같은 문서 편집기로 작업한 후 실행했는데 한글이 깨져 보인다면 이는 HTML 문서를 UTF-8 문자 세트로 저장하지 않았기 때문이다.

[예제 1-3]을 실행했는데 한글이 깨져 보인다면 먼저 4행의 〈meta〉 태그에 오류가 있는지 살펴본다. 그리고 문서 편집기에서 문서를 저장할 때 문자 세트를 UTF-8로 지정했는지 확인한다. 메모장을 비롯한 대부분의 문서 편집기에는 문서를 저장할 때 문자 세트를 설정하는 기능이 있다.

HTML 태그의 속성

대부분의 HTML 태그는 그 자신의 속성(attribute)을 가지고 있다. 다음 예제를 통해 속성이 무엇인지 알아보자.

예제 1-4 HTML 태그의 속성 알아보기 source/01/attribute.html

```
01  <!DOCTYPE html>
02  <html>
03  <head>
04  <meta charset="utf-8">
05  <title>HTML 태그의 속성</title>
06  </head>
07  <body>
08  <a href="http://www.naver.com" target="_blank"> 네이버 사이트로 이동 </a>
09  </body>
10  </html>
```

▼ 실행 결과

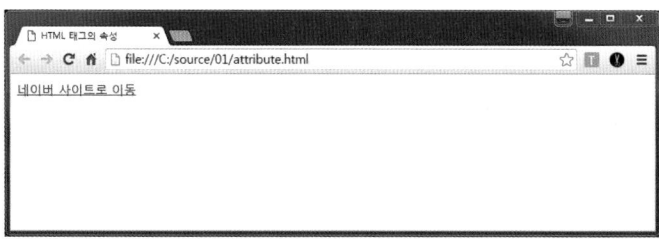

그림 1-10 〈a〉 태그로 HTML 태그의 속성 알아보기

▼ 소스코드 살펴보기

• 〈a〉 태그

소스코드의 8행에 사용된 〈a〉 태그는 텍스트나 이미지 오브젝트를 클릭하면 미리 설정한 웹 페이지로 이동하는 역할을 한다.

- **⟨a⟩ 태그의 속성 href**

  실행 결과 화면에서 '네이버 사이트로 이동' 링크를 클릭하면 8행의 ⟨a⟩ 태그 속성인 href에 설정한 'http://www.naver.com'에 의해 네이버 사이트로 이동한다.

- **⟨a⟩ 태그의 속성 target**

  ⟨a⟩ 태그 속성인 target을 '_blank'로 지정하면 새 창에서 네이버 사이트를 보여준다.

웹 페이지를 이동하는 링크 태그 ⟨a⟩에는 이동할 주소를 설정하는 href 속성과 웹 페이지를 새 창에서 여는 target 속성이 있다. 이처럼 태그의 속성을 통해 해당 태그를 사용할 때 필요한 세부 사항을 설정할 수 있다.

01 웹이란?

웹은 인터넷, 컴퓨터, 웹 브라우저를 통해 글자, 이미지, 동영상, 음성 등의 데이터를 사용자에게 제공하거나, 사용자와 컴퓨터 또는 사용자 상호 간에 소통하게 해주는 서비스를 말한다.

02 웹 서버와 클라이언트

클라이언트인 사용자는 웹 브라우저 주소 창에 URL을 입력하여 서버에 데이터를 요청하고, 서버는 요청받은 데이터를 클라이언트의 컴퓨터에 전송한다. 그러면 클라이언트의 웹 브라우저는 서버가 전송한 데이터를 해석하여 웹 브라우저 화면에 보여준다. 이와 같은 방식으로 웹 서버와 클라이언트는 서로 정보를 교환함으로써 소통한다.

03 웹 사이트와 웹 페이지

웹 사이트는 인터넷 프로토콜 기반의 네트워크에서 도메인 이름만으로 구성된 URL이 나타내는 웹 페이지들의 묶음으로, 흔히 말하는 홈페이지가 바로 웹 사이트이다. 그리고 웹 사이트의 구성 요소인 웹 페이지는 웹 브라우저에서 보는 각각의 화면을 말한다.

04 웹 호스팅

웹 호스팅은 인터넷 전문 업체에서 자신이 보유한 웹 서버와 네트워크를 이용하여 개인 또는 기관이 홈페이지를 구축할 수 있도록 서버상의 사용자 계정과 디스크 공간을 임대하는 서비스를 말한다.

05 웹 브라우저의 종류

웹 브라우저의 종류에는 구글의 크롬, 마이크로소프트의 인터넷 익스플로러, 애플의 사파리, 모질라재단의 파이어폭스, 오페라소프트웨어의 오페라 등이 있다. 우리나라에서는 인터넷 익스플로러를 가장 많이 사용하고 있으나 전 세계적으로는 크롬의 시장 점유율이 가장 높다.

06 실습 환경

이 책에서는 HTML5를 가장 잘 지원하고 세계적으로 널리 쓰이는 크롬 브라우저를 실습에 이용한다. 문서 편집기는 서브라임 텍스트를 추천하지만 그 외에도 자신에게 익숙한 문서 편집기 프로그램을 사용하면 된다.

07 HTML 태그와 문서 구조

HTML은 'HyperText Markup Language'의 약어로, 웹 페이지를 만들 때 사용하는 가장 기본적인 웹 프로그래밍 언어이다. HTML에서 사용하는 명령어는 태그라고 하며, HTML 태그는 대부분 한 쌍으로 이루어져 있다. 이러한 HTML 태그로 작성된 문서를 HTML 문서라고 한다.

08 ⟨!DOCTYPE html⟩

⟨!DOCTYPE⟩은 브라우저에게 HTML 문서의 버전을 알려주는 역할을 한다. ⟨!DOCTYPE html⟩은 이 HTML 문서가 HTML5를 기반으로 작성된 것임을 브라우저에 알려주므로 브라우저는 HTML5 문법에 따라 해석하여 화면에 표시한다.

09 ⟨title⟩ 태그

브라우저 왼쪽 상단의 제목을 표시하는 데 사용하는 태그이다.

10 ⟨meta⟩ 태그와 한글 설정

⟨meta charset="utf-8"⟩은 국제 표준인 UTF-8 방식으로 문자 세트를 설정한다는 의미이다. 이는 모든 HTML 문서에 공통적으로 삽입된다.

연습문제

01 웹의 서버와 클라이언트 환경에 대해 설명하시오.

02 다음 용어에 대해 간단히 설명하시오.

- 웹 사이트와 웹 페이지
- 웹 호스팅
- HTML 태그와 HTML 문서

03 널리 사용되는 웹 브라우저의 종류를 나열하고 각 브라우저별로 국내외 사용 현황에 대해 설명하시오.

04 HTML 문서 구조에 대해 설명하시오.

05 〈meta〉 태그를 이용한 문자 세트 설정에 대해 설명하시오.

CHAPTER 02

텍스트

학습목표

- 텍스트 관련 HTML 태그의 사용법을 익힌다.
- 목록 태그의 사용법을 익힌다.
- 링크 태그의 사용법을 익힌다.
- HTML 주석문의 사용법을 익힌다.

SECTION 01 텍스트 태그

1 제목 나타내기 – ⟨h1⟩∼⟨h6⟩

HTML 문서에서 제목을 표현하기 위해서는 ⟨h1⟩, ⟨h2⟩, ⟨h3⟩, ⟨h4⟩, ⟨h5⟩, ⟨h6⟩의 여섯 개 태그를 사용할 수 있다. 다음 예제를 통해 ⟨h1⟩ 태그로 제목을 나타내는 방법을 먼저 살펴보자.

예제 2-1 제목 나타내기	source/02/h1.html

```
01  <!DOCTYPE html>
02  <html>
03  <head>
04  <meta charset="utf-8">
05  <title>글자 제목 태그(h1)</title>
06  </head>
07  <body>
08    <h1>글자 제목</h1>
09  </body>
10  </html>
```

▼ 실행 결과

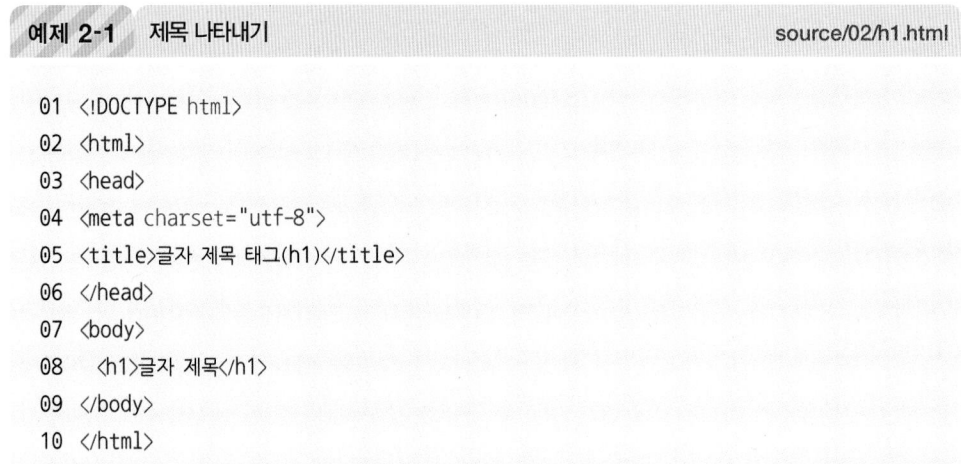

그림 2-1 ⟨h1⟩ 태그로 제목 나타내기

▼ 소스코드 살펴보기

실행 결과 화면에 '글자 제목'이 나타나도록 하기 위해 8행에서 '글자 제목'의 앞과 뒤에 각각 ⟨h1⟩과 ⟨/h1⟩ 태그를 사용했다.

다음은 ⟨h1⟩∼⟨h6⟩ 태그로 나타낸 제목의 크기를 비교해보는 예제이다.

```
01  <!DOCTYPE html>
02  <html>
03  <head>
04  <meta charset="utf-8">
05  <title>제목 연습(h1 ~ h6)</title>
06  </head>
07  <body>
08      <h1>글자 제목(h1)</h1>
09      <h2>글자 제목(h2)</h2>
10      <h3>글자 제목(h3)</h3>
11      <h4>글자 제목(h4)</h4>
12      <h5>글자 제목(h5)</h5>
13      <h6>글자 제목(h6)</h6>
14  </body>
15  </html>
```

▼ 실행 결과

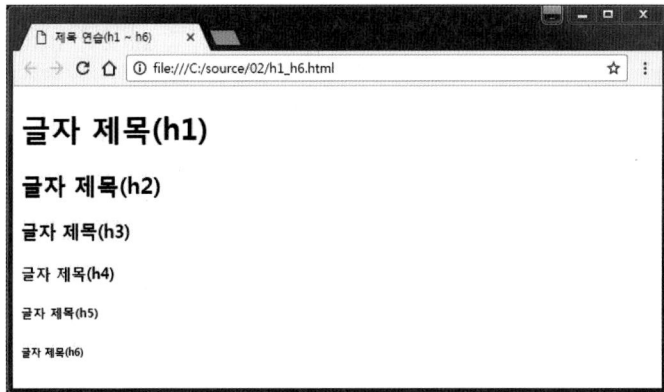

그림 2-2 〈h1〉~〈h6〉 태그로 다양한 크기의 제목 나타내기

▼ 소스코드 살펴보기

8~13행에서 여섯 가지 제목 태그인 〈h1〉, 〈h2〉, 〈h3〉, 〈h4〉, 〈h5〉, 〈h6〉를 차례대로 사용했다. 실행 결과 화면에 나타난 글자 크기를 비교해보면 〈h1〉 태그의 글자가 가장 크고 〈h6〉 태그의 글자가 가장 작다.

TIP/ 제목의 색상, 글꼴 등을 좀 더 다양하게 나타내려면 2부에서 학습할 CSS를 이용한다.

2 줄바꿈과 공백 나타내기 – ⟨br⟩,

HTML 문서에서 줄바꿈을 하려면 ⟨br⟩ 태그를 사용하고, 공백을 나타내려면 공백 문자인 를 사용한다. 여기서 는 HTML 태그가 아니라 공백을 의미하는 HTML의 특별한 표현 방식이다.

먼저 줄바꿈 태그와 공백 문자를 사용하지 않은 경우를 다음 예제를 통해 알아보자.

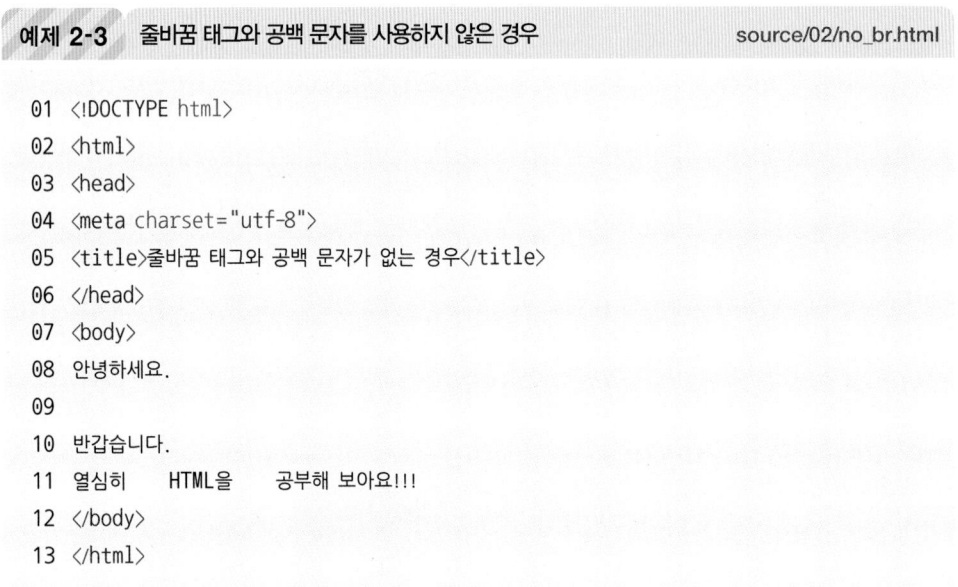

예제 2-3   줄바꿈 태그와 공백 문자를 사용하지 않은 경우   source/02/no_br.html

```
01 <!DOCTYPE html>
02 <html>
03 <head>
04 <meta charset="utf-8">
05 <title>줄바꿈 태그와 공백 문자가 없는 경우</title>
06 </head>
07 <body>
08 안녕하세요.
09
10 반갑습니다.
11 열심히     HTML을     공부해 보아요!!!
12 </body>
13 </html>
```

▼ 실행 결과

그림 2-3 줄바꿈 태그와 공백 문자를 사용하지 않은 경우

▼ 소스코드 살펴보기

8~11행에서 '안녕하세요.'와 '반갑습니다.' 사이에 ⟨Enter⟩ 키를 눌러 줄바꿈을 하고, '열심히   HTML을   공부해 보아요!!!'라는 문장에서는 단어 사이에 ⟨Space⟩ 키를 눌러 많은 공백을 두었다. 그러나 실행 결과 화면을 보면 줄바꿈과 공백이 적용되지 않고 한 줄로 출력되었다. 이와 같이 HTML 문서는 문서 편집기에서 ⟨Enter⟩와 ⟨Space⟩로 입력한 줄바꿈과 공백이 브라우저 실행 결과에 아무런 영향을 주지 않는다.

HTML에서 줄바꿈을 하려면 ⟨br⟩ 태그를 삽입하고, 공백을 입력하려면 공백 특수 문자에 대한 HTML 표기인 를 사용해야 한다. 다음 예제는 [예제 2-3]에 ⟨br⟩ 태그와 특수 문자

 를 몇 개 삽입한 경우이다.

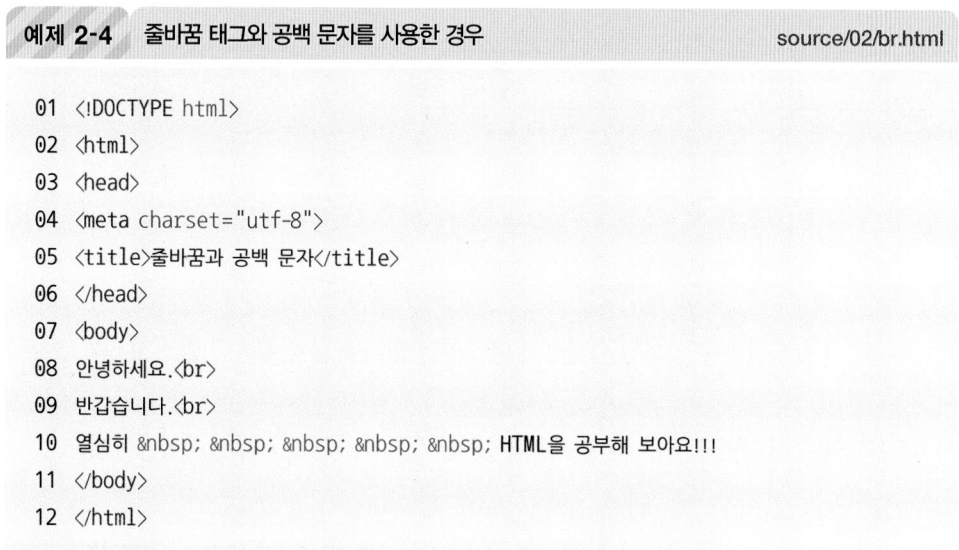

```
01  <!DOCTYPE html>
02  <html>
03  <head>
04  <meta charset="utf-8">
05  <title>줄바꿈과 공백 문자</title>
06  </head>
07  <body>
08  안녕하세요.<br>
09  반갑습니다.<br>
10  열심히           HTML을 공부해 보아요!!!
11  </body>
12  </html>
```

▼ 실행 결과

그림 2-4 줄바꿈 태그와 공백 문자를 사용한 경우

▼ 소스코드 살펴보기

• 줄바꿈 태그 삽입

실행 결과 화면을 보면 소스코드의 8행과 9행에서 사용한 〈br〉 태그에 의해 한 문장이 끝나고 줄바꿈이 적용되어 메시지가 세 줄로 나타났다. 웹 페이지에서 줄바꿈이 필요한 곳에는 〈Enter〉가 아닌 〈br〉 태그를 삽입해야 실제로 줄바꿈이 된다.

• 공백 문자 삽입

10행에서 다섯 번 사용된 공백 문자 에 의해 '열심히'와 'HTML을 공부해 보아요!!!' 사이에 다섯 칸의 공백이 생겼다. 이처럼 웹 페이지에서 공백이 필요한 곳에는 HTML의 특수 표기인 를 사용한다.

공백 문자와 같이 많이 사용하는 특수 문자에 대한 HTML 표기 방식을 다음 표에 정리했다.

표 2-1 특수 문자의 HTML 표기

HTML 표기	특수 문자	설명
		공백
&lt;	〈	~보다 작음
&gt;	〉	~보다 큼
&amp	&	and
&quot;	"	큰따옴표
&copy	ⓒ	저작권 표시

[표 2-1]에서 보듯이 특수 문자는 HTML에서 특별한 의미를 갖기 때문에 별도 표기가 필요하다. 예를 들어 〈와 〉는 〈br〉, 〈body〉, 〈head〉 등과 같이 HTML 태그에서 사용하는 특수 문자이므로 브라우저 화면에 〈와 〉 문자를 출력하려면 각각 <와 >로 표기해야 한다.

③ 단락 구분하기 – 〈p〉

HTML 문서에서 단락을 나타낼 때는 〈p〉 태그를 사용한다. 다음 예제를 통해 이를 살펴보자.

예제 2-5 단락 구분하기   source/02/p.html

```
01  <!DOCTYPE html>
02  <html>
03  <head>
04  <meta charset="utf-8">
05  <title>단락 연습</title>
06  </head>
07  <body>
08  <h3>튤립</h3>
09    <p><b>튤립</b>은 여러 종류의 품종으로 나누어져 있어 각기 아름다운 꽃을 감상할 수 있다.</p>
10    <p><i>햇볕이 잘 들고 배수가 잘되는 토양</i>에 심는 것이 적합하며 화분은 구근의 2~3배 정도
      크기가 적당하다.</p>
11  </body>
12  </html>
```

▼ 실행 결과

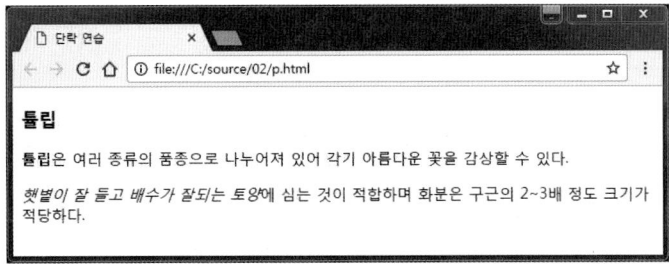

그림 2-5 〈p〉 태그로 단락 구분하기

▼ 소스코드 살펴보기

• 단락 구분

실행 결과 화면처럼 텍스트를 두 개의 단락으로 구분하려면 〈p〉 태그를 사용한다. HTML에서 단락을 나타낼 때 〈p〉
태그를 사용하면 해당 단락 뒤에서 자동으로 줄바꿈이 된다.

• 볼드체

9행에서 사용한 〈b〉 태그(〈b〉와 〈/b〉)는 실행 결과 화면 두 번째 줄의 '튤립'처럼 글자를 두꺼운 볼드체로 만든다.

• 이탤릭체

10행에서 사용한 〈i〉 태그(〈i〉와 〈/i〉)는 글자를 비스듬한 이탤릭체로 만든다.

SECTION 02

목록 태그

다음은 필자의 개인 홈페이지 메인 화면을 일부 캡처한 것이다. 빨간색 상자로 표시한 부분이 글 목록인데, 이러한 글 목록은 웹 페이지를 제작할 때 자주 쓰는 형태이다.

그림 2-6 웹 페이지에 글 목록을 적용한 사례

HTML 문서에서 글 목록을 작성할 때는 목록의 유형에 따라 다음과 같은 목록 태그를 사용할 수 있다.

- 순서 없는 목록(unordered list) : 〈ul〉, 〈li〉
- 순서 있는 목록(ordered list) : 〈ol〉, 〈li〉
- 정의 목록(definition list) : 〈dl〉, 〈dt〉, 〈dd〉

세 가지 유형의 목록을 나타내는 태그를 자세히 살펴보자.

1 순서 없는 목록 나타내기 – 〈ul〉, 〈li〉

순서 없는 목록에는 〈ul〉, 〈li〉 태그를 사용한다. 다음 예제를 통해 이를 알아보자.

```
01  <!DOCTYPE html>
02  <html>
03  <head>
04  <meta charset="utf-8">
05  <title>순서 없는 목록</title>
06  </head>
07  <body>
08  <h2>식물원 관람 유의사항</h2>
09    <ul>
10      <li>입장권에 게시된 관람요령을 살펴보시기 바랍니다.</li>
11      <li>안내원의 안내에 따라주시기 바랍니다.</li>
12      <li>관람 지역 이외의 출입제한 지역은 출입을 금합니다.</li>
13      <li>식물이 식재된 곳에 들어가지 마십시오.</li>
14    </ul>
15  </body>
16  </html>
```

▼ 실행 결과

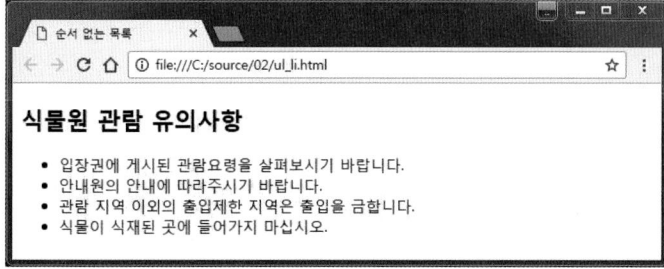

그림 2-7 〈ul〉, 〈li〉 태그로 순서 없는 목록 나타내기

▼ 소스코드 살펴보기

· 제목 나타내기

'식물원 관람 유의사항'을 글 제목으로 나타내기 위해 8행에서 〈h2〉 태그를 사용했다.

· 순서 없는 글 목록

글 제목 아래에 목록을 만들기 위해 9~14행에서 〈ul〉, 〈li〉 태그를 사용했는데 〈ul〉, 〈li〉 태그는 항상 함께 사용해야

한다. 9행의 〈ul〉 태그는 글 목록의 시작을 나타내고, 14행의 〈/ul〉 태그는 글 목록의 끝을 나타낸다. 그리고 10~13

행과 같이 목록의 각 항목은 〈li〉와 〈/li〉 태그로 감싼다.

[그림 2-7]에서 보듯이 순서 없는 목록은 각 항목 앞에 불릿(동그라미)이 있다. 이 불릿은 각 항목의 순서를 나타내지 않기 때문에 순서 없는 목록이라고 불리는 것이다.

2 순서 있는 목록 나타내기 – 〈ol〉, 〈li〉

순서를 나타내지 않는 불릿 대신에 일련번호를 붙여서 항목의 순서를 나타낸 것을 순서 목록이라고 한다. 이러한 순서 목록을 나타내기 위해 〈ol〉, 〈li〉 태그를 사용하는데 다음 예제에서 이를 살펴보자.

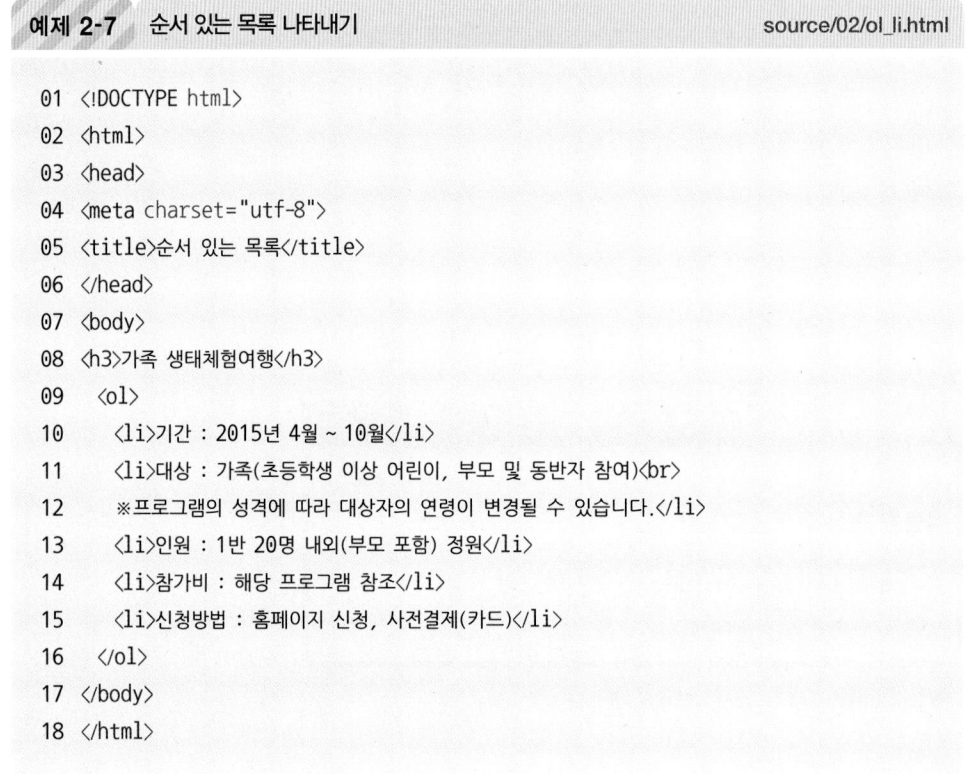

| 예제 2-7 | 순서 있는 목록 나타내기 | source/02/ol_li.html |

```
01  <!DOCTYPE html>
02  <html>
03  <head>
04  <meta charset="utf-8">
05  <title>순서 있는 목록</title>
06  </head>
07  <body>
08  <h3>가족 생태체험여행</h3>
09    <ol>
10      <li>기간 : 2015년 4월 ~ 10월</li>
11      <li>대상 : 가족(초등학생 이상 어린이, 부모 및 동반자 참여)<br>
12         ※프로그램의 성격에 따라 대상자의 연령이 변경될 수 있습니다.</li>
13      <li>인원 : 1반 20명 내외(부모 포함) 정원</li>
14      <li>참가비 : 해당 프로그램 참조</li>
15      <li>신청방법 : 홈페이지 신청, 사전결제(카드)</li>
16    </ol>
17  </body>
18  </html>
```

▼ 실행 결과

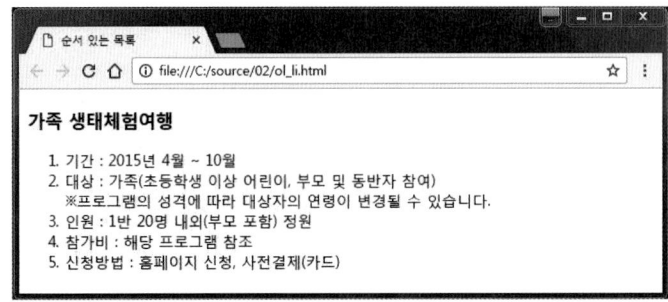

그림 2-8 〈ol〉, 〈li〉 태그로 순서 있는 목록 나타내기

▼ 소스코드 살펴보기

9~16행의 〈ol〉, 〈li〉 태그 사용법은 앞에서 살펴본 순서 없는 목록의 〈ul〉, 〈li〉 태그 사용법과 같다. 〈ol〉, 〈li〉 태그를 사용하면 목록의 각 항목 앞에 자동으로 일련번호가 생긴다.

3 정의 목록 나타내기 – 〈dl〉, 〈dt〉, 〈dd〉

용어를 정의하는 형태의 목록을 정의 목록이라고 한다. 이러한 정의 목록을 나타내는 데에는 〈dl〉, 〈dt〉, 〈dd〉 태그를 사용하는데, 다음 예제를 통해 그 사용법을 알아보자.

예제 2-8 정의 목록 나타내기 source/02/dl_dt_dd.html

```
01  <!DOCTYPE html>
02  <html>
03  <head>
04  <meta charset="utf-8">
05  <title>정의 목록</title>
06  </head>
07  <body>
08  <h3> 계절별 야생화</h3>
09   <dl>
10    <dt>봄꽃</dt>
11    <dd>봄에 꽃이 피는 다년생 식물은 꽃잔디, 금낭화, 할미꽃, 어성초, 복수초, 산마늘, 붓꽃, 둥
         굴레, 삼지구엽초 등이 있다.</dd>
12
13    <dt>여름꽃</dt>
14    <dd>여름에 꽃이 피는 식물은 옥잠화, 비비추, 맥문동, 애란, 수국, 인동초, 매발톱, 노루오줌,
         금계국, 달맞이꽃, 금불초, 엉겅퀴, 샤스타데이지 등이 있다.</dd>
15
16    <dt>가을꽃</dt>
17    <dd>가을에 꽃이 예쁜 식물은 구절초, 쑥부쟁이, 감국, 억새, 갈대, 배초향, 톱풀, 수크령, 고려
         엉겅퀴 등이 있다.</dd>
18
19    <dt>여러 계절</dt>
20    <dd>추운 겨울을 제외한 계절에 걸쳐 오랫동안 꽃을 볼 수 있는 식물은 분홍바늘꽃, 사계 패랭이
         꽃, 부용, 사철 채송화(송엽국) 등이 있다.</dd>
21   </dl>
22  </body>
23  </html>
```

▼ 실행 결과

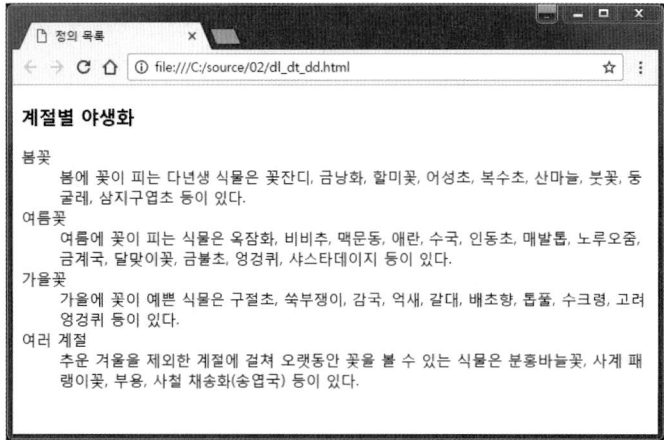

그림 2-9 〈dl〉, 〈dt〉, 〈dd〉 태그로 정의 목록 나타내기

▼ 소스코드 살펴보기

- **정의 목록의 시작과 끝**

  정의 목록의 시작과 끝을 나타내기 위해 9행과 21행에서 각각 〈dl〉과 〈/dl〉 태그를 사용했다.

- **정의 목록의 제목**

  실행 결과 화면에서 보듯이 '봄꽃', '여름꽃', '가을꽃', '여러 계절' 등의 정의 목록 제목을 나타내기 위해 10, 13, 16, 19행에서 〈dt〉와 〈/dt〉 태그를 사용했다.

- **정의 목록의 정의**

  '봄에 꽃이…', '여름에 꽃이…', '가을에 꽃이…', '추운 겨울을…' 등 정의 목록의 정의 부분을 나타내기 위해 11, 14, 17, 20행에서 〈dd〉와 〈/dd〉 태그를 사용했다.

정의 목록은 용어를 정의할 때 사용하는 형태이므로 정의 목록이라 불리지만, 용어 정의란 말에 너무 얽매이지 말고 [그림 2-9]와 같은 형태의 목록을 나타낼 때 〈dl〉, 〈dt〉, 〈dd〉 태그를 사용한다.

SECTION 03 링크 태그

웹 페이지에서 글자나 이미지로 이루어진 메뉴, 배너 등을 클릭하면 지정된 페이지로 이동하게 되는데 이를 링크(link)라고 한다. 링크 기능 덕분에 사용자는 자신이 보고자 하는 다른 페이지로 이동이 가능하며 흔히 말하는 웹 서핑을 할 수 있다.

TIP/ 하나의 웹 사이트는 다수의 웹 페이지로 구성된다. 웹 사이트는 몇 페이지만으로 구성될 수도 있고 수백 또는 수천 페이지 이상으로 구성될 수도 있는데, 이러한 수많은 페이지 사이를 이동할 때 유용한 것이 링크 기능이다.

〈a〉 태그를 사용하면 링크를 만들 수 있는데 다음 예제를 통해 이를 살펴보자.

예제 2-9 링크 만들기	source/02/index.html

```
01 <!DOCTYPE html>
02 <html>
03 <head>
04 <meta charset="utf-8">
05 <title>링크 연습</title>
06 </head>
07 <body>
08   <a href="page1.html">꽃잔디</a><br><br>
09   <a href="page2.html">옥잠화</a><br><br>
10   <a href="page3.html">맥문동</a><br><br>
11   <a href="http://naver.com" target="_blank"><b>네이버 사이트로 이동</b></a><br><br>
12   <a href="http://google.com" target="_blank"><b>구글 사이트로 이동</b></a>
13 </body>
14 </html>
```

▼ 실행 결과

그림 2-10 〈a〉 태그로 링크 만들기

▼ 소스코드 살펴보기

실행 결과 화면 첫째 줄의 '꽃잔디'를 클릭하면 다음과 같이 page1.html로 이동하게 된다. 여기에 해당하는 소스코드는 8행이다.

그림 2-11 'index.html' 실행 결과 화면의 '꽃잔디' 링크를 클릭하면 이동하는 페이지

• 링크의 시작과 끝

'꽃잔디'란 글자 앞과 뒤에 링크 태그의 시작과 끝을 나타내는 〈a〉와 〈/a〉가 있다. 〈a〉 태그의 속성인 href는 이동할 주소를 의미하는데 여기서는 page1.html로 설정되어 있다. 따라서 '꽃잔디'를 클릭하면 page1.html로 이동한다. 마찬가지로 9행과 10행에 의해 '옥잠화', '맥문동'을 클릭하면 각각 page2.html, page3.html로 이동하게 된다.

• 새 창에서 열기

11행에 의해 '네이버 사이트로 이동'을 클릭하면 새 창이 열리면서 네이버 사이트로 이동한다. 페이지를 이동할 때 새 창에 페이지가 나타나는 것은 11행과 12행에 있는 〈a〉 태그의 속성 target에 _blank 값이 있기 때문이다. 이처럼 새 창으로 링크를 걸 때는 〈a〉 태그의 target 속성 값을 _blank로 지정하면 된다. 마찬가지로 12행에 의해 '구글 사이트로 이동'을 클릭하면 구글 사이트가 새 창으로 열린다.

[그림 2-10]에서 '꽃잔디'를 클릭하면 이동하는 페이지를 다음과 같이 만들어보자.

예제 2-10	'꽃잔디'를 클릭하면 이동하는 페이지	source/02/page1.html

```
01  <!DOCTYPE html>
02  <html>
03  <head>
04  <meta charset="utf-8">
05  <title> 꽃잔디 링크(page1)</title>
06  </head>
07  <body>
08  <h3>꽃잔디</h3>
09    <img src="ground_pink.jpg" width="300"><br>
10    <p>꽃잔디는 아메리카 동부가 원산지로 원래는 건조한 모래땅에서 자라는 여러해살이풀이며 높이
       10cm까지 자란다. 잎은 마주나기이며, 가장자리가 밋밋하고 털이 있다. 붉은색, 자홍색, 분홍색,
       흰색 등 다양한 색깔의 꽃이 핀다.</p>
11    <a href="index.html"><u><b>홈으로</b></u></a>
12  </body>
13  </html>
```

▼ 소스코드 살펴보기

11행에서 '홈으로'에 index.html로 이동하는 링크가 걸려 있다. 따라서 '홈으로'를 클릭하면 [예제 2-9]에서 만든 페이지인 index.html로 이동한다.

HTML 주석문

주석문은 웹 디자이너 또는 프로그래머가 이해하기 쉽도록 HTML 문서의 소스코드를 설명할 때 사용하는 것으로 실행 화면에는 보이지 않는다. [예제 2-7]에서 만든 HTML 문서에 소스코드를 설명하는 주석문을 덧붙여보자.

예제 2-11 HTML 주석문   source/02/html_comment.html

```
01 <!DOCTYPE html>
02 <html>
03 <head>
04 <meta charset="utf-8">
05 <title>순서 목록(ol li)</title>
06 </head>
07 <body>
08 <h3>가족 생태체험여행</h3> <!-- 글 제목 표시 -->
09   <ol> <!-- 순서 목록 시작 -->
10     <li>기간 : 2017년 4월 ~ 10월</li>
11     <li>대상 : 가족(초등학생 이상 어린이, 부모 및 동반자 참여)<br>
12     ※프로그램의 성격에 따라 대상자의 연령이 변경될 수 있습니다.</li>
13     <li>인원 : 1반 20명 내외(부모 포함) 정원</li>
14     <li>참가비 : 해당 프로그램 참조</li>
15     <li>신청방법 : 홈페이지 신청, 사전결제(카드)</li>
16   </ol> <!-- 순서 목록 끝 -->
17 </body>
18 </html>
```

▼ <u>소스코드 살펴보기</u>

각 행에서 사용한 태그를 설명하는 주석문이 8, 9, 16행에 있다. 주석문이 시작되는 곳에는 <!--를, 끝나는 곳에는 -->를 넣는다. 주석으로 처리된 부분은 브라우저가 무시하기 때문에 [예제 2-11]의 실행 결과는 [예제 2-7]과 동일하다.

제목 태그와 목록 태그를 이용하여

관람 안내 페이지 만들기

source/mp/view_info.html

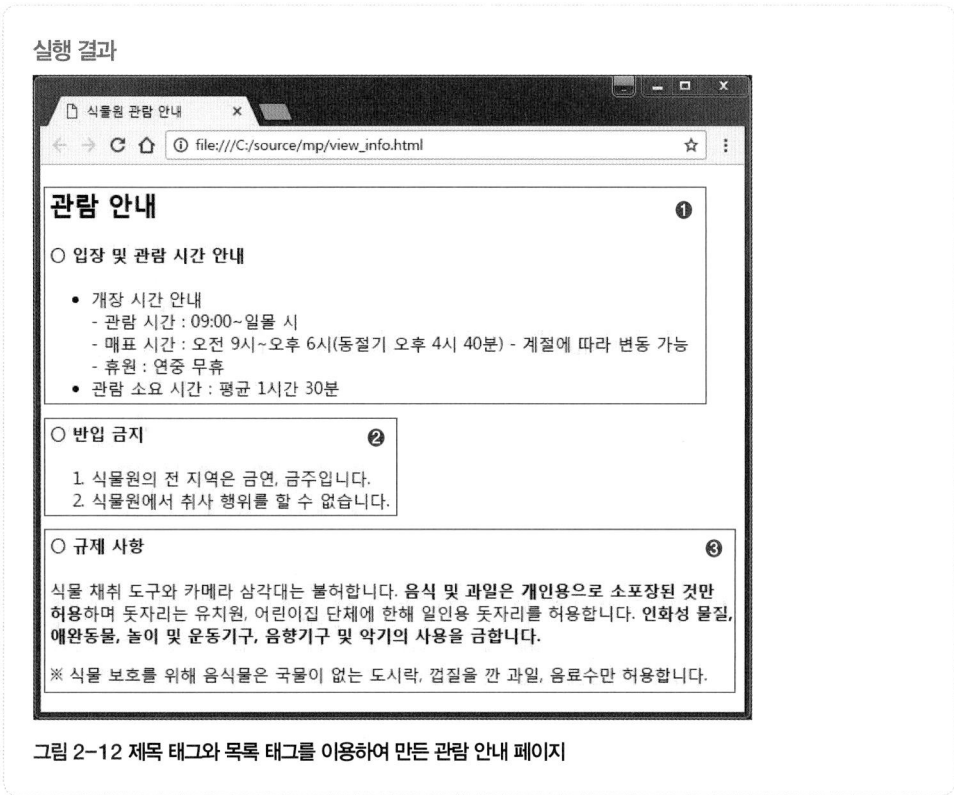

그림 2-12 제목 태그와 목록 태그를 이용하여 만든 관람 안내 페이지

● 문제

1 〈h2〉, 〈h4〉, 〈ul〉, 〈li〉 태그를 이용하여 실행 결과 화면의 ❶을 나타내는 소스코드를 작성하시오.

2 〈h4〉, 〈ol〉, 〈li〉 태그를 이용하여 실행 결과 화면의 ❷를 나타내는 소스코드를 작성하시오.

3 〈h4〉, 〈p〉, 〈b〉 태그를 이용하여 실행 결과 화면의 ❸을 나타내는 소스코드를 작성하시오.

정답은 다음 쪽에서 확인 ☞

● 정답

1

```
<h2>관람 안내</h2>
<h4>○ 입장 및 관람 시간 안내</h4>
  <ul>
    <li>개장 시간 안내<br>
    - 관람 시간 : 09:00~일몰 시<br>
    - 매표 시간 : 오전 9시~오후 6시(동절기 오후 4시 40분) – 계절에 따라 변동 가능<br>
    - 휴원 : 연중 무휴</li>
    <li>관람 소요 시간 : 평균 1시간 30분</li>
  </ul>
```

2

```
<h4>○ 반입 금지</h4>
  <ol>
    <li>식물원의 전 지역은 금연, 금주입니다.</li>
    <li>식물원에서 취사 행위를 할 수 없습니다.</li>
  </ol>
```

3

```
<h4>○ 규제 사항</h4>
  <p>
  식물 채취 도구와 카메라 삼각대는 불허합니다. <b>음식 및 과일은 개인용으로 소포장된 것만 허
  용</b>하며 돗자리는 유치원, 어린이집 단체에 한해 일인용 돗자리를 허용합니다. <b>인화성 물
  질, 애완동물, 놀이 및 운동기구, 음향기구 및 악기의 사용을 금합니다.</b></p>
  <p>
  ※ 식물 보호를 위해 음식물은 국물이 없는 도시락, 껍질을 깐 과일, 음료수만 허용합니다.
  </p>
```

요약

01 제목 태그

HTML 문서에서 제목을 표현하기 위해서는 〈h1〉, 〈h2〉, 〈h3〉, 〈h4〉, 〈h5〉, 〈h6〉의 여섯 개 태그를 사용할 수 있다. 〈h1〉 태그의 글자 크기가 가장 크고 〈h6〉 태그의 글자 크기가 가장 작다. 제목의 색상, 글꼴 등을 좀 더 다양하게 나타내려면 뒤에서 학습할 CSS를 이용한다.

02 줄바꿈 태그와 공백 문자

HTML 문서에서 줄바꿈을 하려면 〈br〉 태그를 사용하고, 공백을 나타내려면 공백 문자인 를 사용한다.

03 단락 태그

HTML 문서에서 단락을 나타낼 때는 〈p〉 태그를 사용한다. 〈p〉 태그를 사용하면 해당 단락 뒤에서 자동으로 줄바꿈이 된다.

04 목록 태그

목록 태그에는 순서 없는 목록을 나타내는 〈ul〉, 〈li〉 태그, 순서 있는 목록을 나타내는 〈ol〉, 〈li〉 태그, 정의 목록을 나타내는 〈dl〉, 〈dt〉, 〈dd〉 태그가 있다.

05 링크 태그

링크 태그인 〈a〉 태그를 이용하면 하나의 웹 사이트에서 웹 페이지 간을 이동하거나 다른 사이트로 이동할 수 있다. 〈a〉 태그의 href 속성에 이동할 페이지의 파일 이름을 입력하는데, 이때 속성 target에 _blank를 넣으면 해당 페이지가 새 창으로 열린다.

06 HTML 주석문

주석문은 웹 디자이너 또는 프로그래머가 이해하기 쉽도록 HTML 문서의 소스코드를 설명할 때 사용하는 것으로 실행 화면에는 보이지 않는다. 주석문이 시작되는 곳에는 〈!--를, 끝나는 곳에는 --〉를 넣는다.

연습문제

01 다음은 '수목원 체험'을 안내하는 웹 페이지이다. 아래 소스코드의 빈칸을 채워 완성한 뒤 실행하시오.

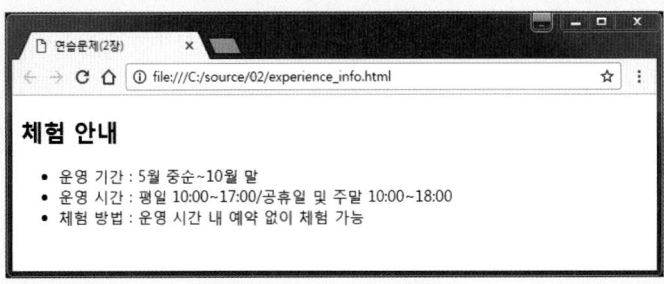

source/02/experience_info.txt

```
<!DOCTYPE _____>
<html>
_____
<meta charset="utf-8">
_____ 연습문제(2장) _____
</head>
<body>
<h2>체험 안내_____

   _____
      <li>운영 기간 : 5월 중순~10월 말</li>
      _____운영 시간 : 평일 10:00~17:00/공휴일 및 주말 10:00~18:00</li>
      <li>체험 방법 : 운영 시간 내 예약 없이 체험 가능_____
   </ul>
<_____>
</html>
```

연습문제

02 다음은 '단체 예약 유의 사항'을 나타내는 웹 페이지이다. 아래 소스코드의 빈칸을 채워 완성한 뒤 실행하시오.

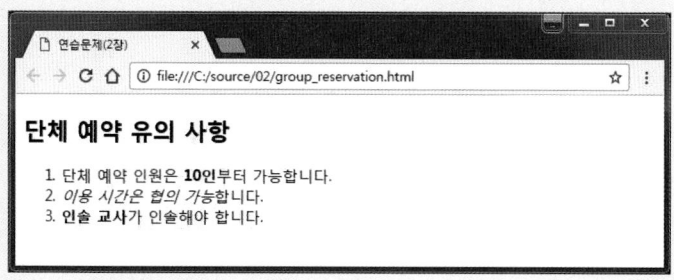

source/02/group_reservation.txt

```
_____
<html>
<head>
<meta charset="_____">
<title>연습문제(2장)</title>
</head>
<body>
_____단체 예약 유의 사항</h2>

_____
    <li>단체 예약 인원은 <b>10인</b>부터 가능합니다.</li>
    <li><i>이용 시간은 협의 가능</i>합니다.</li>
    <li><b>인솔 교사</b>가 인솔해야 합니다.</li>

_____
</body>
_____
```

03 예제 소스에서 제공하는 'experience_kind.txt'의 텍스트로 브라우저 실행 결과가 다음과 같은
HTML 문서를 작성하시오.

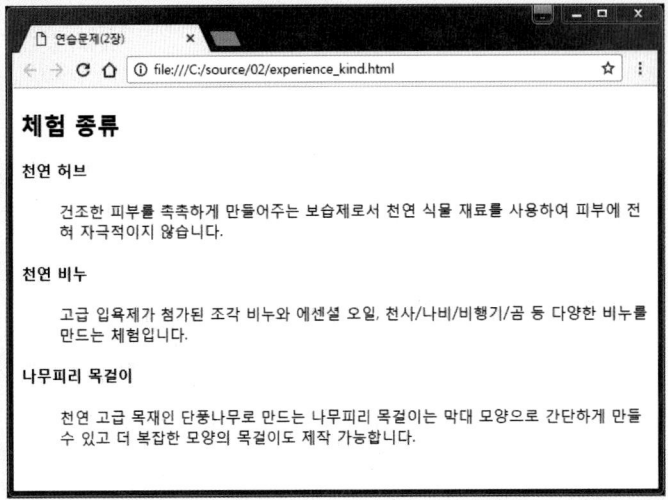

CHAPTER 03

이미지와 멀티미디어

학습목표

- ⟨img⟩ 태그의 구조를 이해하고 사용법을 익힌다.
- URL의 절대 경로와 상대 경로를 이해한다.
- 오디오와 비디오 파일을 재생하는 방법을 익힌다.

SECTION 01 이미지 태그

1 이미지 삽입하기 – ⟨img⟩

웹 페이지에 이미지를 삽입하는 데에는 ⟨img⟩ 태그를 사용한다. 다음 예제를 통해 알아보자.

예제 3-1	이미지 삽입하기	source/03/image.html

```
01  <!DOCTYPE html>
02  <html>
03  <head>
04  <meta charset="utf-8">
05  <title>야생화</title>
06  </head>
07  <body>
08  <h3>금계국</h3>
09    <img src="flower.jpg"><br>
10    <p>금계국은 북아메리카 원산이며 관상용으로 화단에서 재배한다. 6월~8월에 지름 2.5~5cm 노란
       꽃이 줄기와 가지 끝에 한 송이씩 핀다. 물 빠짐이 좋은 모래흙이나 마사토에서 잘 자란다.</p>
11  </body>
12  </html>
```

▼ 실행 결과

그림 3-1 ⟨img⟩ 태그로 이미지 삽입하기

▼ 소스코드 살펴보기

- **〈img〉 태그**

  실행 결과 화면에 보이는 꽃 이미지를 삽입하기 위해 9행에서 〈img〉 태그를 사용했다. 이때 〈img〉 태그의 속성인 src에 삽입할 이미지 파일의 이름(flower.jpg)을 지정한다.

- **src 속성**

  웹 페이지에 삽입할 이미지 파일의 이름을 〈img〉 태그의 src 속성에 입력했다. 이때 이미지 파일인 flower.jpg와 HTML 문서인 image.html이 같은 폴더 안에 있다면 src 속성에 이미지 파일의 이름만 입력하면 된다. 그러나 이미지 파일과 HTML 파일이 서로 다른 폴더에 있다면 src 속성에 이미지 파일의 경로를 입력해야 한다.

TIP/ 경로에 대해서는 4.2절에서 자세히 설명할 것이다.

이 예제에서 사용한 이미지 파일인 flower.jpg는 JPG 파일 포맷이다. 웹에서 사용할 수 있는 이미지 파일 포맷은 JPG 외에 GIF, PNG 등이 있으며, 다음 표에 이를 정리했다.

표 3-1 웹에서 사용할 수 있는 이미지 파일 포맷

이미지 파일	파일 확장자	특징
PNG	.png	• 원본 손실이 없는 무손실 압축으로 트루 컬러(24비트) 지원 • 투명 이미지 지원 • JPG와 비교하여 사진 이미지의 압축 효율이 좋지 않음 • 일반적으로 웹에서 가장 많이 사용
JPG	.jpg	• 손실 압축으로 사진 이미지의 압축 효율이 좋음 • 주로 사진 이미지를 저장하는 데 사용
GIF	.gif	• 무손실 압축으로 256가지의 제한된 색상 사용 • 애니메이션을 지원하기 때문에 애니메이션용으로 많이 사용

PNG, JPG, GIF 파일은 모두 파일 용량을 줄이기 위해 원본 이미지를 압축한 파일 포맷이다. 압축 이전의 원본 파일인 RAW 파일(.raw)은 각각의 모든 픽셀에 대해 RGB 컬러 값을 가지므로 이미지를 저장할 때 데이터 용량이 크다. 따라서 컴퓨터 프로그램이나 네트워크상에서 이 파일을 그대로 사용하는 경우는 거의 없고 압축 기법으로 파일 용량을 줄여서 사용한다.

원본인 RAW 이미지 파일을 압축하는 방법에는 무손실 압축과 손실 압축이 있다. 무손실 압축은 말 그대로 원본의 화질에 전혀 손실을 주지 않고 압축하는 방법이지만, 손실 압축은 원본의 화질에 손실이 발생한다. 일반적으로 손실 압축이 무손실 압축보다 압축 효율이 좋아 파일 용량을 더 많이 줄일 수 있다. 그러나 요즘은 인터넷 속도가 워낙 빨라졌기 때문에 압축 효율보다 화질을 더 중시하는 경향이 있다.

무손실 압축인 PNG 포맷은 화질도 좋아 웹에서 가장 많이 사용된다. JPG 포맷은 사진 이미지의 고화질을 유지하면서 압축 효율이 좋아 주로 사진 이미지를 저장할 때 사용한다. GIF 포맷은 무손실 압축으로 고화질이지만 256가지의 제한된 색상만 사용할 수 있어 주로 애니메이션 이미지를 저장하는 용도로 사용한다. 정리하자면, 웹에서 디지털카메라나 휴대전화로 찍은 사진 이미지는 JPG 파일 포맷, 애니메이션 이미지는 GIF 파일 포맷, 그 밖의 모든 경우는 PNG 파일 포맷을 사용한다.

2 〈img〉 태그의 속성

〈img〉 태그의 속성을 이용하면 웹 페이지에 나타낼 이미지의 너비와 높이를 조절할 수 있고, 마우스 포인터를 이미지에 갖다 대면 설명이 나타나게 할 수 있다. 다음 예제에서는 〈img〉 태그의 속성인 width, height, title에 대해 알아보자.

예제 3-2 〈img〉 태그의 속성 사용하기   source/03/image_attribute.html

```
01  <!DOCTYPE html>
02  <html>
03  <head>
04  <meta charset="utf-8">
05  <title>이미지 태그의 속성</title>
06  </head>
07  <body>
08  <h3>해당화</h3>
09    <img src="flower2.jpg" title="해당화(원본)">
10    <img src="flower2.jpg" width="300" height="212" title="해당화(300x212)">
11    <img src="flower2.jpg" width="150" title="해당화(가로:150, 세로:자동계산)">
12  </body>
13  </html>
```

▼ 실행 결과

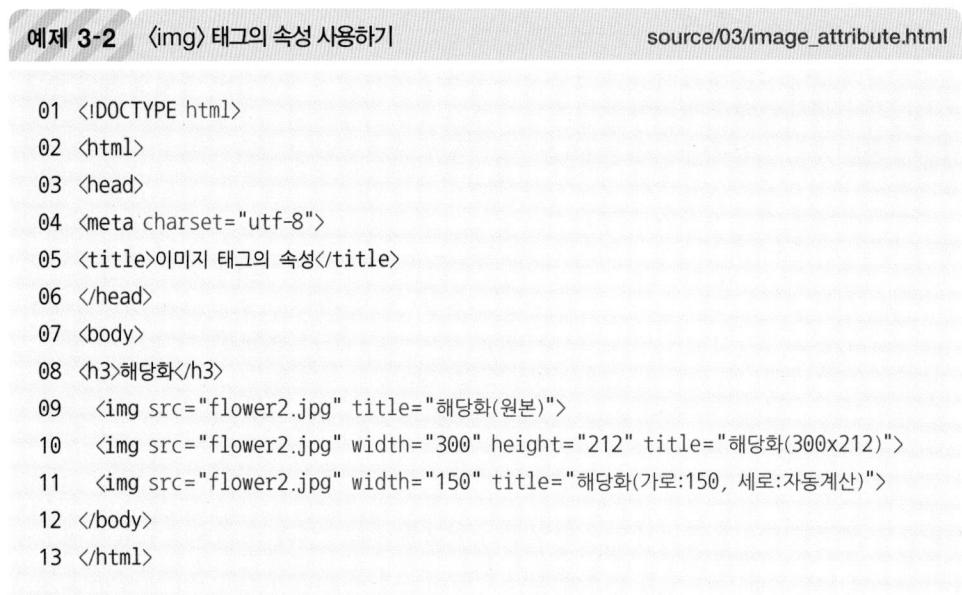

그림 3-2 〈img〉 태그의 속성 사용하기

▼ 소스코드 살펴보기

9~11행에서 〈img〉 태그의 속성인 src, title, width, height를 사용했다.

- **src 속성**

  src 속성에 지정된 값에 의해 실행 결과 화면에 flower2.jpg가 나타났다.

- **title 속성**

  첫 번째 이미지에 마우스 포인터를 갖다 대면 title 속성에 지정된 값인 '해당화(원본)'이란 설명이 나타난다.

- **width, height 속성**

  10행은 두 번째 이미지에 대한 것으로, width 속성(너비)과 height 속성(높이)에 의해 이미지의 너비와 높이가 각각 300, 212픽셀로 나타났다. 만약 9행과 같이 width와 height 속성을 사용하지 않으면 첫 번째 이미지처럼 원본 크기로 출력된다. 11행에서는 height 속성 없이 width 속성 값만 지정했다. 이런 경우, 브라우저가 이미지의 높이를 자동으로 계산하여 세 번째 이미지처럼 나타난다.

src 속성은 이미지의 경로를 포함한 파일명을 지정하는 데 사용한다. 여기서 경로는 파일이 존재하는 위치를 찾는 길을 의미한다.

width와 height 속성은 각각 웹 페이지에 나타나는 이미지의 너비와 높이를 지정하는 데 사용한다. 〈img〉 태그를 사용할 때 width와 height 속성을 생략하면 원본과 동일한 크기의 이미지가 웹 페이지에 출력되고, height 속성 없이 width 속성만 사용하면 브라우저가 원본 이미지의 가로세로 비율을 고려하여 height 속성에 해당하는 이미지 높이를 자동으로 계산해서 출력한다. width와 height 속성을 모두 사용하면 속성 값에 맞춰 이미지를 화면에 출력한다.

title 속성은 브라우저 화면에서 마우스 포인터를 이미지에 갖다 대면 표시되는 설명을 지정할 때 사용한다.

표 3-2 〈img〉 태그의 속성

속성	설명
src	삽입하는 이미지 파일의 이름(경로 포함) 지정
width	이미지의 너비 지정
height	이미지의 높이 지정
title	마우스 포인터를 갖다 댔을 때 나타나는 이미지 설명 지정

URL과 경로

URL은 웹 페이지에 사용하는 파일(.html, .css, .swf, .jpg, .png, .gif, .mp3, .mp4 등)의 위치를 나타내는 데 사용한다. URL을 지정하는 데에는 절대 경로와 상대 경로를 이용하는 방법이 있다.

1 절대 경로로 나타내기

절대 경로로 URL을 표시하면 http://로 시작하는 주소가 된다. 이러한 절대 경로는 인터넷 상에 하나밖에 없는 유일무이한 고유한 경로를 의미한다. 예를 들어 필자의 개인 홈페이지(http://rubato.kr) 왼쪽 상단에 있는 로고 이미지 파일인 'logo.gif'의 절대 경로는 다음과 같다.

• http://rubato.kr/images/logo.gif

그림 3-3 웹 페이지에 사용한 파일의 절대 경로

다음 예제를 통해 웹 페이지에 이 로고를 나타내보자.

```
<!— 생략 —>
07 <body>
08   <img src="http://rubato.kr/images/logo.gif">
09 </body>
10 </html>
```

▼ 실행 결과

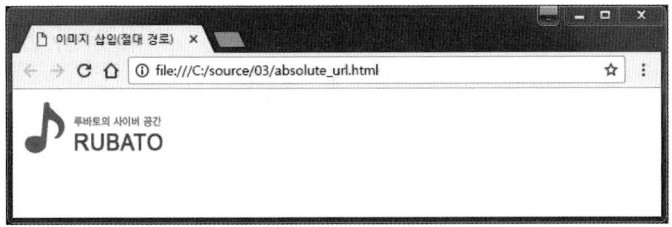

그림 3-4 절대 경로로 이미지 삽입하기

[그림 3-4]에 나타난 로고 이미지는 필자의 개인 홈페이지에 사용한 것이다. 이 로고 파일의 이름은 'logo.gif'이고, 인터넷상에 저장되어 있는 위치는 소스코드의 8행에 명시된 바와 같이 'http://rubato.kr/images/logo.gif'이다. 이는 이미지 파일인 'logo.gif'가 홈페이지 서버인 http://rubato.kr의 'images' 폴더 안에 존재한다는 의미이다. 이처럼 http://로 시작하는 URL로 파일의 위치(경로)를 표시하는 것이 절대 경로이다.

2 상대 경로로 나타내기

절대 경로와 반대되는 개념인 상대 경로는 HTML 문서 파일이 존재하는 폴더를 기준으로 경로를 지정하는 방식이다. 절대 경로가 파일이나 폴더가 존재하는 고유한 경로, 즉 http://로 시작하는 URL을 의미하는 데 반해, 상대 경로는 현재 폴더의 위치를 기준으로 대상 파일이나 폴더의 위치를 지정한 것이다. 여기서 현재 폴더란 HTML 문서 파일이 들어 있는 폴더를 말한다.

상대 경로로 URL을 표시하면 절대 경로보다 서버의 폴더 구조나 도메인 변경에 유연하게 대처할 수 있으며, 웹 페이지를 제작하고 수정하는 작업도 훨씬 편리하다. 따라서 절대 경로를 사용해야 하는 특수한 경우를 제외하고는 일반적으로 상대 경로를 더 많이 사용한다.

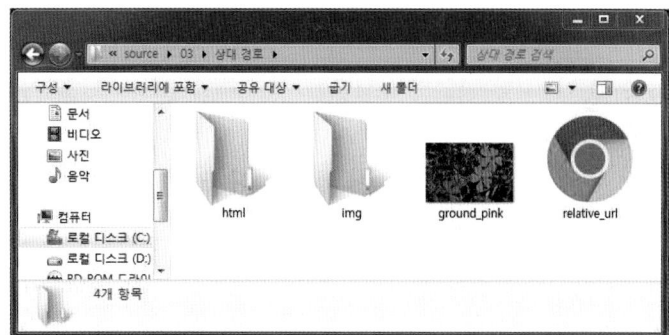

그림 3-5 상대 경로 실습을 위한 폴더 구조

[그림 3-5]는 상대 경로 실습을 위한 폴더 구조를 보여준다. 이미지 파일(ground_pink.jpg)
과 HTML 문서(relative_url.html)가 같은 폴더 안에 존재한다면 다음 예제와 같이 상대 경로
로 이미지를 삽입할 수 있다.

예제 3-4	상대 경로로 이미지 삽입하기	source/03/상대 경로/relative_url.html

```
<!-- 생략 -->
07  <body>
08    <img src="ground_pink.jpg">
09  </body>
10  </html>
```

▼ 실행 결과

그림 3-6 상대 경로로 이미지 삽입하기

▼ <u>소스코드 살펴보기</u>

이미지를 삽입하기 위해 8행에서 ⟨img⟩ 태그의 src 속성에 파일명(ground_pink.jpg)만 입력했다. HTML 문서와 이
미지 파일이 같은 폴더 안에 있으므로 실행 결과 화면에 이미지가 제대로 나타났다.

이번에는 다음 그림과 같이 'ground_pink.jpg' 파일을 'img' 폴더 안으로 이동해보자.

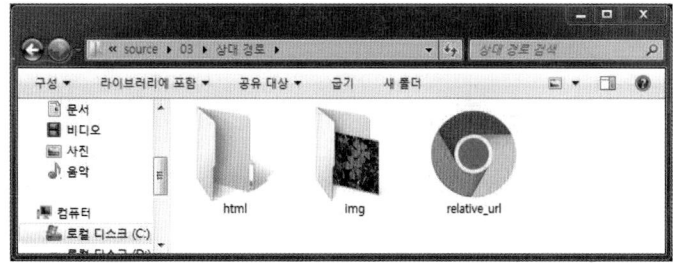

그림 3-7 ground_pink.jpg 파일을 img 폴더 안으로 이동한 경우

이 상태에서 [그림 3-6]의 브라우저 화면을 '새로 고침' 하면 화면에 이미지가 제대로 보이지 않는다. 브라우저가 [예제 3-4] 8행의 src 속성에 쓰인 ground_pink.jpg 파일을 현재 폴더인 '상대 경로' 내에서 찾지 못하기 때문이다. 이런 경우에는 8행을 다음 두 가지 중 하나로 수정해야 한다.

① `<img src="./img/ground_pink.jpg">`
② `<img src="img/ground_pink.jpg">`

①에서 사용된 /는 폴더와 폴더(또는 파일)를 구분짓는 기호이고 .는 현재 폴더를 의미한다. 이때 ②와 같이 현재 폴더와 폴더를 구분하는 기호인 ./는 생략이 가능하다.

'relative_url.html' 파일을 'html' 폴더 안으로 이동하여 폴더 구조를 다음과 같이 만들어보자.

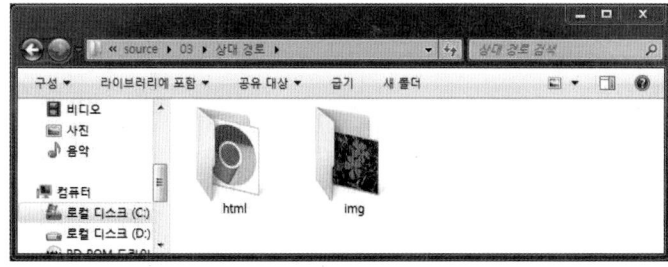

그림 3-8 relative_rul.html 파일을 html 폴더 안으로 이동한 경우

이 경우에는 [예제 3-4]의 8행을 다음과 같이 수정해야 한다.

`<img src="../img/ground_pink.jpg">`

..는 상위 폴더를 의미한다. [그림 3-8]에서 HTML 문서가 'html' 폴더에 존재하므로 현재 폴더는 'html' 폴더이다. 현재 폴더인 'html' 폴더에서 'img' 폴더 내에 있는 이미지 파일(ground_pink.jpg)을 찾으려면 src 속성의 값을 위와 같이 지정해야 한다.

TIP/ 상대 경로는 현재 폴더를 기준으로 상대적 위치에 있는 파일의 위치를 지정하는 것이다. 상대 경로에서 현재 폴더는 '.'로 표기하고 상위 폴더는 '..'로 표기한다는 것을 기억하기 바란다.

외부 파일 재생

〈embed〉 태그는 HTML5 이전부터 HTML 문서에서 플래시 영상과 같은 외부 파일을 재생하기 위해 많이 사용했다. 다음 예제에서는 〈embed〉 태그로 웹 페이지에 플래시 동영상을 삽입하는 방법을 알아보자.

예제 3-5	플래시 동영상 재생하기	source/03/embed_swf.html

```
01  <!DOCTYPE html>
02  <html>
03  <head>
04  <meta charset="utf-8">
05  </head>
06  <body>
07    <embed src="whitebird.swf" width="171" height="141"></embed>
08  </body>
09  </html>
```

▼ 실행 결과

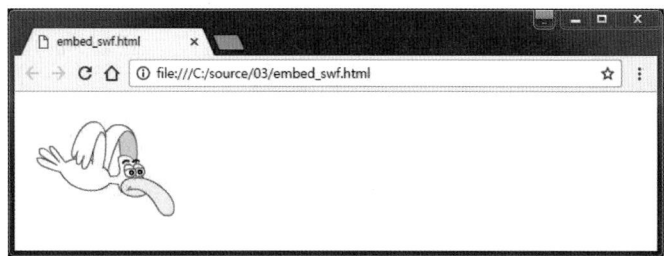

그림 3-9 〈embed〉 태그로 플래시 동영상 재생하기

▼ <u>소스코드 살펴보기</u>

7행에서 〈embed〉 태그를 이용하여 플래시 동영상인 whitebird.swf를 삽입했다. src 속성에는 경로를 포함한 플래시 동영상의 파일명(whitebird.swf)을 입력하고, width와 height 속성에는 각각 화면에 나타낼 플래시 동영상의 너비와 높이를 지정했다.

SECTION
04 오디오와 비디오 파일 재생

1 오디오 파일 재생하기 – 〈audio〉

HTML 문서에서는 MP3, WAV, Ogg 오디오 파일 포맷을 사용할 수 있는데, 이러한 오디오 파일을 웹 페이지에서 재생할 때 〈audio〉 태그를 이용한다. 다음 예제에서는 오디오 파일인 evocation.mp3 파일을 〈audio〉 태그로 재생해보자.

예제 3-6 MP3 파일 재생하기 source/03/audio.html

```
01 <!DOCTYPE html>
02 <html>
03 <head>
04 <meta charset="utf-8">
05 </head>
06 <body>
07   <audio src="evocation.mp3" autoplay controls loop></audio>
08 </body>
09 </html>
```

▼ 실행 결과

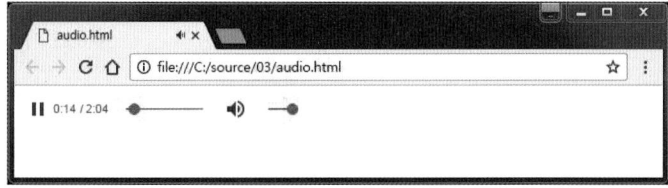

그림 3-10 〈audio〉 태그로 MP3 파일 재생하기

▼ <u>소스코드 살펴보기</u>

7행과 같이 〈audio〉 태그를 이용하여 웹 페이지에서 MP3 음악 파일을 재생할 수 있다. src 속성에는 재생하려는 음악 파일의 이름(evocation.mp3)을 지정했다. autoplay 속성은 웹 페이지가 로딩될 때 음악이 자동으로 시작되게 하며, controls 속성은 [그림 3-10]과 같이 플레이어를 화면에 나타내는 역할을 하고, loop 속성은 음악이 무한 반복되게 한다.

다음 표에 〈audio〉 태그의 속성을 정리했다.

표 3-3 〈audio〉 태그의 속성

속성	설명
src	삽입하는 오디오 파일의 이름(경로 포함) 지정
controls	화면에 플레이어 표시 여부 지정
autoplay	자동 시작 지정
loop	무한 반복 지정

브라우저마다 지원하는 오디오 파일의 종류가 다르다. 〈audio〉 태그를 사용할 때는 다양한 브라우저에서 오디오가 작동하도록 [예제 3-6] 소스코드의 7행을 〈source〉 태그를 사용하여 다음과 같이 변경할 수 있다.

```
<audio autoplay controls>
  <source src="evocation.mp3" type="audio/mpeg"></source>
  <source src="evocation.ogg" type="audio/ogg"></source>
</audio>
```

2 비디오 파일 재생하기 - 〈video〉

HTML 문서에 비디오 파일을 삽입하려면 HTML5에서 추가된 〈video〉 태그를 이용한다. 오디오와 마찬가지로 비디오 파일도 브라우저마다 지원하는 포맷이 다르기 때문에 다음 예제와 같이 〈source〉 태그로 확장자에 따른 파일의 type을 지정해야 한다. 이렇게 지정하면 대부분의 브라우저에서 다양한 포맷의 비디오를 재생할 수 있다.

예제 3-7 비디오 파일 재생하기   source/03/video.html

```
01 <!DOCTYPE html>
02 <html>
03 <body>
04 <video width="320" height="240" controls autoplay>
05   <source src="movie.mp4" type="video/mp4">
06   <source src="movie.webm" type="video/webm">
07   <source src="movie.ogg" type="video/ogg">
08 </video>
09 </body>
10 </html>
```

▼ 실행 결과

그림 3-11 〈video〉 태그로 비디오 파일 재생하기

▼ 소스코드 살펴보기

4행과 8행에서 〈video〉 태그를 이용하여 비디오 파일을 삽입했다. 5∼7행의 〈source〉 태그는 사용자의 브라우저가
특정 비디오 포맷을 지원하지 않는 경우를 대비하여 세 가지 비디오 포맷(mp4, webm, ogg)을 준비함으로써 다양한
브라우저에서도 동영상이 재생되게 한다.

다음 표에서 보듯이 〈video〉 태그의 속성은 〈audio〉 태그의 속성과 거의 유사하다. src,
controls, autoplay, loop 속성은 〈audio〉 태그의 속성과 같은 역할을 하며, width와
height 속성에는 화면에 나타나는 동영상의 너비와 높이를 지정한다.

표 3-4 〈video〉 태그의 속성

속성	설명
src	삽입하는 비디오 파일의 이름(경로 포함) 지정
controls	화면에 플레이어 표시 여부 지정
autoplay	자동 시작 지정
loop	무한 반복 지정
width	동영상의 너비 지정
height	동영상의 높이 지정

01 ⟨img⟩ 태그와 속성

⟨img⟩ 태그는 웹 페이지에 이미지를 삽입할 때 사용한다. src 속성에는 삽입할 이미지의 파일명을 지정하고, width와 height 속성에는 화면에 표시되는 이미지의 너비와 높이를 지정한다. title 속성은 브라우저 화면에서 마우스 포인터를 이미지에 갖다 대면 설명이 나타나게 한다.

```
<img src="파일명" width="이미지의 너비" height="이미지의 높이" title="설명">
```

02 웹에서 사용 가능한 이미지 파일 포맷

웹에서는 PNG, JPG, GIF 이미지 파일 포맷을 주로 사용한다. PNG 포맷은 무손실 압축, 트루 컬러 지원, 투명 이미지 지원 등의 장점이 있어 널리 쓰이고 있다. JPG 포맷은 손실 압축으로 압축 효율이 좋기 때문에 주로 사진 이미지를 저장할 때 사용된다. GIF 포맷은 무손실 압축, 256가지의 제한된 색상 사용, 애니메이션 기능 제공 등의 특징이 있어 애니메이션 이미지를 저장할 때 사용한다.

03 절대 경로

절대 경로로 URL을 표시하면 http://로 시작하는 주소가 되며, 이는 인터넷상에 하나밖에 없는 유일무이한 고유한 경로를 의미한다.

04 상대 경로

상대 경로는 HTML 문서 파일이 있는 현재 폴더를 기준으로 파일이나 폴더의 위치를 지정하는 방식이다. 상대 경로에서 .는 현재 폴더를 의미하고 ..는 상위 폴더를 의미한다.

05 ⟨embed⟩ 태그

⟨embed⟩ 태그는 HTML5 이전부터 HTML 문서에서 플래시 영상과 같은 외부 파일을 재생하기 위해 많이 사용했다.

```
<embed src="플래시 파일명" width="171" height="141"></embed>
```

06 ⟨audio⟩ 태그

⟨audio⟩ 태그를 이용하여 웹 페이지에서 MP3와 같은 오디오 파일을 재생할 수 있다. src 속성에는 재생하려는 오디오 파일명을 넣고, autoplay 속성은 오디오의 자동 시작, controls 속성은 화면에 플레이어 표시 여부, loop 속성은 무한 반복을 지정한다.

```
<audio src="오디오 파일명" autoplay controls loop></audio>
```

07 〈video〉 태그

비디오 파일을 삽입하는 데 사용되는 〈video〉 태그에서 src, controls, autoplay, loop 속성은 〈audio〉 태그의 속성과 동일하다. width와 height 속성에는 화면에 나타나는 동영상의 너비와 높이를 지정한다.

```
<video width="동영상의 너비" height="동영상의 높이" controls autoplay>
  <source src="비디오 파일명(.mp4)" type="video/mp4">
  <source src="비디오 파일명(.webm)" type="video/webm">
  <source src="비디오 파일명(.ogg)" type="video/ogg">
</video>
```

연습문제

01 웹에서 사용하는 이미지 포맷을 나열하고 각각에 대해 설명하시오.

02 다음은 HTML 문서에 이미지를 삽입하는 '야생화'의 웹 페이지이다. 아래 소스코드의 빈칸을 채워 완성한 뒤 실행하시오.

source/03/insert_image.txt

```
<!DOCTYPE html>
<html>
<head>
<meta charset="utf-8">
_____ 연습문제(3장)</title>
_____
<body>
_____ 야생화</h3>
  <img _____ ="flower.jpg" _____ ="250" height="160" _____ ="금계국">
_____
</html>
```

03 URL을 지정할 때 사용하는 절대 경로와 상대 경로의 특징 및 차이점에 대해 설명하시오.

04 〈video〉 태그의 속성을 나열하고 각각에 대해 설명하시오.

CHAPTER 04

테이블과 폼 양식

학습목표

- ⟨table⟩ 태그의 사용법을 익힌다.

- 테이블에서 셀을 병합하는 방법을 익힌다.

- 폼 양식의 폼 사용법을 익힌다.

테이블 태그

1 테이블 만들기 – 〈table〉

웹 페이지에서 테이블을 만들기 위해서는 〈table〉 태그를 사용한다. 다음 예제를 통해 〈table〉 태그의 사용법을 알아보자.

예제 4-1	기본 테이블 만들기	source/04/table.html

```
01 <!DOCTYPE html>
02 <html>
03 <head>
04 <meta charset="utf-8">
05 <style>
06 table, th, tr, td {
07     border:solid 1px black;
08     border-collapse: collapse;
09     padding:8px;
10 }
11 </style>
12 </head>
13 <body>
14 <h3>오늘의 날씨</h3>
15 <table>
16   <tr>
17     <th>지역</th>
18     <th>현재기온</th>
19     <th>불쾌지수</th>
20     <th>습도(%)</th>
21     <th>풍속(m/s)</th>
22   </tr>
23   <tr>
24     <td>서울</td>
25     <td>23</td>
26     <td>60</td>
```

```
27      <td>80</td>
28      <td>4.7</td>
29    </tr>
30    <tr>
31      <td>경기도</td>
32      <td>20</td>
33      <td>60</td>
34      <td>80</td>
35      <td>5.0</td>
36    </tr>
37    <tr>
38      <td>제주도</td>
39      <td>21</td>
40      <td>65</td>
41      <td>85</td>
42      <td>3.6</td>
43    </tr>
44  </table>
45  </body>
46  </html>
```

▼ 실행 결과

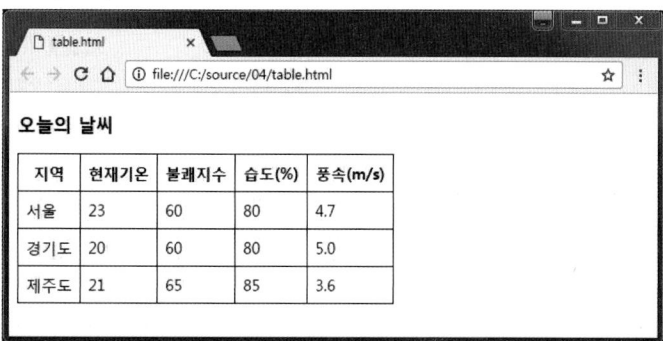

그림 4-1 〈table〉 태그로 기본 테이블 만들기

▼ 소스코드 살펴보기

5~11행은 실습의 편의를 위해 삽입한 CSS 코드로, 테이블의 테두리와 여백을 삽입하는 것이다. CSS는 5장부터 자세히 다룰 것이니 여기서는 이 정도만 알고 넘어가자.

• 〈table〉 태그

15행과 44행에서 한 쌍의 〈table〉 태그를 사용했다. 실행 결과 화면에서 보듯이 〈table〉 태그는 4행 5열로 구성된 테이블 전체를 감싸주며, 테이블이 시작되는 곳에 ⟨table⟩을, 끝나는 곳에 ⟨/table⟩을 삽입한다.

- ⟨tr⟩ 태그

  ⟨tr⟩은 테이블의 행을 표현하는 태그로, 16행과 22행, 23행과 29행, 30행과 36행, 37행과 43행에서 각각 ⟨tr⟩ 태그를 사용했다. 네 쌍의 ⟨tr⟩ 태그는 실행 결과 화면의 테이블에서 각각의 행을 의미한다. 즉 한 쌍의 ⟨tr⟩ 태그로 하나의 행을 만들 수 있다.

- ⟨th⟩ 태그

  ⟨tr⟩ 태그 안에 사용하는 ⟨th⟩는 열의 제목을 표현하는 태그이다. 17~21행에서 다섯 쌍의 ⟨th⟩ 태그를 사용했는데 이는 테이블에서 첫째 행에 해당한다. ⟨th⟩ 태그를 사용하면 해당 열의 제목이 '볼드체, 가운데 정렬'로 나타난다.

- ⟨td⟩ 태그

  ⟨td⟩ 태그는 ⟨th⟩와 마찬가지로 ⟨tr⟩ 태그 내에 사용하는 것으로, 테이블에서 각각의 데이터를 담고 있는 셀을 나타낸다. 24~28행에서 다섯 쌍, 31~35행에서 다섯 쌍, 38~42행에서 다섯 쌍의 ⟨td⟩ 태그를 사용했는데, 이는 테이블 2, 3, 4행의 데이터를 담은 각각의 셀에 해당한다.

이처럼 웹 페이지에서 ⟨table⟩ 태그는 테이블 전체를 만들고 ⟨tr⟩ 태그는 행을, ⟨td⟩ 태그는 열을 나타내는 데 사용한다. ⟨th⟩ 태그는 ⟨td⟩ 태그와 유사한 방식으로 사용하지만 ⟨td⟩ 태그와 달리 열의 제목을 나타내어 셀 내에 있는 글자가 볼드체, 가운데 정렬이 된다.

2 셀 병합하기

[예제 4-1]을 조금 변경하여 테이블의 셀을 병합하는 방법을 살펴보자.

예제 4-2	테이블의 셀 병합하기	source/04/cell_merge.html

```
   ⟨!— 생략 —⟩
13 ⟨body⟩
14 ⟨h3⟩오늘의 날씨⟨/h3⟩
15 ⟨table⟩
16   ⟨tr⟩
17     ⟨th⟩지역⟨/th⟩
18     ⟨th⟩현재기온⟨/th⟩
19     ⟨th colspan="2"⟩불쾌지수/습도(%)⟨/th⟩
20     ⟨th⟩풍속(m/s)⟨/th⟩
21   ⟨/tr⟩
22   ⟨tr⟩
23     ⟨td rowspan="2"⟩서울/경기⟨/td⟩
24     ⟨td⟩23⟨/td⟩
25     ⟨td⟩60⟨/td⟩
```

```
26        <td>80</td>
27        <td>4.7</td>
28      </tr>
29      <tr>
30        <td>20</td>
31        <td>60</td>
32        <td>80</td>
33        <td>5.0</td>
34      </tr>
35      <tr>
36        <td>제주도</td>
37        <td>21</td>
38        <td>65</td>
39        <td>85</td>
40        <td>3.6</td>
41      </tr>
42    </table>
43  </body>
44  </html>
```

▼ 실행 결과

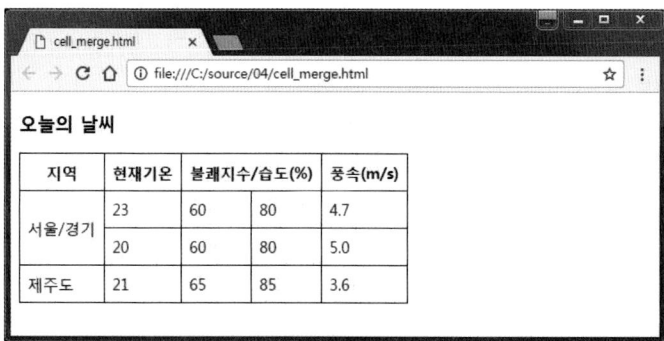

그림 4-2 colspan과 rowspan 속성으로 셀 병합하기

▼ 소스코드 살펴보기

• 가로 방향 셀 병합

첫째 행의 '불쾌지수/습도(%)' 셀은 가로 방향으로 두 개의 셀을 병합한 경우이다. 이 부분에 해당하는 것은 소스코드의 19행으로, 〈th〉 태그에서 colspan 속성을 사용했다. colspan은 'column span'의 약어로 column은 '열'을 나타내고 span은 '걸쳐 있다'는 뜻이니 '열을 확장한다'는 의미로 보면 된다. 이 예제에서는 colspan="2"로 설정했으므로 가로 방향으로 두 개의 열이 병합된 것이다.

- **세로 방향 셀 병합**

  첫째 열의 '서울/경기' 셀은 세로 방향으로 두 개의 행을 병합한 경우로, 이렇게 하기 위해 23행에서 rowspan 속성을 사용했다. row는 '행'을 뜻하므로 colspan과 마찬가지로 rowspan은 '행을 확장한다'는 의미가 된다. 이 예제에서는 rowspan="2"로 설정했으므로 세로 방향으로 두 개의 행이 병합된 것이다.

테이블 태그를 이용하여
수강 안내 페이지 만들기

source/mp/english_class.html

실행 결과

그림 4-3 수강 안내 페이지

● **문제**

1 ⟨h3⟩를 이용하여 웹 페이지 제목을 '★ 영어회화 수강 안내'로 하고 ⟨table⟩, ⟨tr⟩, ⟨th⟩ 태그를 이용하여 [그림 4-3]과 같이 첫째 행의 열 제목을 작성하시오.

2 같은 방식으로 둘째, 셋째, 넷째 행을 작성하시오.

3 colspan 속성을 이용하여 다섯째, 여섯째 행을 작성하시오.

정답은 다음 쪽에서 확인 ☞

● 정답

1

```
<h3>★ 영어회화 수강 안내</h3>
<table>
  <tr>
    <th>수강 레벨</th>
    <th>코스A</th>
    <th>코스B</th>
    <th>수강기간</th>
    <th>세부내용보기</th>
  </tr>
</table>
```

2

```
<tr>
  <td>레벨1</td>
  <td>Side by Side 1</td>
  <td>American Headway 1</td>
  <td>1개월</td>
  <td><img src="view_detail.gif"></td>
</tr>
<tr>
  <td>레벨2</td>
  <td>Side by Side 2</td>
  <td>American Headway 2</td>
  <td>1개월</td>
  <td><img src="view_detail.gif"></td>
</tr>
<tr>
  <td>레벨3</td>
  <td>Side by Side 3</td>
  <td>American Headway 3</td>
  <td>1개월</td>
  <td><img src="view_detail.gif"></td>
</tr>
```

3

```
<tr>
  <td>레벨4</td>
  <td colspan="2">Exploring English 1</td>
  <td>2개월</td>
  <td><img src="view_detail.gif"></td>
</tr>
<tr>
  <td>레벨5</td>
  <td colspan="2">Exploring English 2</td>
  <td>2개월</td>
  <td><img src="view_detail.gif"></td>
</tr>
```

폼 양식

웹 페이지에서는 로그인, 회원 가입, 게시판 글쓰기, 검색 등을 위한 다양한 형태의 폼 양식을 흔히 사용한다.

1 텍스트 입력 창 만들기

먼저 다음 예제에서는 사용자가 텍스트를 입력할 수 있는 텍스트 입력 창을 만들어보자.

예제 4-3 텍스트 입력 창 만들기	source/04/input_text.html

```
01  <!DOCTYPE html>
02  <html>
03  <head>
04  <meta charset="utf-8">
05  </head>
06  <body>
07  <form>
08    이름 : <input type="text"><br>
09    나이 : <input type="text">
10  </form>
11  </body>
12  </html>
```

▼ 실행 결과

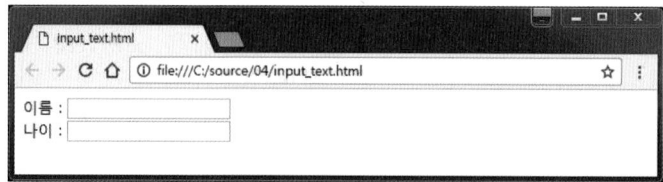

그림 4-4 〈input〉 태그의 type 속성으로 텍스트 입력 창 만들기

▼ 소스코드 살펴보기

• ⟨form⟩ 태그

⟨form⟩ 태그는 사용자가 키보드나 마우스로 입력한 내용을 받아들이는 HTML 폼을 생성할 때 사용한다. 7행의 ⟨form⟩은 폼 양식의 시작을, 10행의 ⟨/form⟩은 폼 양식의 끝을 의미한다. ⟨form⟩ 태그 안에는 ⟨input⟩, ⟨select⟩, ⟨option⟩, ⟨textarea⟩, ⟨button⟩ 등의 태그가 최소한 하나 이상 들어가게 된다.

• ⟨input⟩ 태그의 type 속성 값 – text

⟨input⟩ 태그는 사용자의 입력 폼을 정의하는 데 사용된다. ⟨input⟩ 태그로 생성 가능한 입력 폼은 텍스트 입력 창, 비밀번호 입력 창, 체크 박스, 라디오 버튼 등이다. [그림 4-4]의 직사각형 상자 안을 마우스로 클릭하면 내용을 입력할 수 있는데 이러한 것이 바로 텍스트 입력 창이다. 8, 9행과 같이 ⟨input⟩ 태그의 type 속성 값을 'text'로 지정하면 텍스트 입력 창을 만들 수 있다.

2 비밀번호 입력 창 만들기

비밀번호 입력 창의 경우 보안을 위해 사용자가 입력하는 비밀번호를 *로 표시한다. 다음 예제에서 비밀번호 입력 창을 만들어보자.

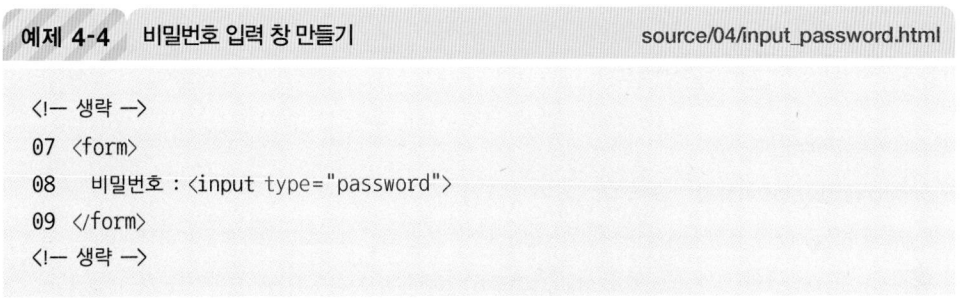

예제 4-4 비밀번호 입력 창 만들기　　　　　　　　source/04/input_password.html

```
<!— 생략 —>
07  <form>
08     비밀번호 : <input type="password">
09  </form>
<!— 생략 —>
```

▼ 실행 결과

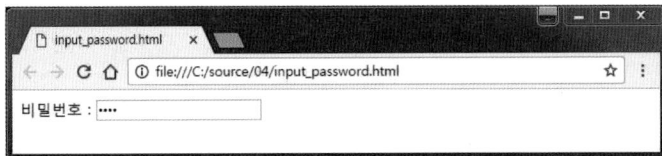

그림 4-5 ⟨input⟩ 태그의 type 속성으로 비밀번호 입력 창 만들기

▼ 소스코드 살펴보기

• ⟨input⟩ 태그의 type 속성 값 – password

비밀번호 입력 창은 텍스트 입력 창과 동일한 모양이지만 내용을 입력하면 *로 표시되어 다른 사람이 내용을 알아볼 수 없다. 8행에서 보듯이 비밀번호 입력 창을 만들 때는 ⟨input⟩ 태그를 사용하고 type 속성 값을 'password'로 지정한다.

3 라디오 버튼 만들기

라디오 버튼은 여러 항목 중 하나를 선택할 수 있도록 하는 것이다. 다음 예제에서 라디오 버튼을 만들어보자.

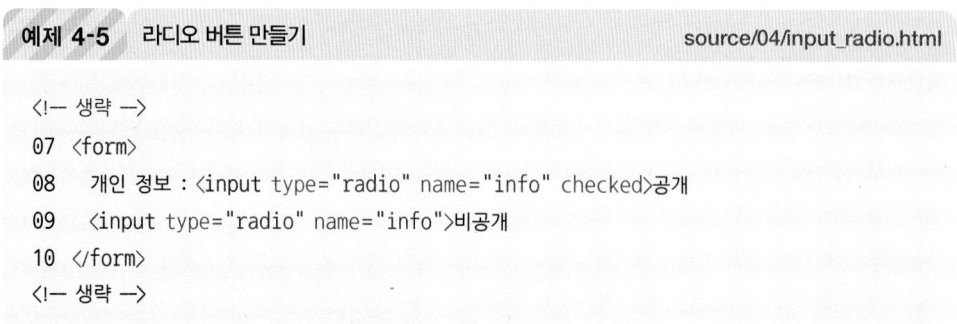

예제 4-5	라디오 버튼 만들기	source/04/input_radio.html

```
<!-- 생략 -->
07 <form>
08   개인 정보 : <input type="radio" name="info" checked>공개
09   <input type="radio" name="info">비공개
10 </form>
<!-- 생략 -->
```

▼ 실행 결과

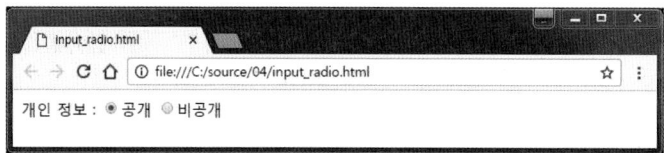

그림 4-6 〈input〉 태그의 type 속성으로 라디오 버튼 만들기

▼ <u>소스코드 살펴보기</u>

• **〈input〉 태그의 type 속성 값 – radio**

8, 9행과 같이 〈input〉 태그의 type 속성 값을 'radio'로 지정하면 실행 결과 화면에서 보듯이 라디오 버튼이 생성된다. 버튼이 두 개인데 라디오 버튼은 둘 중 하나만 선택하는 형태이다.

• **〈input〉 태그의 name 속성**

'공개'와 '비공개' 버튼을 각각 클릭해보면 버튼이 하나만 선택된다. 8, 9행에서 〈input〉 태그의 name 속성 값이 'info'로 동일한데, 이렇게 라디오 버튼을 'info'라는 같은 그룹에 속하게 만들면 버튼이 하나만 선택된다.

• **〈input〉 태그의 checked 속성**

실행 결과 화면을 보면 '공개' 버튼이 이미 선택되어 있다. 이처럼 하나의 버튼이 미리 선택되도록 하려면 해당 버튼의 〈input〉 태그에 checked 속성을 삽입한다.

4 체크 박스 만들기

다음 예제에서는 여러 항목을 동시에 선택할 수 있는 체크 박스를 만들어보자.

예제 4-6	체크 박스 만들기	source/04/input_checkbox.html

```
<!— 생략 —>
07  <form>
08    취미 : <input type="checkbox" name="hobby1">등산
09    <input type="checkbox" name="hobby2" checked>독서
10    <input type="checkbox" name="hobby3">영화감상
11    <input type="checkbox" name="hobby4">음악감상
12  </form>
<!— 생략 —>
```

▼ 실행 결과

그림 4-7 〈input〉 태그의 type 속성으로 체크 박스 만들기

▼ 소스코드 살펴보기

• 〈input〉 태그의 type 속성 값 – checkbox

실행 결과 화면에 네 개의 체크 박스가 나타나 있는데, 이러한 체크 박스를 만들려면 8~11행과 같이 〈input〉 태그의 type 속성 값을 'checkbox'로 지정한다. 체크 박스는 라디오 버튼과 달리 중복 선택이 가능하여 체크 박스를 각각 클릭해보면 여러 항목이 선택된다.

• 〈input〉 태그의 name 속성

체크 박스는 중복 선택이 가능하므로 8~11행에서 보듯이 각 체크 박스의 name 속성 값을 다르게 지정해야 한다.

5 선택 박스 만들기

선택 박스를 만드는 데에는 〈select〉와 〈option〉 태그를 사용하는데 다음 예제를 통해 이를 알아보자.

예제 4-7	선택 박스 만들기	source/04/select_option.html

```
<!— 생략 —>
07  <form>
08    이메일 : <input type="text"> @
09    <select>
```

```
10      <option>선택</option>
11      <option>naver.com</option>
12      <option>hanmail.net</option>
13      <option>gmail.com</option>
14      <option>직접입력</option>
15    </select>
16  </form>
<!-- 생략 -->
```

▼ 실행 결과

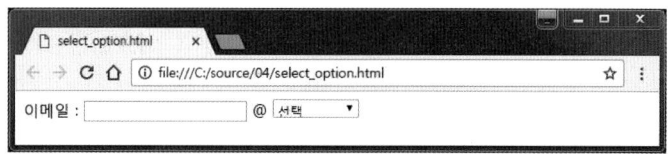

그림 4-8 ⟨select⟩와 ⟨option⟩ 태그로 선택 박스 만들기

▼ 소스코드 살펴보기

· ⟨select⟩ 태그

  9행과 15행처럼 ⟨select⟩ 태그로 항목을 나타내는 ⟨option⟩ 태그를 감싸면 선택 박스가 생성된다.

· ⟨option⟩ 태그

  실행 결과 화면의 오른쪽 선택 박스 안에 선택 항목을 만들려면 10~14행과 같이 ⟨option⟩ 태그를 사용한다.

6 다중 입력 창 만들기

[예제 4-3]에서 생성한 텍스트 입력 창은 한 줄의 텍스트를 입력받을 때 사용한다. 여러 줄의
텍스트를 입력받으려면 다중 입력 창을 만들어야 하는데 다음 예제를 통해 이를 살펴보자.

예제 4-8 다중 입력 창 만들기　　　　　　　　　　　　source/04/textarea.html

```
<!-- 생략 -->
07  <form>
08    자기소개 : <textarea rows="5" cols="80"></textarea>
09  </form>
<!-- 생략 -->
```

▼ 실행 결과

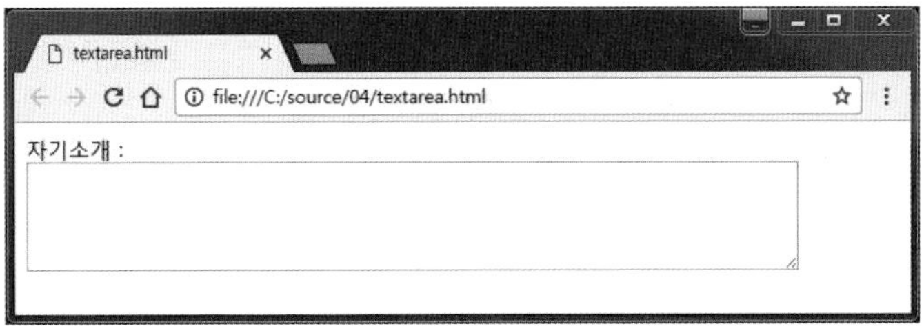

그림 4-9 〈textarea〉 태그로 다중 입력 창 만들기

▼ 소스코드 살펴보기

• 〈textarea〉 태그

실행 결과 화면에 나타난 다중 입력 창은 〈textarea〉 태그를 사용하여 만들 수 있다. 8행에서 〈textarea〉 태그를 쌍으로 사용했다.

• 〈textarea〉 태그의 rows 속성

다중 입력 창에 입력할 수 있는 텍스트의 줄 수는 〈textarea〉 태그의 rows 속성에서 지정한다. 8행에서 rows 속성 값을 '5'로 지정했기 때문에 실행 결과 화면에서 다섯 줄의 텍스트를 입력할 수 있다.

• 〈textarea〉 태그의 cols 속성

cols 속성에서는 한 행에 입력 가능한 글자 수를 지정한다. 여기서는 cols 속성 값을 '80'으로 지정했기 때문에 영문자나 숫자를 기준으로 80자까지 한 행에 입력할 수 있다. 한글은 한 글자가 영문자 두 개의 자리를 차지하므로 40자까지 입력이 가능하다.

rows와 cols 속성은 텍스트 입력 창의 크기를 나타낸다고도 볼 수 있다. 즉 rows 속성은 입력 창의 높이를, cols 속성은 너비를 의미한다.

⑦ 세 가지 형태의 버튼 만들기

다음 예제에서는 HTML 태그를 이용하여 만들 수 있는 세 가지 형태의 버튼에 대해 알아보자.

예제 4-9　세 가지 형태의 버튼 만들기　　　　　source/04/button.html

```
<!— 생략 —>
07 <form>
08   <button type="button">검색</button><br>
09   <button type="submit">확인</button><br>
10   <button type="reset">다시 쓰기</button>
11 </form>
<!— 생략 —>
```

Chapter 04 테이블과 폼 양식 / 95

▼ 실행 결과

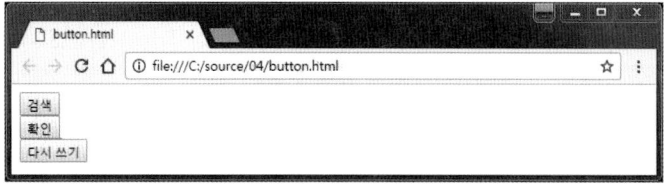

그림 4-10 〈button〉 태그의 type 속성으로 세 가지 형태의 버튼 만들기

▼ 소스코드 살펴보기

• 〈button〉 태그

실행 결과 화면에 세 개의 버튼이 나타났다. 이러한 버튼을 만들기 위해 8~10행에서 〈button〉 태그를 사용했다.

• 〈button〉 태그의 type 속성

8~10행에서 〈button〉 태그의 type 속성 값으로 각각 'button, submit, reset'을 지정했다. button은 클릭이 가능한 버튼을 만들 때, submit는 입력 값을 전송하는 버튼을 만들 때, reset은 입력 값을 초기화하는 버튼을 만들 때 사용한다.

속성 값 중에서 button은 특별한 기능이 없는 일반적인 버튼을 만들 때 사용한다. 웹 페이지에서 '확인', '저장', 'OK' 등으로 표시되는 버튼을 만들 때는 submit 속성 값을 사용한다. 이 버튼은 〈form〉 태그 내에서 사용자가 입력한 값을 처리하기 위해 다른 프로그램에 전송하는 역할을 한다. 또한 reset은 〈form〉 태그 내의 입력 박스나 선택 박스 등에서 사용자가 입력한 값을 초기화할 때 쓰인다.

표 4-1 〈button〉 태그의 type 속성 값

속성	속성 값	설명
type	button	클릭 가능한 버튼 만들기
	submit	〈form〉 태그 내에서 사용자의 입력 값을 전송하는 버튼 만들기
	reset	〈form〉 태그 내에서 사용자의 입력 값을 초기화하는 버튼 만들기

[그림 4-10]을 보면 〈button〉 태그로 만든 세 가지 버튼의 모양이 모두 동일하고 기능만 다른데 이 기능은 웹 프로그래밍과 관련이 있다. 각 버튼의 자세한 기능은 웹 프로그래밍 관련 서적을 참조하기 바란다.

8 파일 선택 창 만들기

다음 예제에서는 파일 선택 창을 만들어보자.

예제 4-10 파일 선택 창 만들기   source/04/input_file.html

```
<!— 생략 —>
07  <form>
08    파일첨부 : <input type="file">* 2MB까지 가능
09  </form>
<!— 생략 —>
```

▼ 실행 결과

그림 4-11 〈input〉 태그의 type 속성으로 파일 선택 창 만들기

▼ 소스코드 살펴보기

8행과 같이 〈input〉 태그의 type 속성 값을 'file'로 지정하면 실행 결과 화면에서 보듯이 '파일 선택' 버튼이 생긴다. 이 버튼을 클릭하면 다음과 같이 파일을 선택할 수 있는 창이 나타난다.

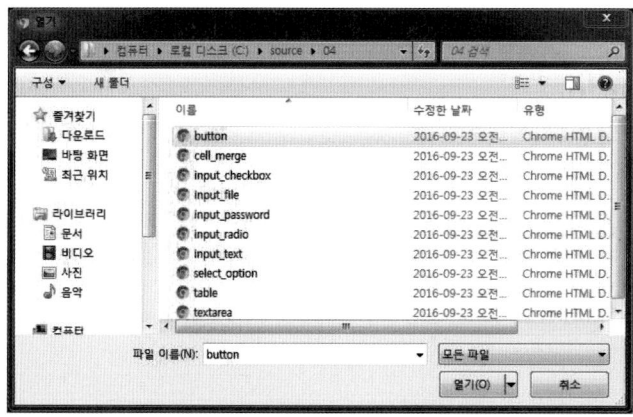

그림 4-12 '파일 선택' 버튼을 클릭하면 나타나는 파일 선택 창

9 HTML5 폼 양식 사용하기

HTML5에는 기존의 HTML에서 제공하던 폼 양식 외에 스마트폰과 같은 모바일 기기에도 활용할 수 있는 다양한 형태의 폼 양식이 추가되었다. 다음 예제를 통해 HTML5에 추가된 폼 양식을 알아보자.

```
<!-- 생략 -->
07  <form>
08    <input type="color"><br>
09    <input type="datetime-local"><br>
10    <input type="month"><br>
11    <input type="number"><br>
12    <input type="range"><br>
13    <input type="time"><br>
14    <input type="week"><br>
15  </form>
<!-- 생략 -->
```

▼ 실행 결과

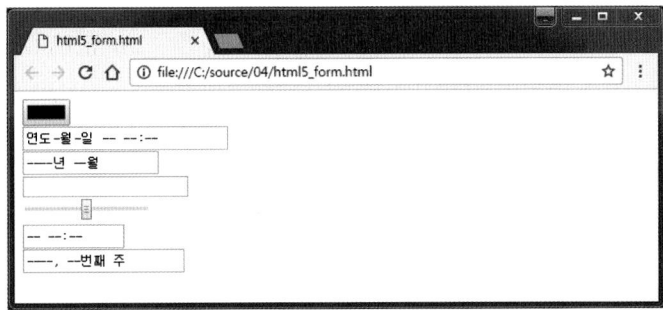

그림 4-13 html5에 추가된 폼 양식 사용하기

실행 결과 화면에서 볼 수 있는 일곱 개의 폼 양식을 다음 표에 정리했다.

표 4-2 HTML5에 추가된 〈input〉 태그의 type 속성

속성	속성 값	설명
type	color	색상을 선택할 수 있는 폼 양식
	datetime-local	날짜와 시간을 선택할 수 있는 폼 양식
	month	연도와 월을 선택할 수 있는 폼 양식
	number	숫자를 선택할 수 있는 폼 양식
	range	슬라이더 바로 값을 선택할 수 있는 폼 양식
	time	시간을 선택할 수 있는 폼 양식
	week	연도와 주를 선택할 수 있는 폼 양식

현재 모든 웹 브라우저가 [표 4-2]의 폼 양식을 모두 지원하는 것은 아니다. 브라우저가 지원하는 폼 양식은 각 브라우저의 매뉴얼을 참조하기 바란다.

다양한 폼 양식을 이용하여
회원 가입 양식 페이지 만들기

source/mp/join_form.html

실행 결과

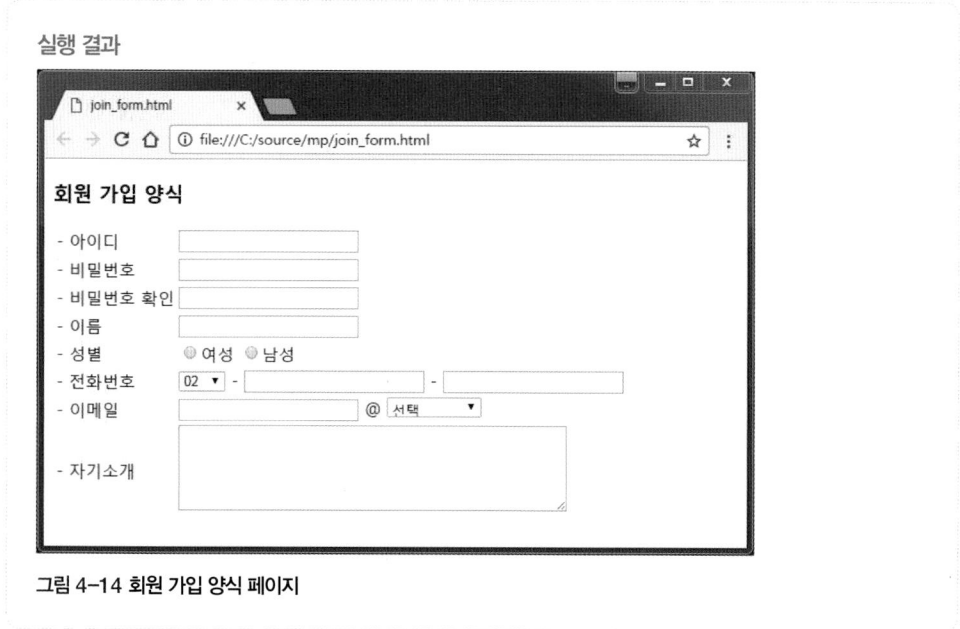

그림 4-14 회원 가입 양식 페이지

● 문제

1 ⟨h3⟩ 태그를 이용하여 [그림 4-14]와 같이 '회원 가입 양식'이란 제목을 작성하시오. 그리고 ⟨form⟩, ⟨table⟩, ⟨tr⟩, ⟨td⟩ 태그를 이용하여 폼 양식을 작성할 틀인 테이블을 만들고, ⟨input⟩ 태그로 첫 번째 입력 항목인 '- 아이디'와 아이디 입력 창을 작성하시오.

2 ⟨tr⟩, ⟨td⟩, ⟨input⟩, ⟨select⟩, ⟨option⟩ 태그를 이용하여 '비밀번호, 비밀번호 확인, 이름, 성별, 전화번호'에 해당하는 부분을 작성하시오.

3 ⟨tr⟩, ⟨td⟩, ⟨input⟩, ⟨select⟩, ⟨option⟩, ⟨textarea⟩ 태그를 이용하여 이메일과 자기소개에 해당하는 부분을 작성하시오.

정답은 다음 쪽에서 확인 ☞

● 정답

1

```
<h3>회원 가입 양식</h3>
<form>
  <table>
    <tr>
      <td>- 아이디</td>
      <td><input type="text"></td>
    </tr>
  </table>
</form>
```

2

```
<tr>
  <td>- 비밀번호</td>
  <td><input type="password"></td>
</tr>
<tr>
  <td>- 비밀번호 확인</td>
  <td><input type="password"></td>
</tr>
<tr>
  <td>- 이름</td>
  <td><input type="text"></td>
</tr>
<tr>
  <td>- 성별</td>
  <td><input type="radio" name="sex" selected>여성<input type="radio"
  name="sex">남성</td>
</tr>
<tr>
  <td>- 전화번호</td>
  <td><select>
    <option>02</option>
    <option>031</option>
    <option>033</option>
    <option>053</option>
    <option>062</option>
  </select> - <input class="hp" type="text"> - <input class="hp" type="text">
  </td>
</tr>
```

3

```
<tr>
  <td>- 이메일</td>
  <td><input id="email1" type="text"> @
    <select id="email2">
      <option>선택</option>
      <option>naver.com</option>
      <option>hanmail.net</option>
      <option>gmail.com</option>
    </select>
  </td>
</tr>
<tr>
  <td>- 자기소개</td>
  <td><textarea cols="50" rows="5"></textarea></td>
</tr>
```

01 ⟨table⟩ 태그

웹 페이지에서 테이블을 만들 때 사용하는 태그로, 테이블이 시작되는 곳에 ⟨table⟩을, 끝나는 곳에 ⟨/table⟩을 삽입한다.

02 ⟨tr⟩ 태그

테이블의 행을 표현하는 태그로, 한 쌍의 ⟨tr⟩과 ⟨/tr⟩은 테이블에서 하나의 행을 의미한다.

03 ⟨th⟩ 태그

테이블에서 열의 제목을 표현하는 태그로, 행을 의미하는 ⟨tr⟩ 태그 안에서 사용한다.

04 ⟨td⟩ 태그

테이블에서 셀을 표현하는 태그로, ⟨th⟩ 태그와 마찬가지로 ⟨tr⟩ 태그 안에서 사용한다. 테이블에서 각 셀 안의 데이터는 ⟨td⟩와 ⟨/td⟩로 감싼다.

05 테이블의 셀 병합

테이블에서 가로 방향으로 셀을 병합하려면 colspan 속성을 사용하고, 세로 방향으로 셀을 병합하려면 rowspan 속성을 사용한다.

06 ⟨form⟩ 태그

사용자가 키보드나 마우스로 입력한 내용을 받아들이기 위한 HTML 폼을 생성할 때 사용한다. ⟨form⟩은 폼 양식의 시작을, ⟨/form⟩은 폼 양식의 끝을 의미한다.

07 텍스트 입력 창

글자를 입력받는 직사각형 상자로 된 텍스트 입력 창을 만들려면 ⟨input⟩ 태그를 사용하고 type 속성 값을 'text'로 지정한다.

08 비밀번호 입력 창

텍스트 입력 창과 동일한 모양의 비밀번호 입력 창은 사용자가 내용을 입력하면 화면에 *로 표시된다. 비밀번호 입력 창도 텍스트 입력 창과 마찬가지로 ⟨input⟩ 태그를 사용하고 type 속성 값을 'password'로 지정한다.

09 라디오 버튼

라디오 버튼은 여러 항목 중 하나를 선택하게 하는 것으로, 〈input〉 태그를 사용하고 type 속성 값을 radio로 설정한다. 하나의 버튼이 미리 선택되도록 하려면 해당 버튼의 〈input〉 태그에 'checked' 속성을 삽입한다.

10 체크 박스

체크 박스는 라디오 버튼과 달리 여러 항목을 동시에 선택할 수 있으며, 〈input〉 태그를 사용하고 type 속성 값을 'checkbox'로 지정한다.

11 선택 박스

선택 박스를 만드는 데에는 〈select〉와 〈option〉 태그를 사용한다. 〈select〉 태그로 전체 선택 박스를 감싸고, 〈option〉 태그로 선택 박스 안에 있는 선택 항목을 만든다.

12 다중 입력 창

한 줄의 텍스트를 입력받는 텍스트 입력 창과 달리 다중 입력 창은 여러 줄의 텍스트를 입력받을 수 있다. 다중 입력 창을 만들기 위해서는 〈textarea〉 태그를 사용하는데, rows 속성에는 입력할 수 있는 텍스트의 줄 수를, cols 속성에는 한 행에 입력 가능한 글자 수를 지정한다.

13 버튼

HTML 태그로 버튼을 만들려면 〈button〉 태그를 사용한다. 이때 type 속성 값으로 'button'을 지정하면 일반 버튼이 만들어지고, 'submit'로 지정하면 사용자의 입력 값을 전송하는 버튼이 만들어진다. 'reset'으로 지정하면 사용자의 입력 값을 초기화할 수 있다.

14 파일 선택 창

파일 선택 버튼을 만들기 위해서는 〈input〉 태그를 사용하고 type 속성 값으로 'file'을 지정한다.

연습문제

01 다음은 '통학 버스 시간표'를 나타내는 웹 페이지이다. 아래 소스코드의 빈칸을 채워 완성한 뒤 실행하시오.

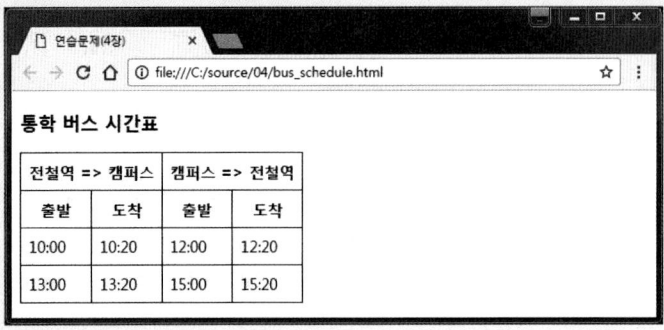

source/04/bus_schedule.txt

```
<!-- 생략 -->
<body>
<h3>통학 버스 시간표</h3>

_____
 <tr>
  <th _____ >전철역 => 캠퍼스</th>
  <th _____ >캠퍼스 => 전철역</th>
 </tr>
 <tr>
  <th>출발</th><th>도착</th>
  <th>출발</th><th>도착</th>
 </tr>
 _____
  <td>10:00</td><td>10:20</td>
  <td>12:00</td><td>12:20</td>

 _____
 <tr>
  <td>13:00</td><td>13:20</td>
  <td>15:00</td><td>15:20</td>
 </tr>
</table>
</body>
</html>
```

02 다음은 '강의 시간표'를 나타내는 웹 페이지이다. 아래 소스코드의 빈칸을 채워 완성한 뒤 실행하시오.

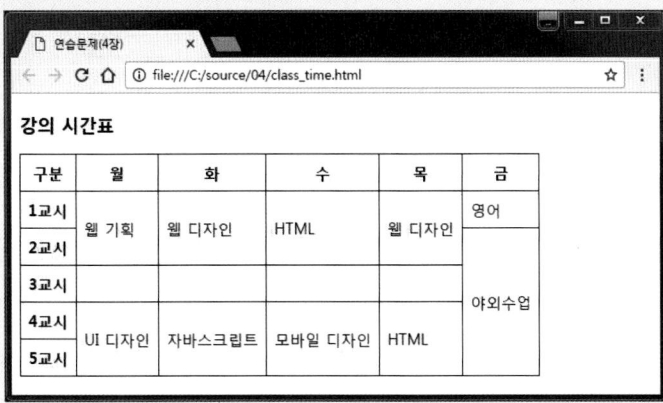

source/04/class_time.txt

```
<!— 생략 —>
<body>
_____ 강의 시간표</h3>
<table>
  <tr>
    <th>구분</th>
    <th>월</th>
    <th>화</th>
    <th>수</th>
    <th>목</th>
    <th>금</th>
  </tr>
  <tr>
    <td><b>1교시</b></td>
    <td _____>웹 기획</td>
    <td _____>웹 디자인</td>
    <td _____>HTML</td>
    <td _____>웹 디자인</td>
    <td>영어</td>
  </tr>
    _____
    <td><b>2교시</b></td>
```

```
    <td rowspan="4">야외수업</td>
    _____
    <tr>
      <td><b>3교시</b></td>
      <td> </td>
      <td> </td>
      <td> </td>
      <td> </td>
    </tr>
    <tr>
      <td>_____ </td>
      <td rowspan="2">UI 디자인</td>
      <td rowspan="2">자바스크립트</td>
      <td rowspan="2">모바일 디자인</td>
      <td rowspan="2">HTML</td>
    </tr>
    <tr>
      <td><b>5교시</b></td>
    </tr>
  </table>
</body>
</html>
```

03 HTML 폼 양식에 대한 다음 물음에 답하시오.

- 텍스트 입력 창에서 사용하는 태그와 type의 속성 값은 무엇인가?
- 체크 박스와 라디오 버튼의 기능상 차이점은 무엇인가?
- 선택 박스에서 사용하는 태그는 무엇인가?
- 다중 입력 창에서 사용하는 태그는 무엇인가?
- 다중 입력 창에서 rows 속성과 cols 속성의 역할은 무엇인가?
- 파일 선택 창에서 사용하는 태그와 type의 속성 값은 무엇인가?

PART 02

CSS의
기본 익히기

PREVIEW

2부에서는 HTML 태그를 보조하여 웹 페이지를 꾸미는 역할을 하는 CSS에 대해 살펴본다. 1부에서 HTML의 기본을 잘 익혔다면 CSS도 그리 어렵지 않을 것이다.

5장에서는 CSS를 이용하여 텍스트를 꾸미는 방법을 살펴본다. 먼저 CSS의 기본 구조를 파악하고, CSS를 웹 페이지에 삽입하는 방법을 익힐 수 있다. 웹 페이지에 다양한 색상을 적용하기 위해 RGB 색상과 색상 코드도 함께 살펴본다.

6장에서는 HTML 문서에서 CSS를 적용할 영역을 선택하는 데 사용하는 CSS 선택자에 대해 알아본다. CSS 선택자의 종류와 사용법, CSS에서 사용하는 주석문의 형태와 사용법을 익힐 수 있다.

7장에서는 웹 페이지의 배경과 목록의 형태를 꾸미기 위한 CSS에 대해 살펴본다. 페이지 전체 또는 특정 영역에 배경 색상을 적용하거나 배경 이미지를 삽입하는 방법, 목록의 글머리 형태를 꾸미거나 글머리에 원하는 이미지를 삽입하는 방법을 익힐 수 있다.

8장에서는 CSS를 제대로 사용하기 위해 알아야 할 개념인 박스 모델에 대해 살펴본다. 박스 모델을 기본으로, CSS를 이용하여 경계선과 마진, 패딩을 나타내는 방법을 배운다. 또한 HTML 요소를 화면에 나타내기 위한 개념인 디스플레이를 비롯해 인라인과 블록 방식을 함께 살펴본다.

9장에서는 테이블과 폼 관련 태그에 CSS를 적용하는 방법을 살펴본다. CSS로 테이블의 경계선과 크기를 설정하고 배경 색상을 적용하는 방법, 로그인 박스와 회원 가입 폼 양식을 만드는 방법을 익힐 수 있다.

10장에서는 CSS를 이용하여 웹 페이지에 각각의 요소를 배치하는 레이아웃 작업을 해본다. float와 position 속성의 개념과 사용법, 레이아웃에 적용하는 방법을 알 수 있다.

CHAPTER 05

CSS : 텍스트

학습목표

- CSS의 기본 구조를 이해한다.
- CSS를 삽입하는 세 가지 방법을 익힌다.
- CSS를 이용하여 텍스트를 꾸미는 방법을 익힌다.
- RGB 색상과 색상 코드를 이해한다.

CSS의 개요

CSS는 'cascading style sheets'의 약어로, 웹 페이지에서 HTML 태그를 보조하여 페이지를 꾸미는 역할을 한다. 웹 개발자는 CSS를 이용하여 웹 사이트의 디자인을 더욱 풍부하게 하고 사이트의 유지 · 보수도 간편하게 할 수 있다.

1 CSS의 기본 구조

CSS의 역할과 구조를 파악하기 위해 CSS가 적용된 다음 예제를 살펴보자.

예제 5-1 CSS 기본 구조 확인하기	source/05/css_syntax.html

```
01  <!DOCTYPE html>
02  <html>
03  <head>
04  <meta charset="utf-8">
05  <title>CSS 구조</title>
06  <style>
07  p {
08      color:blue;
09      font-size:20px;
10  }
11  </style>
12  </head>
13  <body>
14      <p>나무의 줄기는 땅 위로 계속 높게 자라고 해마다 굵기가 두꺼워지지만, 풀의 줄기는 일 년만 자
        라고 겨울을 나는 동안 땅 윗부분이 죽는다.</p>
15  </body>
16  </html>
```

▼ 실행 결과

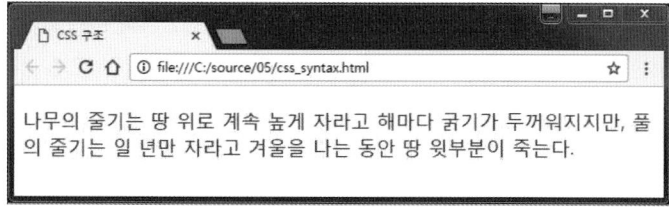

그림 5-1 CSS의 기본 구조 확인하기

▼ 소스코드 살펴보기

7~10행에서 CSS가 입력되었으며, CSS는 6행과 11행의 〈style〉 태그 안에 들어간다. 7행의 p에 의해 14행의 〈p〉 태그 영역에 있는 글자에 CSS가 적용된다. 8행의 'color:blue'로 글자 색상을 파란색으로 지정하고, 9행의 'font-size:20px'로 글자 크기를 20픽셀로 지정했다. 8행과 9행의 세미콜론(;)은 하나의 CSS 명령이 끝났음을 의미한다.

이 예제에서 사용된 CSS 구조를 좀 더 자세히 살펴보자.

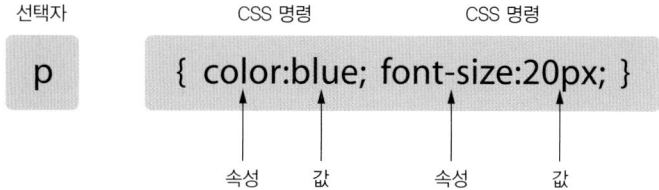

그림 5-2 CSS의 기본 구조

- 선택자 : 선택자는 CSS를 적용할 영역을 선택할 때 사용한다. 위 그림과 같이 p를 선택자로 사용하면 문서에서 〈p〉 태그가 사용된 영역, 즉 단락을 선택할 수 있다. 선택자 다음에 오는 CSS 명령은 선택자로 선택된 영역에 적용된다.

- CSS 명령 : CSS 명령은 CSS 속성과 값으로 구성된다. 'color:blue'에서 사용된 CSS 속성 'color'는 글자 색상을 의미하고, 속성 값 'blue'는 파란색을 의미한다. 즉 선택자에 의해 선택된 영역의 글자 색상이 파란색으로 변경된다. 'font-size:20px'은 글자 크기를 변경하는 CSS 명령으로 글자 크기를 20픽셀로 지정한다는 의미이다.

- CSS 명령의 마침 : 각 CSS 명령의 맨 뒤에 세미콜론을 붙여야 CSS 명령이 마무리된다. [예제 5-1]의 8행과 9행을 보면 CSS 명령 끝에 세미콜론이 있다.

2 CSS 삽입 방법

CSS 코드를 HTML 문서에 삽입하는 데에는 인라인 스타일(inline style), 내부 스타일 시트(internal style sheet), 외부 스타일 시트(external style sheet)의 세 가지 방법이 있다. 이러한 CSS 삽입 방법을 자세히 알아보자.

❶ 인라인 스타일

HTML 문서에 가장 간단하게 CSS를 삽입할 수 있는 인라인 스타일을 다음 예제를 통해 살펴보자.

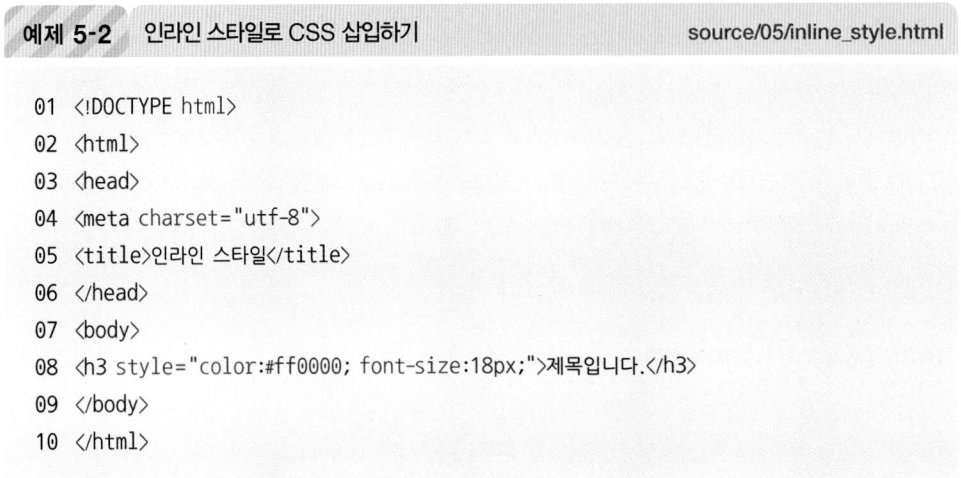

```
01 <!DOCTYPE html>
02 <html>
03 <head>
04 <meta charset="utf-8">
05 <title>인라인 스타일</title>
06 </head>
07 <body>
08 <h3 style="color:#ff0000; font-size:18px;">제목입니다.</h3>
09 </body>
10 </html>
```

▼ 실행 결과

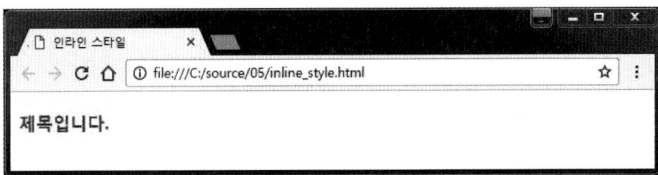

그림 5-3 인라인 스타일로 CSS 삽입하기

▼ 소스코드 살펴보기

인라인 스타일은 HTML 태그에 CSS 명령을 직접 입력하는 방식이므로 8행에서 〈h3〉 태그의 style 속성에 CSS 명령을 직접 입력했다. 'color:#ff0000; font-size:18px;'에 의해 실행 결과 화면에서 보듯이 '제목입니다.'의 글자 색상이 빨간색(#ff0000), 글자 크기가 18픽셀로 나타났다. 여기서 '#ff0000'은 글자 색상을 나타내는 색상 코드로, 이에 대해서는 3절에서 자세히 설명할 것이다.

인라인 스타일은 CSS를 HTML 문서에 간편하게 삽입할 수 있다는 것이 장점이지만, CSS를 HTML 태그와 같은 행에 사용하여 HTML 태그가 복잡해진다는 단점이 있다.

❷ 내부 스타일 시트

내부 스타일 시트는 CSS 코드를 〈style〉 태그 내에 삽입하는 방식이다. 다음 예제에서는 [예제 5-2]의 인라인 스타일을 내부 스타일 시트로 변경해보자.

예제 5-3   내부 스타일 시트로 CSS 삽입하기   source/05/internal_style.html

```
01  <!DOCTYPE html>
02  <html>
03  <head>
04  <meta charset="utf-8">
05  <title>내부 스타일 시트</title>
06  <style>
07  h3 {
08      color:#ff0000;
09      font-size:18px;
10  }
11  </style>
12  </head>
13  <body>
14  <h3>제목입니다.</h3>
15  </body>
16  </html>
```

▼ 소스코드 살펴보기

6~11행에서 보듯이 내부 스타일 시트는 〈style〉 태그 내에 CSS 코드를 삽입하는 방식이다. 이때 〈style〉 태그는 3행과 12행의 〈head〉 태그 내에서 사용해야 한다. 내부 스타일 시트 방식을 이용하면 6~11행의 CSS 부분이 13~15행의 HTML 부분과 분리된다. 웹 페이지에서 HTML 구조와 디자인 요소인 CSS가 서로 분리되면 웹 페이지가 훨씬 간결하게 표현된다.

앞의 [예제 5-1]도 내부 스타일 시트 방식을 이용한 경우이다. [예제 5-3]의 실행 결과는 인라인 스타일의 실행 결과인 [그림 5-3]과 동일하다.

❸ 외부 스타일 시트

외부 스타일 시트는 CSS 부분을 별도의 파일로 만들어서 HTML 부분과 완전히 분리하는 방식이다. 다음 예제를 통해 이를 살펴보자.

```
01  <!DOCTYPE html>
02  <html>
03  <head>
04  <meta charset="utf-8">
05  <title>외부 스타일 시트</title>
06  <link rel="stylesheet" type="text/css" href="mystyle.css">
07  </head>
08  <body>
09  <h3>제목입니다.</h3>
10  </body>
11  </html>
```

CSS 소스코드   source/05/mystyle.css

```
01  h3 {
02      color:#ff0000;
03      font-size:18px;
04  }
```

▼ 소스코드 살펴보기

6행에서처럼 외부 스타일 시트 방식은 〈link〉 태그를 이용하여 href 속성에 CSS 파일(mystyle.css)의 경로를 설정한다. 이렇게 하면 웹 페이지에서 HTML(external_style.html)과 CSS(mystyle.css)가 서로 다른 파일로 존재하게 되어 완전히 분리된다. CSS 부분을 별도의 파일에 작성하여 웹 사이트에서 CSS 부분을 모듈화하면 여러 웹 페이지에서 동일한 CSS를 공유할 수 있고 CSS의 관리도 용이하다.

[예제 5-4]의 실행 결과 역시 [그림 5-3]과 동일하므로 생략한다.

CSS 텍스트

CSS를 이용하여 웹 페이지의 글자를 꾸미는 방법을 알아보자. CSS를 이용하면 웹 페이지 글자의 글꼴, 색상, 크기 등을 변경할 수 있다. 특히 CSS3 버전에서 새롭게 추가된 명령을 이용하면 글자에 그림자를 적용할 수도 있다.

1 색상 적용하기 – color 속성

다음 예제에서 웹 페이지의 글자에 특정 색상을 적용하는 방법을 알아보자.

예제 5-5 글자의 색상 지정하기   source/05/color.html

```html
01  <!DOCTYPE html>
02  <html>
03  <head>
04  <meta charset="utf-8">
05  <title>color 속성</title>
06  <style>
07  h3 {
08      color:red;
09  }
10  p {
11      color:#912bc5;
12  }
13  </style>
14  </head>
15  <body>
16  <h3>제비꽃</h3>
17      <p>제비꽃은 우리나라 전역의 산과 들에 자라는 다년생 풀로서 물 빠짐이 좋은 양지 혹은 반음지에
          서 자란다. 가장자리에 얕고 둔한 톱니가 있고 긴 잎자루가 있는 잎이 모여나며, 보라색 또는 짙은
          자색의 한 송이 꽃이 한쪽을 향해 핀다.</p>
18  </body>
19  </html>
```

▼ 실행 결과

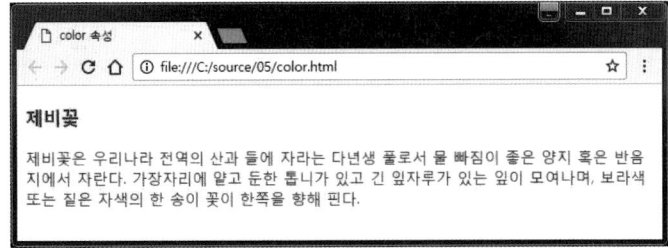

그림 5-4 color 속성으로 글자에 색상 지정하기

▼ 소스코드 살펴보기

• CSS 선택자

7행의 h3는 CSS 선택자로, 〈h3〉~〈/h3〉와 같은 형태로 사용된 영역에 CSS가 적용된다. 즉 선택자로 선택된 영역을 CSS 명령으로 꾸민다는 의미이며, 16행에서 〈h3〉 태그로 글 제목인 '제비꽃' 글자를 선택한 것이 그 예이다. CSS 선택자는 6장에서 자세히 다룰 것이다.

• color 속성

8행의 'color:red'에 의해 '제비꽃' 글자의 색상이 빨간색으로 나타났다. 여기서 CSS 속성 'color'는 글자 색상을, 속성 값 'red'는 빨간색을 의미한다. red 외에 color 속성 값으로 사용할 수 있는 색상으로는 blue, white, black, green, gray, yellow, purple 등이 있다. 이러한 색상은 이름 대신에 #(해시)와 여섯 자리 숫자로 된 색상 코드(예 : #3e77fd)로 나타낼 수도 있다. 색상 코드는 다음 절에서 자세히 설명하겠다.

• 단락 글자에 색상 적용

10행의 선택자 p는 17행의 〈p〉 태그가 사용된 단락 '제비꽃은 … 향해 핀다.' 영역을 의미한다. 실행 결과 화면을 보면 11행의 'color:#912bc5'에 의해 해당 단락의 글자 색상이 보라색으로 나타났다.

2 정렬 및 줄 간격 지정하기 – text-align, text-decoration, line-height 속성

이번에는 단락의 글자를 정렬하고 줄 간격을 설정하는 방법을 알아보자. 먼저 다음 예제에서는 글자 제목을 가운데 정렬하고 줄 간격을 150%로 설정해본다.

예제 5-6 글자의 정렬, 밑줄, 줄 간격 지정하기   source/05/text_align.html

```
01  <!DOCTYPE html>
02  <html>
03  <head>
04  <meta charset="utf-8">
05  <title>text-align, text-decoration, line-height 속성</title>
```

```
06  <style>
07  h2 {
08      text-align:center;
09      text-decoration:underline;
10  }
11  p {
12      line-height:150%;
13  }
14  </style>
15  </head>
16  <body>
17  <h2>로즈메리 허브</h2>
18      <p>로즈메리는 남유럽이 원산지이며 1~2미터까지 자라는 여러해살이풀이다. 2~6월에 연보라색, 청
        자색, 연분홍, 흰색 꽃이 피며, 향기가 강해 꽃이나 잎을 조금만 건드려도 짙은 향기가 난다.</p>
19  </body>
20  </html>
```

▼ 실행 결과

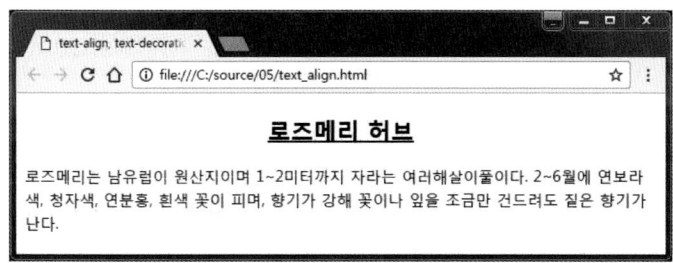

그림 5-5 글자의 정렬, 밑줄, 줄 간격 지정하기

▼ 소스코드 살펴보기

• 글자를 가운데 정렬

8행에서 text-align 속성 값을 'center'로 지정하여 실행 결과 화면에서 보듯이 글 제목인 '로즈메리 허브'가 화면의 가운데에 놓였다. 글자에 text-align 속성을 사용하지 않으면 기본적으로 왼쪽 정렬이 되며, 오른쪽 정렬을 하려면 'text-align:right'로 지정한다.

• 글자에 밑줄

9행에서 text-decoration 속성 값을 'underline'으로 지정하여 글 제목 '로즈메리 허브'에 밑줄이 생겼다.

• 줄 간격 설정

12행의 'line-height:150%'는 단락의 줄 간격을 150%로 설정한다는 의미로, 줄 간격이 1.5배 넓게 출력되었다. 이처럼 줄 간격을 설정할 때는 주로 % 단위를 사용한다. line-height 속성 값을 100% 또는 200%로 변경하고 브라우

저를 재실행하여 150%인 경우와 비교해보면 그 차이를 확실히 알 수 있을 것이다.

줄 간격을 설정할 때 % 대신에 px을 단위로 사용할 수도 있다. 예를 들어 'line-height:20px' 이라고 지정하면 줄 간격이 20픽셀로 나타난다.

3 글자에 그림자 넣기 – text-shadow 속성

CSS3 이전에는 글자에 그림자를 넣는 기능이 없어서 포토샵과 같은 디자인 툴로 글자에 그림 자를 입힌 다음 이미지로 처리해야 했다. 그러나 CSS3에 text-shadow 속성이 새롭게 추가되 어 글자 자체에 그림자를 넣을 수 있게 되었다. 다음 예제를 통해 이를 확인해보자.

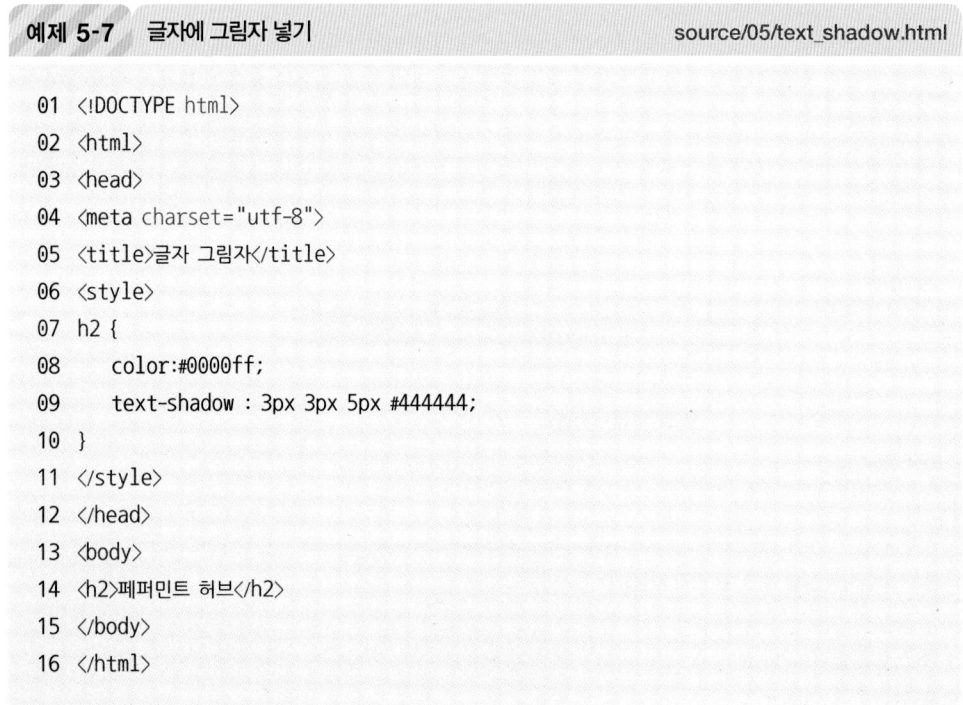

예제 5-7 글자에 그림자 넣기   source/05/text_shadow.html

```
01  <!DOCTYPE html>
02  <html>
03  <head>
04  <meta charset="utf-8">
05  <title>글자 그림자</title>
06  <style>
07  h2 {
08      color:#0000ff;
09      text-shadow : 3px 3px 5px #444444;
10  }
11  </style>
12  </head>
13  <body>
14  <h2>페퍼민트 허브</h2>
15  </body>
16  </html>
```

▼ 실행 결과

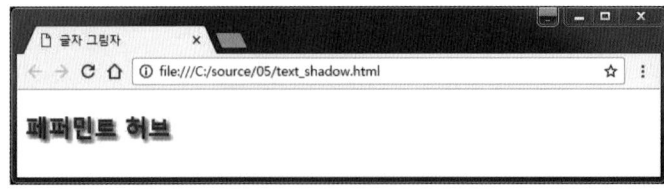

그림 5-6 text-shadow 속성으로 글자에 그림자 넣기

▼ 소스코드 살펴보기

- **글자 색상**

  8행에서 '페퍼민트 허브'에 색상 코드 '#0000ff'를 적용하여 실행 결과 화면의 글자 색상이 파란색으로 나타났다. 색상 코드는 다음 절에서 자세히 설명할 것이다.

- **글자의 그림자**

  9행에서 text-shadow 속성을 사용하여 '페퍼민트 허브' 글자에 그림자가 표현되었다.

text-shadow 속성에 대해 좀 더 자세히 살펴보자.

```
text-shadow : 3px 3px 5px #444444;
              ❶   ❷   ❸   ❹

❶ 오른쪽 그림자 길이
❷ 아래쪽 그림자 길이
❸ 흐린 정도
❹ 그림자 색상
```

text-shadow 속성은 위와 같이 네 개의 값으로 구성된다. ❶은 오른쪽 방향의 그림자 길이 (3px), ❷는 아래쪽 방향의 그림자 길이(3px), ❸은 그림자의 흐린 정도(5px), ❹는 그림자의 색상(#444444)을 나타낸다. 여기서 색상 코드 '#444444'는 짙은 회색이다.

4 글자의 글꼴과 크기 지정하기 – font-family, font-size 속성

다음 예제에서는 글꼴과 크기를 지정하는 방법을 살펴보자.

예제 5-8 글꼴과 크기 지정하기   source/05/font_family.html

```
01  <!DOCTYPE html>
02  <html>
03  <head>
04  <meta charset="utf-8">
05  <title>글자의 글꼴과 크기</title>
06  <style>
07  h2 {
08      color:red;
09      font-family:"맑은 고딕";
10      font-size:20px;
11  }
```

```
12  p {
13      color:purple;
14      font-family:"돋움";
15      font-size:14px;
16  }
17  </style>
18  </head>
19  <body>
20  <h2>배롱나무</h2>
21      <p>우리나라의 정원이나 공원 등에서 흔히 볼 수 있는 낙엽 활엽수로 높이는 5m 정도이다. 줄기는
        연한 보랏빛을 띤 붉은빛이며 껍질이 벗겨져 있는 것을 자주 보게 되는데 벗겨진 자리는 희다. 꽃
        이 오랫동안 피기 때문에 목백일홍이라고도 부른다.</p>
22  </body>
23  </html>
```

▼ 실행 결과

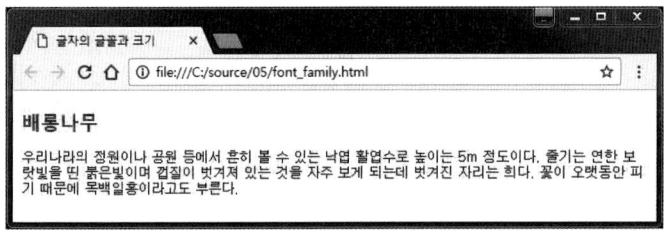

그림 5-7 글자의 글꼴과 크기 지정하기

▼ 소스코드 살펴보기

• 글자 색상

8행에서 'color:red', 13행에서 'color:purple'로 지정하여 글 제목인 '배롱나무'는 빨간색, 단락 글자는 보라색으로 나타났다.

• 글자 글꼴

글자의 글꼴을 지정하는 데에는 font-family 속성을 사용한다. 이 예제에서 글 제목의 글꼴은 9행의 'font-family: "맑은 고딕"'으로, 단락의 글꼴은 14행의 'font-family:"돋움"'으로 지정했다.

• 글자 크기

글자의 크기를 지정하는 데에는 font-size 속성을 사용한다. 10행의 'font-size:20px', 15행의 'font-size:14px'로 글 제목과 단락의 글자 크기를 각각 20픽셀, 14픽셀로 지정했다.

5 글자의 스타일과 두께 지정하기 – font-style, font-weight 속성

다음 예제에서는 글자의 스타일을 이탤릭체, 볼드체로 변경해보자.

예제 5-9	글자의 스타일과 두께 지정하기	source/05/font_style.html

```
01  <!DOCTYPE html>
02  <html>
03  <head>
04  <meta charset="utf-8">
05  <title>글자의 스타일과 두께</title>
06  <style>
07  h1 {
08      font-style:italic;
09  }
10  p {
11      font-weight:bold;
12  }
13  </style>
14  </head>
15  <body>
16  <h1>금계국</h1>
17      <p>우리나라의 천변 제방이나 언덕에 많이 심겨 있는 한해살이풀 또는 두해살이풀이다. 북아메리카
        가 원산지이며 관상용으로 화단에도 많이 재배한다.</p>
18  </body>
19  </html>
```

▼ 실행 결과

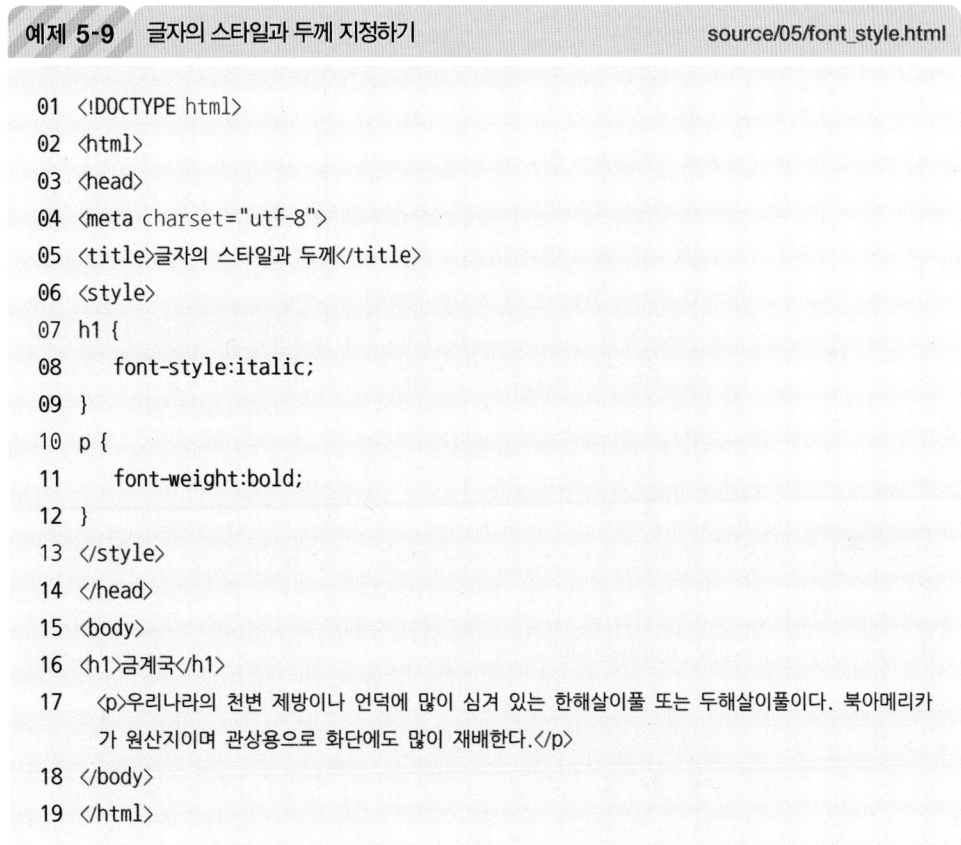

그림 5-8 글자의 스타일과 두께 지정하기

▼ 소스코드 살펴보기

• 이탤릭체

8행의 'font-style:italic'에 의해 글 제목인 '금계국'이 이탤릭체로 나타났다. font-style 속성은 글자의 스타일을 설

정하는 것으로, 속성 값을 'italic'으로 지정하면 기울어진 이탤릭체가 된다.

- **볼드체**

글자의 두께를 설정할 때는 font-weight 속성을 사용한다. 11행에서 'font-weight:bold'로 지정하여 단락 글자가 볼드체가 되었다.

지금까지 살펴본 CSS의 여러 가지 속성을 다음 표에 정리했다.

표 5-1 텍스트와 관련된 CSS 속성

속성	속성 값	설명
font-family	• 한글 글꼴 : 굴림, 돋움, 맑은 고딕 등 • 영문 글꼴 : Times New Roman, Arial, Georgia 등	한글 또는 영문의 글꼴 지정
font-size	• 12px, 20px, 30px 등	글자의 크기 지정
color	• 색상 이름 : red, blue, green, purple, black, white, yellow 등 • 색상 코드 : #ff0000, #00ff00, #0000ff 등	글자의 색상 지정
font-weight	• bold, normal	글자의 두께 지정
font-style	• italic	글자의 스타일을 이탤릭체로 지정
text-decoration	• underline	밑줄 지정
text-shadow (CSS3에 추가된 속성)	• 3px 3px 5px #888888;	각각 오른쪽 그림자 길이, 아래쪽 그림자 길이, 흐린 정도, 그림자 색상을 의미

CSS로 텍스트를 꾸민
식물원 웹 페이지 만들기

source/mp/botanic_garden.html

실행 결과

그림 5-9 식물원 웹 페이지

소스코드

```
<body>
<h1>Botanic Garden</h1>
<h2>꿈속의 정원 같은 봄빛 식물원</h2>
<h3>봄빛 식물원은 평온과 건강을 선사합니다.</h3>
    <p>봄빛 식물원은 인간이 자연과 더불어 사는 삶의 가치를 깨닫게 하며, 평소에 꿈꿔왔던 것을
    정원에 실현하려는 노력을 기울이고 있습니다. 각박한 삶 속에서 자연의 소중함을 일깨워주고 마
    음의 평온과 건강한 쉼을 제공할 것입니다.</p>
</body>
```

● **문제**

1 'Botanic Garden'의 글자 색상은 보라색, 글꼴은 Arial, 크기는 60px로 지정하고 그림
자 넣기, 가운데 정렬을 하시오. '꿈속의 정원 같은 봄빛 식물원'의 글자 색상은 초록색, 크
기는 30px로 지정하고 밑줄을 나타내시오.

2 '봄빛 식물원은 … 선사합니다.'의 글자 크기는 20px, 스타일은 이탤릭체로 지정하시오.
'봄빛 식물원은 인간이 … 제공할 것입니다.'의 글자 색상은 짙은 회색(#444444), 글꼴은
돋움, 스타일은 이탤릭체, 크기는 14px, 줄 간격은 150%로 지정하시오.

정답은 다음 쪽에서 확인 ☞

● 정답

1

```
h1 {
    color:purple;
    font-family:"Arial";
    font-size:60px;
    text-align:center;
    text-shadow:5px 5px 8px #666666;
}
h2 {
    color:green;
    font-size:30px;
    text-decoration:underline;
}
```

2

```
h3 {
    font-size:20px;
    font-style:italic;
}
p {
    color:#444444;
    font-family:"돋움";
    font-size:14px;
    line-height:150%;
}
```

SECTION 03 RGB 색상과 색상 코드

색상을 나타낼 때, 인쇄물에서는 CMYK 색상을 사용하고 컴퓨터 모니터나 모바일 기기 등의 디지털 장치를 통해 보는 웹에서는 RGB 색상을 사용한다. 웹에서 픽셀 하나의 색상을 나타낼 때는 R(red), G(green), B(blue) 성분의 합으로 표현한다.

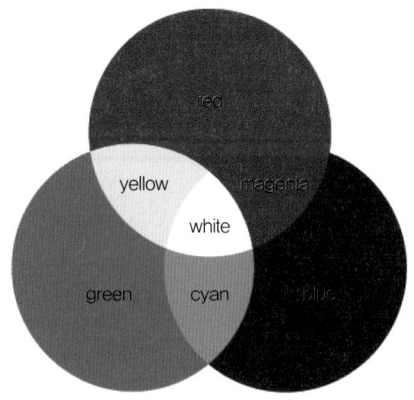

그림 5-10 CMYK 색상과 RGB 색상

인쇄물에서 사용하는 CMYK 색상의 경우, 노란색(yellow, Y)은 빨간색과 초록색의 혼합으로 얻어지고, 빨간색과 파란색이 섞이면 진홍색(magenta, M)이 되며, 초록색과 파란색이 섞이면 청록색(cyan, C)이 된다. 그리고 빨간색, 초록색, 파란색을 모두 혼합하면 흰색이 된다. CMYK에서 CMY는 cyan, magenta, yellow의 첫 자를 의미하며, K는 black의 끝 자에서 따온 것이다. 우리가 흔히 사용하는 컬러 프린터의 토너나 잉크에는 이 CMYK의 네 가지 색상이 적용된다.

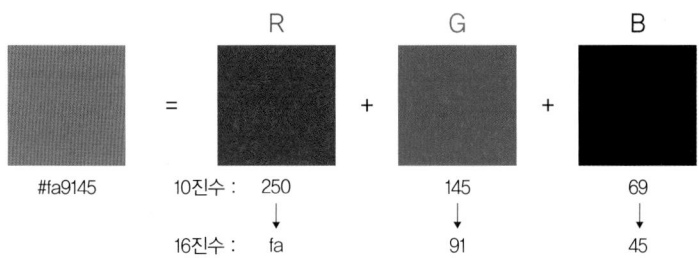

그림 5-11 RGB 색상 코드

한편 RGB 색상의 경우, 예를 들어 오렌지색(색상 코드 : #fa9145)은 [그림 5-11]에서 보듯이 빨간색(red, R), 초록색(green, G), 파란색(blue, B)이 합쳐져서 만들어진다. 오렌지색을 10진수로 나타낸 것은 R(빨간색) 성분이 250, G(초록색) 성분이 145, B(파란색) 성분이 69만큼 존재한다는 의미이다. 이를 다시 16진수로 표현하면 R이 fa, G가 91, B가 45로 이를 붙여 쓰면 fa9145이며, 색상 코드는 #(해시)로 시작하므로 오렌지색의 색상 코드는 #fa9145가 된다.

R, G, B 각각은 최솟값이 0, 최댓값이 255이므로 0에서 255 사이의 값(16진수로는 00에서 ff 사이의 값)을 갖는다. 완전 빨간색의 색상 코드는 #ff0000인데, 이때 R 성분은 최댓값(16진수로는 ff), G와 B는 최솟값(16진수로는 00)이다. 즉 빨간색 성분만 존재하고 초록색과 파란색 성분은 존재하지 않는다는 의미이다. 마찬가지로 완전 초록색의 색상 코드는 #00ff00, 완전 파란색의 색상 코드는 #0000ff이다.

검은색은 색이 없기 때문에 R, G, B 성분이 모두 최솟값으로 색상 코드가 #000000이다. 반면에 흰색은 온전한 R, G, B 성분을 모두 섞어야 하므로 #ffffff가 된다. 또한 회색은 R, G, B 성분이 각각 같은 값으로, 색상 코드 #111111, #222222, #333333 … #999999, #aaaaaa, #bbbbbb, #cccccc, #dddddd, #eeeeee는 모두 회색 계열이다. 여기서 #111111은 검은색에 가까운 짙은 회색이고, #eeeeee는 흰색에 가까운 옅은 회색이다.

표 5-2 자주 쓰는 색상과 색상 코드

색상	색상 코드	색상	색상 코드
흰색	#ffffff	검은색	#000000
빨간색	#ff0000	초록색	#00ff00
파란색	#0000ff	노란색	#ffff00
보라색	#ff00ff	회색	#111111~#eeeeee

SECTION 04 CSS 링크

앞의 2장 3절에서 〈a〉 태그와 속성을 이용하여 텍스트와 이미지에 링크를 거는 방법을 배웠다.
여기서는 링크가 걸린 텍스트 글자를 꾸미는 방법을 살펴보자.

예제 5-10 링크 텍스트 꾸미기   source/05/css_link.html

```
01  <!DOCTYPE html>
02  <html>
03  <head>
04  <meta charset="utf-8">
05  <title>CSS 링크</title>
06  <head>
07  <style>
08  a:link {
09      color:#0000ff;
10      text-decoration:none;
11  }
12  a:visited {
13      color:#00ff00;
14  }
15  a:hover {
16      color:#ff0000;
17      font-weight:bold;
18      text-decoration:underline;
19  }
20  a:active {
21      color:#00ffff;
22  }
23  </style>
24  </head>
25  </head>
26  <body>
27   <a href="#">자유게시판</a>
28  </body>
29  </html>
```

▼ 실행 결과

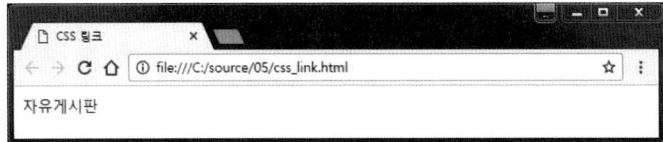

그림 5-12 CSS로 링크 텍스트 꾸미기

▼ 소스코드 살펴보기

실행 결과 화면에서 '자유게시판' 글자를 몇 번 클릭해보자. 클릭하려고 마우스 포인터를 갖다 댔을 때, 클릭하는 순간, 클릭하고 난 후의 글자 색상과 스타일이 변하는 것을 볼 수 있다. 이처럼 CSS를 이용하여 링크가 걸린 텍스트의 색상과 스타일을 자유롭게 변경할 수 있다.

• 임시 링크 #

27행에서 링크 기능을 수행하는 〈a〉 태그의 href 속성에 #가 입력되어 있다. 이렇게 하면 '자유게시판' 글자에 마우스 포인터를 갖다 대고 클릭했을 때 실제 사이트로 이동하지 않고 마우스 포인터만 손 모양으로 바뀌게 된다. 이것을 임시 링크라고 하는데, 사이트 개발 시 또는 일부 웹 페이지가 미개발 상태인 경우에 임시로 링크를 걸어둘 때 주로 사용한다.

• 기본 상태의 링크 텍스트 꾸미기

8행의 선택자 a:link는 기본 링크 텍스트를 꾸미기 위한 것이다. 9행에서 링크 텍스트의 색상을 파란색(#0000ff)으로 지정하고, 10행에서는 링크 텍스트에 기본으로 생기는 밑줄이 없어지도록 지정했다. 실행 결과 화면를 보면 '자유게시판' 글자가 밑줄 없는 파란색으로 나타났다.

• 한 번 이상 클릭한 상태의 링크 텍스트 꾸미기

12행의 선택자 a:visited는 '자유게시판' 글자를 한 번 클릭한 후의 링크 텍스트를 꾸미기 위한 것이다. 13행에서 글자 색상을 초록색(#00ff00)으로 지정했기 때문에 '자유게시판'을 한 번 클릭하고 나면 글자 색상이 초록색으로 바뀐다.

• 마우스 포인터를 갖다 댄 상태의 링크 텍스트 꾸미기

15행의 선택자 a:hover는 마우스 포인터를 글자에 갖다 댄 상태(마우스 오버)의 링크 텍스트를 꾸미기 위한 것이다. 15∼19행에 의해 '자유게시판' 글자에 마우스 포인터를 갖다 대면 글자가 빨간색(#ff0000), 볼드체, 밑줄 상태가 된다.

• 마우스로 클릭한 순간의 링크 텍스트 꾸미기

20행의 선택자 a:active는 '자유게시판' 글자를 마우스로 클릭하는 순간의 링크 텍스트를 꾸미기 위한 것이다. 21행에서 글자 색상을 청록색(#00ffff)으로 지정했으므로 클릭 시 글자 색상이 청록색으로 바뀐다.

요약

01 CSS의 기본 구조

CSS는 선택자와 CSS 명령으로 구성되는데, 선택자는 CSS를 적용할 영역을 선택할 때 사용하고 CSS 명령은 선택자로 선택한 영역을 꾸며준다.

02 CSS 삽입 방법

HTML 문서에 CSS 코드를 삽입하는 방법에는 인라인 스타일, 내부 스타일 시트, 외부 스타일 시트의 세 가지가 있다. 인라인 스타일은 HTML 태그에 CSS 명령을 직접 입력하는 방식, 내부 스타일 시트는 CSS 코드를 〈style〉 태그 내에 삽입하는 방식, 외부 스타일 시트는 CSS 부분을 별도 파일로 만들어서 HTML 부분과 완전히 분리하는 방식이다.

03 color 속성

웹 페이지의 글자에 특정 색상을 적용할 때 사용한다.

04 text-align 속성

글자의 정렬을 지정할 때 사용하는 것으로 속상 값으로는 left, right, center가 있다. left는 글자를 왼쪽 정렬할 때, right는 오른쪽 정렬할 때, center는 가운데 정렬할 때 지정한다.

05 text-decoration:underline

글자에 밑줄을 적용할 때 사용한다.

06 line-height 속성

단락의 줄 간격을 설정할 때 사용한다. 예를 들어 'line-height:150%'는 줄 간격을 150%로 설정한다는 의미이다.

07 text-shadow 속성

CSS3에 추가된 속성으로, 글자에 그림자를 넣을 때 사용한다.

08 font-family, font-size 속성

font-family 속성은 글자의 글꼴을 지정할 때, font-size 속성은 글자의 크기를 지정할 때 사용한다.

09 font-weight:bold

글자를 볼드체로 만들 때 사용한다.

10 임시 링크 #

사이트를 개발 중이거나 일부 웹 페이지의 개발이 미완성인 경우에 임시로 링크를 걸어두기 위해 사용한다.

11 링크 텍스트 꾸미기

링크가 걸린 텍스트를 꾸밀 때는 선택자 a:link, 한 번 이상 클릭한 후의 링크 텍스트를 꾸밀 때는 선택자 a:visited, 마우스 오버 상태의 링크 텍스트를 꾸밀 때는 선택자 a:hover, 마우스로 클릭한 순간의 링크 텍스트를 꾸밀 때는 선택자 a:active를 사용한다.

01 다음은 '학과 소개'를 나타내는 웹 페이지이다. 아래 소스코드의 빈칸을 채워 완성한 뒤 실행하시오.

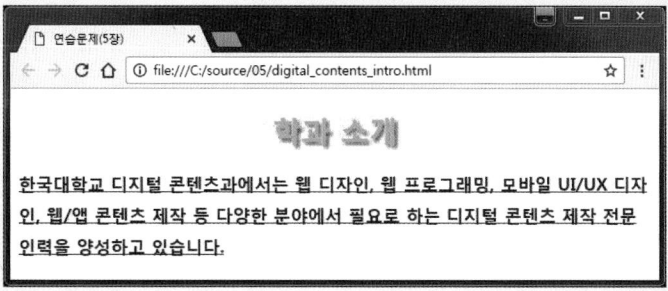

source/05/digital_contents_intro.txt

```
<!DOCTYPE html>
<html>
<head>
<meta charset="utf-8">
<title>연습문제(5장)</title>
<style>
h1 {
        _____:30px;
    color:_____;
        _____:3px 3px 5px #666666;
        _____:center;
}
p {
        _____:"맑은 고딕","돋움";
    font-size:18px;
    font-weight:bold;
        _____:180%;
    color: #444444;
        _____:underline;
}
</style>
</head>
<body>
<h1>학과 소개</h1>
<p>한국대학교 디지털 콘텐츠과에서는 웹 디자인, 웹 프로그래밍, 모바일 UI/UX 디자인, 웹/앱 콘텐
```

> 츠 제작 등 다양한 분야에서 필요로 하는 디지털 콘텐츠 제작 전문 인력을 양성하고 있습니다.</p>
> </body>
> </html>

02 CSS 속성에 대한 다음 물음에 답하시오.

- 글자의 색상을 설정할 때 사용하는 속성은 무엇인가?
- 글자의 글꼴을 설정할 때 사용하는 속성은 무엇인가?
- 글자의 크기를 설정할 때 사용하는 속성은 무엇인가?
- 줄 간격을 150%로 설정하라는 의미의 CSS 명령은 무엇인가?
- 글자를 가운데 정렬로 지정하는 CSS 명령은 무엇인가?
- 빨간색, 파란색, 초록색을 나타내는 색상 코드는 각각 무엇인가?
- 색상 코드 #ffffff는 무슨 색을 나타내는가?
- 링크 텍스트에서 사용하는 네 가지 CSS 선택자에 대해 설명하시오.

CHAPTER 06

CSS : 선택자

학습목표

- CSS 선택자의 역할을 이해하고 사용법을 익힌다.
- CSS 선택자의 종류를 파악하고 각각의 활용법을 익힌다.
- CSS 주석문의 사용법을 익힌다.

CSS 선택자

CSS 선택자는 CSS로 HTML 문서를 꾸미려 할 때 어떤 부분에 CSS를 적용할지 그 영역을 선택하는 역할을 수행한다. CSS 선택자에는 태그 선택자(tag selector), 아이디 선택자(id selector), 클래스 선택자(class selector), 전체 선택자(universal selector), 후손 선택자(descendant selector) 등이 있는데 이에 대해 자세히 살펴보자.

1 태그 선택자

5장의 예제에서 사용한 CSS 선택자는 모두 태그 선택자이다. 태그 선택자는 HTML 태그 이름을 이용하여 CSS로 꾸밀 영역을 선택하는데 다음 예제를 통해 이를 자세히 알아보자.

예제 6-1 태그 선택자로 HTML 문서 꾸미기   source/06/tag_selector.html

```
01  <!DOCTYPE html>
02  <html>
03  <head>
04  <meta charset="utf-8">
05  <title>태그 선택자</title>
06  <style>
07  h2 {
08      color:#ff0000;
09      font-family:"맑은 고딕";
10      font-size:20px;
11  }
12  h3 {
13      color:#0000ff;
14      font-size:16px;
15      font-style:italic;
16      text-decoration:underline;
17  }
18  p {
19      color:#444444;
```

```
20        font-family:"돋움";
21        font-size:14px;
22        line-height:150%;
23  }
24  </style>
25  </head>
26  <body>
27  <h2>향나무</h2>
28
29  <h3>1. 특징</h3>
30  <p>향나무는 높이가 20m까지 자란다. 새로 돋아나는 가지는 녹색이고 잎은 마주나거나 돌려나며 가
       지가 보이지 않을 정도로 밀생한다. 목재를 향으로 써왔기 때문에 향나무라고 한다.</p>
31
32  <h3>2. 분포 및 종류</h3>
33  <p> 한국, 일본, 중국에 널리 분포하며, 예전에는 심산 지역, 특히 울릉도에서 많이 자랐으나 요즘은
       관상용으로 많이 심는다. 침엽의 길이가 작고 비스듬히 눕는 것을 눈향나무, 지면으로 기어가듯 자라
       는 것을 섬향나무, 공처럼 둥근 수형이 되는 것을 둥근 향나무라고 부른다.</p>
34  </body>
35  </html>
```

▼ 실행 결과

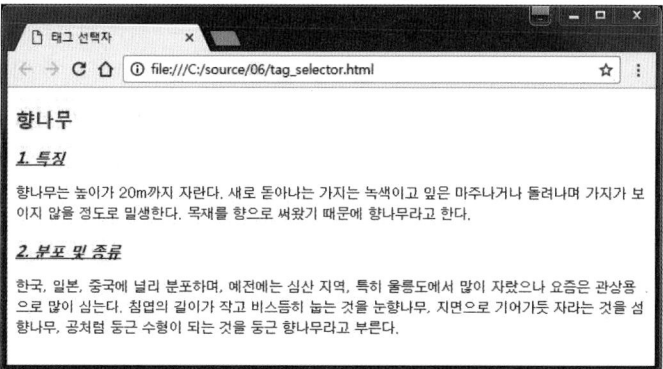

그림 6-1 태그 선택자로 HTML 문서 꾸미기

▼ 소스코드 살펴보기

• 태그 선택자 h2

27행에서 글 제목인 '향나무'에 〈h2〉 태그를 사용하고, 이 제목을 꾸미기 위해 7행에서 태그 선택자인 h2를 사용
했다. 8~10행의 CSS 명령은 태그 선택자 h2가 나타내는 27행의 '향나무'를 꾸며준다. 즉 'color:#ff0000, font-
family:"맑은 고딕", font-size:20px'에 의해 글 제목 '향나무'가 빨간색, 맑은 고딕, 20px 크기로 나타났다.

- **태그 선택자 h3**

  29행과 32행에서 글 제목인 '1. 특징'과 '2. 분포 및 종류'에 〈h3〉 태그를 사용했는데, 이 글 제목을 선택하기 위한 것이 12행의 태그 선택자 h3이다. 따라서 13~16행의 CSS 명령인 'color:#0000ff, font-size:16px, font-style:italic, text-decoration:underline'이 글 제목에 적용되어 '1. 특징', '2. 분포 및 종류' 글자가 파란색, 16px 크기, 이탤릭체, 밑줄 상태로 나타났다.

- **태그 선택자 p**

  30행과 33행에서는 단락을 나타내는 〈p〉 태그를 사용했다. 18행의 태그 선택자 p로 단락을 선택했으며, 19~22행의 CSS 명령에 의해 두 단락에 짙은 회색, 돋움, 14px 크기, 150% 줄 간격이 적용되었다.

2 아이디 선택자

웹 페이지를 CSS로 꾸밀 때 특정 영역의 지정이 필요한 경우가 있는데, 이때 사용하는 것이 아이디이고 해당 영역을 선택하는 것이 바로 아이디 선택자이다. 다음 예제를 통해 아이디와 아이디 선택자를 알아보자.

예제 6-2   아이디 선택자로 HTML 문서 꾸미기   source/06/id_selector.html

```
01  <!DOCTYPE html>
02  <html>
03  <head>
04  <meta charset="utf-8">
05  <title>아이디 선택자</title>
06  <style>
07  p {
08      color:#444444;
09      line-height:150%;
10  }
11  #position {
12      color:#ff0000;
13      font-weight:bold;
14  }
15  #weather {
16      color:#0000ff;
17      font-weight:bold;
18  }
19  #kind {
20      color:#00ff00;
21      font-style:italic;
```

```
22      text-decoration:underline;
23   }
24   </style>
25   </head>
26   <body>
27   <h3>다육식물이란?</h3>
28      <p>다육식물은 <span id="position">사막</span>과 같이 수분이 적고 <span id="weath-
        er">건조한 기후</span>에서 살아남기 위해 줄기나 잎에 많은 수분을 저장하는 식물이다.</p>
29      <p>다육식물은 일반적으로 <span id="kind">잎이 다육</span>이지만 줄기가 다육인 것도 있
        다.</p>
30   </body>
31   </html>
```

▼ 실행 결과

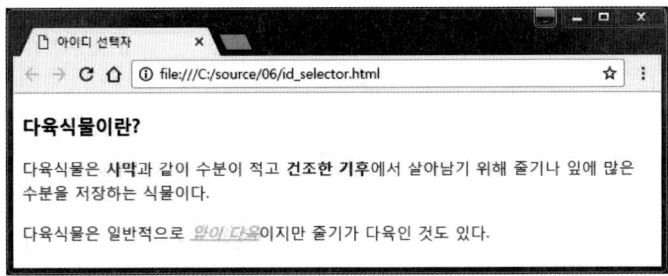

그림 6-2 아이디 선택자로 HTML 문서 꾸미기

▼ 소스코드 살펴보기

• ⟨span⟩ 태그

실행 결과 화면을 보면 두 단락의 내용 중 '사막', '건조한 기후', '잎이 다육'이 CSS로 꾸민 부분이다. 이처럼 CSS로 꾸미려면 먼저 그 부분을 단락 내에 있는 다른 글자와 구분해야 하는데, 이렇게 하기 위해 28행과 29행에서 ⟨span⟩ 태그를 사용했다. 즉 꾸미려는 글자의 앞과 뒤에 각각 ⟨span⟩, ⟨/span⟩을 삽입하면 된다.

• id 속성

28행에서는 '사막'이라는 글자의 영역을 표시하기 위해 ⟨span⟩ 태그 옆에 id 속성을 사용하고 속성 값을 'position'으로 지정했다. 여기서 아이디 position은 '사막' 글자의 영역을 의미한다. 이와 같이 id는 HTML 태그와 함께 사용하는 태그 속성으로, CSS로 꾸미려는 특정 영역을 지정해준다.

• 아이디 선택자 #position

11행의 아이디 선택자 #position은 28행의 아이디 position 영역을 선택하기 위한 것이다. 아이디 선택자는 아이디 이름 앞에 #를 붙이며, #position은 28행의 '사막' 글자 영역을 의미한다. 따라서 12행과 13행의 CSS 명령인 'color:#ff0000, font-weight:bold'가 '사막' 글자에 적용되어 빨간색, 볼드체로 나타났다.

- **아이디 선택자 #weather**

  마찬가지로 15행의 아이디 선택자 #weather는 28행의 아이디 weather가 가리키는 영역, 즉 '건조한 기후'를 선택하기 위한 것이다. 따라서 16행과 17행의 CSS 명령인 'color:#0000ff, font-weight:bold'가 '건조한 기후' 글자에 적용되어 파란색, 볼드체로 나타났다.

- **아이디 선택자 #kind**

  19행의 아이디 선택자 #kind는 29행의 아이디 kind가 가리키는 영역, 즉 '잎이 다육'을 선택하기 위한 것이다. 이는 20~22행의 CSS 명령인 'color:#00ff00, font-style:italic, text-decoration:underline'에 의해 초록색, 이탤릭체, 밑줄 상태로 나타났다.

이처럼 id는 HTML 태그의 속성으로, 웹 페이지에서 CSS로 꾸미고자 하는 영역을 지정하는 역할을 한다. CSS에서는 아이디 선택자를 이용하여 해당 아이디가 지시하는 영역을 선택한 다음 CSS 명령으로 그 영역을 꾸며준다. CSS 선택자에서 #로 시작하는 것은 아이디 선택자를 의미한다. 이 아이디는 하나의 웹 페이지 내에서 유일해야 하고 중복 사용해서는 안 된다. 만약 중복해서 사용할 필요가 있는 경우에는 다음의 클래스 선택자를 사용한다.

③ 클래스 선택자

다음 예제에서는 클래스와 클래스 선택자를 자세히 살펴보자.

예제 6-3	클래스 선택자로 HTML 문서 꾸미기 1	source/06/class_selector1.html

```
01  <!DOCTYPE html>
02  <html>
03  <head>
04  <meta charset="utf-8">
05  <title>클래스 선택자</title>
06  <style>
07  .red {
08      color:#ff0000;
09      font-weight:bold;
10      text-decoration:underline;
11  }
12  </style>
13  </head>
14  <body>
15  <h1>난초</h1>
16  <h3>- 난초의 특성</h3>
```

```
17  <p>난초는 <span class="red">외떡잎식물</span> 중에서 가장 진화한 식물이며, 아름답고 향기
    로운 꽃이 피는 관엽식물로 애호가가 많다.</p>
18
19  <h3>- 난초의 종류</h3>
20  <p>동양란과 서양란으로 구별되며, <span class="red">동양란</span>에는 보춘화, 한란, 석곡,
    풍란 등이 있고 <span class="red">서양란</span>에는 카틀레야, 심비듐, 덴드로븀, 팔레노프
    시스 등이 있다.</p>
21  </body>
22  </html>
```

▼ 실행 결과

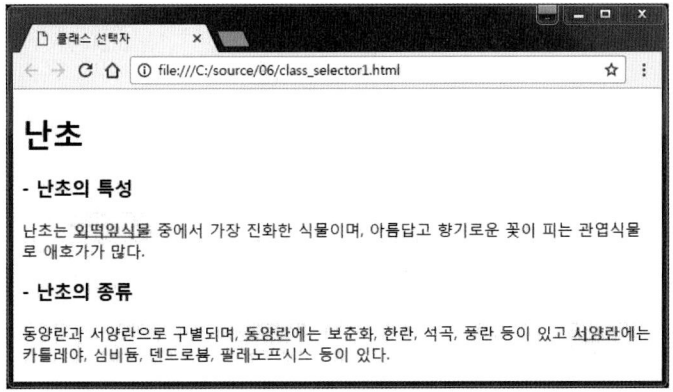

그림 6-3 클래스 선택자로 HTML 문서 꾸미기 1

▼ 소스코드 살펴보기

• class 속성

실행 결과 화면을 보면 '외떡잎식물', '동양란', '서양란'이 빨간색 볼드체로 되어 있다. 이는 모두 빨간색 볼드체이기 때문에 하나의 이름으로 세 영역을 선택하여 CSS 명령을 동시에 적용할 수 있을 것이다. 이처럼 CSS로 꾸미고자 하는 여러 영역을 동시에 선택할 때 사용하는 것이 바로 class이며, 17행과 20행의 'class="red"'가 그 예이다.

• 클래스 선택자

CSS에서 클래스 선택자는 마침표(.)와 클래스 이름으로 구성된다. 7행에서 클래스 선택자 .red를 사용했는데 이는 17행과 20행에서 지정한 클래스 red의 영역을 의미한다. 8~10행의 CSS 명령인 'color:#ff0000, font-weight:bold, text-decoration:underline'이 이 세 영역, 즉 '외떡잎식물', '동양란', '서양란'에 적용되어 빨간색, 볼드체, 밑줄 상태로 나타났다.

이번에는 조금 다른 형태의 클래스 사용법을 알아보자.

```
01  <!DOCTYPE html>
02  <html>
03  <head>
04  <meta charset="utf-8">
05  <style>
06  h1.orange {
07      color:#fe4a19;
08      font-size:30px;
09  }
10  h2.orange {
11      color:#db7958;
12  }
13  p.blue {
14      color:#0000ff;
15      font-style:italic;
16  }
17  span.blue {
18      color:#0000ff;
19      font-weight:bold;
20  }
21  </style>
22  </head>
23  <body>
24  <h1 class="orange">제1회 봄빛 수목원 여름꽃 축제</h1>
25  <h2 class="orange">수련 · 수국 · 무궁화 · 원추리 </h2>
26
27  <p class="blue">아름다운 여름꽃과 시원한 바다를 경험할 수 있는 좋은 기회입니다.</p>
28
29  <ul>
30    <li>일시 : <span class="blue">6월 15일부터 8월 15일까지</span></li>
31    <li>장소 : 봄빛 수목원 일원</li>
32  </ul>
33  </body>
34  </html>
```

▼ 실행 결과

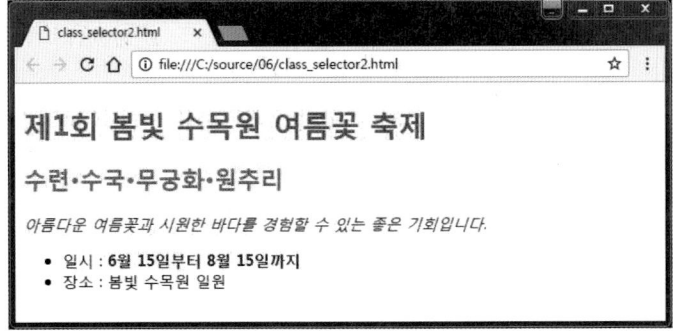

그림 6-4 클래스 선택자로 HTML 문서 꾸미기 2

▼ 소스코드 살펴보기

• **클래스 orange**

24행에서 클래스 orange를 사용했는데, 여기에 해당하는 영역은 실행 결과 화면에서 오렌지색으로 표시된 '제1회 봄빛 수목원 여름꽃 축제'이다. 이 글자 영역은 6행의 클래스 선택자 h1.orange에 의해 선택되어 7행과 8행에서 색상과 크기가 바뀌었다. 선택자 h1.orange는 〈h1〉 태그 내에 있는 클래스 orange의 영역을 가리킨다.

마찬가지로 25행의 클래스 orange는 10행의 클래스 선택자 h2.orange에 의해 영역이 선택되었으며, 11행에서 이 영역, 즉 '수련 · 수국 · 무궁화 · 원추리'를 꾸며주었다. 선택자 h2.orange는 〈h2〉 태그 내에 있는 클래스 orange의 영역을 가리킨다.

24행과 25행에서 동일한 이름의 클래스 orange를 사용했는데, 이는 6행과 10행에서 각각 달리 선택되어 다른 CSS 명령이 적용되었다. 이처럼 두 개의 다른 영역에 동일한 클래스 이름을 사용함으로써 웹 페이지에서 클래스 이름의 개수를 줄일 수 있으며, 그 결과 CSS 코드가 간결하고 이해하기 쉬워진다.

• **클래스 blue**

27행과 30행에서 동일한 이름의 클래스 blue를 사용했는데, 이 영역은 13~16행과 17~20행의 CSS 명령에 의해 각각 처리된다.

이와 같이 웹 페이지에서 하나의 클래스는 두 개 이상의 영역을 선택할 때 사용하며, 클래스 선택자는 해당 클래스로 지정된 영역에 동일한 CSS 명령을 적용해준다. 한편 특정한 하나의 영역을 CSS로 꾸미고자 할 때는 앞 절에서 배운 아이디와 아이디 선택자를 사용해야 하므로 아이디 선택자와 클래스 선택자를 잘 구분하기 바란다.

4 후손 선택자

마지막으로 다음 예제에서는 후손 선택자를 살펴보자.

예제 6-5 후손 선택자로 HTML 문서 꾸미기   source/06/descendant_selector.html

```
01  <!DOCTYPE html>
02  <html>
03  <head>
04  <meta charset="utf-8">
05  <title>봄빛 수목원 직원 채용</title>
06  <style>
07  #document span {
08      color:#ff0000;
09  }
10  #method span {
11      color:#0000ff;
12      font-weight:bold;
13  }
14  </style>
15  </head>
16  <body>
17  <h1>봄빛 수목원 직원 채용 안내</h1>
18
19  <h3>- 제출 서류</h3>
20  <ul id="document">
21      <li><span>이력서</span>(첨부 양식을 다운로드하여 작성) </li>
22      <li><span>자기소개서</span>(자유 양식으로 경력을 위주로 작성) </li>
23      <li><span>주민등록등본</span>(주소 이동 내역 포함) </li>
24  </ul>
25
26  <h3>- 제출 방법 </h3>
27  <ul id="method">
28      <li> 위 서류를 봄빛 수목원 인사 담당자에게 이메일로 제출</li>
29      <li> 이메일 주소 : <span>master@bombit.net</span></li>
30  </ul>
31  </body>
32  </html>
```

▼ 실행 결과

그림 6-5 후손 선택자로 HTML 문서 꾸미기

▼ 소스코드 살펴보기

실행 결과 화면을 보면 '이력서', '자기소개서', '주민등록등본'은 빨간색으로, 'master@bombit.net'은 파란색 볼드체로 되어 있다. 이러한 결과를 얻기 위해 앞서 배운 아이디 선택자와 클래스 선택자를 사용해도 되지만, 후손 선택자를 이용하면 좀 더 간편하고 모듈화된 CSS를 작성할 수 있다.

• 〈span〉 태그

변경할 글자 영역을 지정하기 위해 21~23행, 29행에서 〈span〉 태그를 사용했다.

• 후손 선택자 #document span

21~23행의 〈span〉 태그는 20행의 아이디 document의 후손이다. 여기서 〈span〉 태그는 아이디 document의 영역인 20~24행의 내부에 존재한다는 것을 의미한다. 이 〈span〉 태그 영역을 선택하기 위해 7행에서 후손 선택자인 '#document span'을 사용했는데, 이는 21~23행에서 명시된 〈span〉 태그인 '이력서', '자기소개서', '주민등록 등본'을 선택한다. 따라서 8행의 CSS 명령인 'color:#ff0000'이 여기에 적용되어 빨간색으로 나타났다.

• 후손 선택자 #method span

10행의 후손 선택자 '#method span'은 29행의 'master@bombit.net'을 가리킨다. 따라서 11행과 12행의 CSS 명령인 'color:#0000ff, font-weight:bold'에 의해 이메일 주소가 파란색 볼드체로 나타났다.

이처럼 후손 선택자를 적절히 사용하면 CSS 코드가 좀 더 간결해지고 모듈화가 가능하여 CSS 코딩 작업을 수월하게 할 수 있다.

지금까지 배운 태그 선택자, 아이디 선택자, 클래스 선택자, 후손 선택자 외에도 CSS 규정집에는 수십 가지의 선택자가 있다. 하지만 그 외의 선택자는 사용 빈도가 높지 않고 다소 복잡하여 여기서는 생략하고 이후의 예제에서 간혹 언급될 때 설명할 것이다.

CSS 주석문

2장에서 HTML 주석문에 대해 살펴보았는데, HTML과 마찬가지로 CSS에서도 주석문을 사용할 수 있다. 다음 예제에서는 [예제 6-5]의 CSS 부분에 주석문을 첨가하는 과정을 통해 CSS 주석문에 대해 살펴보자.

예제 6-6　CSS 주석문 삽입하기　　　　　　　　source/06/css_comment.html

```
01 <!DOCTYPE html>
02 <html>
03 <head>
04 <meta charset="utf-8">
05 <title>봄빛 수목원 직원 채용</title>
06 <style>
07 #document span {  /* 후손 선택자 : 21~23행의 <span> 태그는 20행의 아이디 document의 후
       손임 */
08     color:#ff0000; /* 글자 색상을 빨간색으로 */
09 }
10 #method span {
11     /* color:#0000ff; */
12     font-weight:bold;  /* 글자를 볼드체로 */
13 }
14 </style>
15 </head>
16 <body>
17 <h1>봄빛 수목원 직원 채용 안내</h1>
18
19 <h3>- 제출 서류</h3>
20 <ul id="document">  <!-- 아이디 document는 20~24행의 영역을 의미함 -->
21     <li><span>이력서</span>(첨부 양식을 다운로드하여 작성) </li>
22     <li><span>자기소개서</span>(자유 양식으로 경력을 위주로 작성) </li>
23     <li><span>주민등록등본</span>(주소 이동 내역 포함) </li>
24 </ul>
25
```

```
26  <h3>- 제출 방법 </h3>
27  <ul id="method">
28  <!--
29    <li> 위 서류를 봄빛 수목원 인사 담당자에게 이메일로 제출</li>
30  -->
31    <li> 이메일 주소 : <span>master@bombit.net</span></li>
32  </ul>
33  </body>
34  </html>
```

▼ 실행 결과

그림 6-6 CSS에 주석문 삽입하기

▼ 소스코드 살펴보기

- **HTML 주석문**

  20, 28, 30행에서 HTML 주석문을 사용했다. 2장에서 설명했듯이 HTML 주석문의 경우 시작하는 위치에 <!--를, 끝나는 위치에 -->를 붙인다.

- **CSS 주석문**

  CSS 영역인 7~13행에서 CSS 주석문을 사용했다. CSS 주석문은 시작하는 위치에 /*를, 끝나는 위치에 */를 붙인다.

- **주석문에 의한 CSS 명령 취소**

  11행과 같이 CSS 명령(color:#0000ff)에 주석문을 사용하면 CSS 명령을 취소할 수 있다. 즉 브라우저가 해당 CSS 명령을 무시하므로 실행 결과 화면에서 보듯이 이메일 주소의 글자 색상이 파란색으로 변경되지 않는다.

CSS 주석문은 HTML 주석문과 마찬가지로 다음과 같은 두 가지 용도로 사용된다.

- CSS 코드를 설명하는 글에 사용되어 작업자 자신이나 타인이 CSS 코드를 쉽게 이해하도록 해준다.

- 개발자가 CSS 코딩 작업을 하다 보면 CSS 명령이 적용된 경우와 적용되지 않은 경우를 비교할 일이 종종 있다. 이때 CSS 명령에 주석문을 사용하여 해당 명령을 취소하면 브라우저에서 어떤 결과가 나타나는지 확인해볼 수 있다.

태그 선택자, 클래스 선택자를 이용하여
직원 채용 페이지 만들기

source/mp/recruit.html

실행 결과

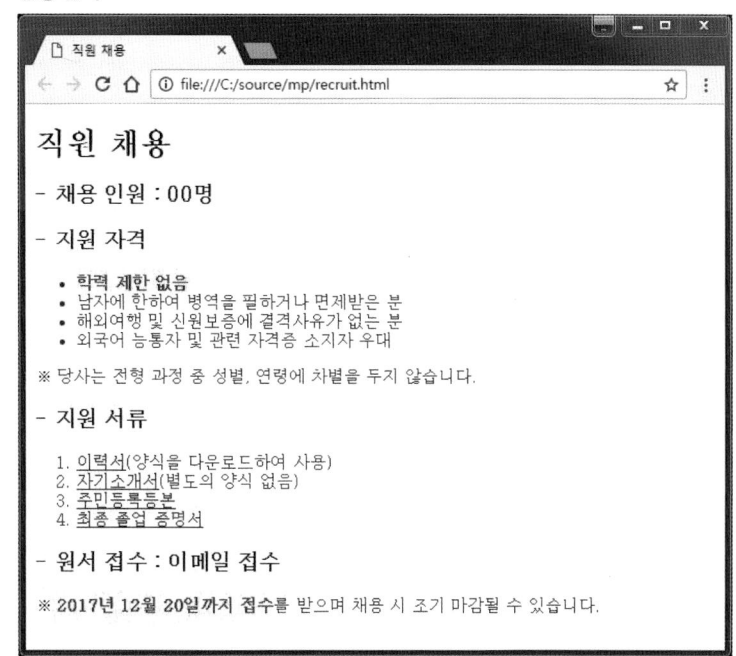

그림 6-7 직원 채용 페이지

다음 소스코드를 참고하여 실행 결과 화면과 같은 직원 채용 페이지를 만들어보자. 이 작업을 통해 태그 선택자 body, 태그 선택자와 클래스 선택자의 활용법을 익히고 텍스트와 관련된 CSS 속성을 알 수 있다.

소스코드

```
<body>
<h1>직원 채용</h1>

<h3>- 채용 인원 : 00명</h3>

<h3>- 지원 자격</h3>
<ul>
  <li><span class="red">학력 제한 없음</span></li>
  <li>남자에 한하여 병역을 필하거나 면제받은 분</li>
```

```
          <li>해외여행 및 신원보증에 결격사유가 없는 분</li>
          <li>외국어 능통자 및 관련 자격증 소지자 우대</li>
       </ul>
       <p>※ 당사는 전형 과정 중 성별, 연령에 차별을 두지 않습니다.</p>

       <h3>- 지원 서류</h3>
       <ol>
          <li><span class="blue">이력서</span>(양식을 다운로드하여 사용)</li>
          <li><span class="blue">자기소개서</span>(별도의 양식 없음)</li>
          <li><span class="blue">주민등록등본</span></li>
          <li><span class="blue">최종 졸업 증명서</span></li>
       </ol>

       <h3>- 원서 접수 : 이메일 접수</h3>
       <p>※ <span class="red">2017년 12월 20일까지 접수</span>를 받으며 채용 시 조기 마감
       될 수 있습니다.</p>
    </body>
```

● 문제

1 페이지의 모든 글자는 기본 글꼴을 '바탕'으로 하고 글자 색상은 짙은 회색(#444444)으로 지정하시오.

2 글 제목인 '직원 채용'의 글자 크기는 30px, 색상은 검은색(#000000)으로 지정하시오.

3 '- 채용 인원 : 00명', '- 지원 자격', '- 지원 서류', '- 원서 접수 : 이메일 접수'의 글자 크기는 20px, 색상은 짙은 회색(#222222)으로 지정하시오.

4 '- 지원 자격'의 '학력 제한 없음'과 페이지 하단의 '2017년 12월 20일까지 접수'를 볼드체 빨간색으로 지정하시오.

5 '- 지원 서류'의 '이력서', '자기소개서', '주민등록등본', '최종 졸업 증명서'의 글자 색상을 파란색(#0000ff)으로 지정하고 밑줄이 나타나게 하시오.

정답은 다음 쪽에서 확인 ☞

● 정답

1

```
body {
    font-family:"바탕";
    color:#444444;
}
```

2

```
h1 {
    font-size:30px;
    color:#000000;
}
```

3

```
h3 {
    font-size:20px;
    color:#222222;
}
```

4

```
.red {
    color:#ff0000;
    font-weight:bold;
}
```

5

```
.blue {
    color:#0000ff;
    text-decoration:underline;
}
```

다양한 CSS 선택자를 이용하여
회사 소개 페이지 만들기

source/mp/intro.html

실행 결과

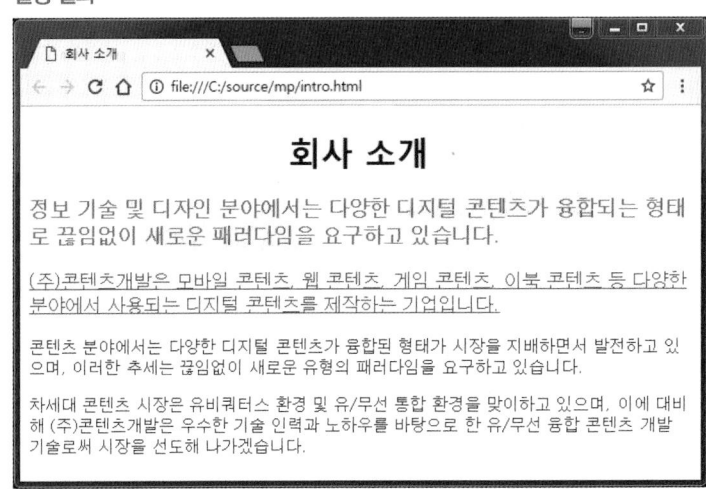

그림 6-8 회사 소개 페이지

다음 소스코드를 참고하여 실행 결과 화면과 같은 회사 소개 페이지를 만들어보자. 이 작업을 통해 태그 선택자, 아이디 선택자, 클래스 선택자의 사용법을 익힐 수 있다.

소스코드

```
<body>
<h1>회사 소개</h1>

<p id="headline">정보 기술 및 디자인 분야에서는 다양한 <span class="orange">디지털
콘텐츠가 융합</span>되는 형태로 끊임없이 <span class="orange">새로운 패러다임</span>
을 요구하고 있습니다.</p>

<p id="company">(주)콘텐츠개발은 모바일 콘텐츠, 웹 콘텐츠, 게임 콘텐츠, 이북 콘텐츠 등
다양한 분야에서 사용되는 디지털 콘텐츠를 제작하는 기업입니다.</p>

<p>콘텐츠 분야에서는 다양한 디지털 콘텐츠가 융합된 형태가 시장을 지배하면서 발전하고 있으며,
이러한 추세는 끊임없이 새로운 유형의 패러다임을 요구하고 있습니다.</p>

<p> 차세대 콘텐츠 시장은 유비쿼터스 환경 및 유/무선 통합 환경을 맞이하고 있으며, 이에 대비해
(주)콘텐츠개발은 우수한 기술 인력과 노하우를 바탕으로 한 유/무선 융합 콘텐츠 개발 기술로써
시장을 선도해 나가겠습니다.</p>
</body>
```

● 문제

1 글 제목인 '회사 소개'의 글자 색상은 #423022, 글꼴은 맑은 고딕으로 지정하고 가운데 정렬이 되게 하시오.

2 모든 단락의 글자 색상은 #444444, 크기는 16px, 글꼴은 돋움, 줄 간격은 130%로 지정하시오.

3 '정보 기술 … 요구하고 있습니다.'의 글자 색상은 #8f7e6c, 크기는 20px, 볼드체로 지정하고, '디지털 콘텐츠가 융합'과 '새로운 패러다임'의 글자 색상은 #ff6400으로 지정하시오.

4 '(주)콘텐츠개발은 … 제작하는 기업입니다.'의 글자 색상은 #307466, 크기는 18px로 지정하고 밑줄이 나타나게 하시오.

정답은 다음 쪽에서 확인 ☞

● 정답

1
```css
h1 {
    color:#423022;
    font-family:"맑은 고딕";
    text-align:center;
}
```

2
```css
p {
    font-family:"돋움";
    line-height:130%;
    color:#444444;
    font-size:16px;
}
```

3
```css
#headline {
    font-size:20px;
    color:#8f7e6c;
    font-weight:bold;
}
.orange {
    color:#ff6400;
}
```

4
```css
#company {
    color:#307466;
    font-size:18px;
    text-decoration:underline;
}
```

요약

01 태그 선택자

HTML 태그 이름을 이용하여 꾸밀 영역을 선택하는 것이다. 태그 선택자에 기술된 CSS 명령은 해당 태그가 사용된 모든 영역에 적용된다.

02 아이디와 아이디 선택자

특정 영역을 꾸밀 때 그 영역을 아이디로 지정하고 아이디 선택자를 사용하여 해당 영역을 선택할 수 있다. 아이디 선택자는 아이디 이름 앞에 #를 붙인다.

03 클래스와 클래스 선택자

특정한 한 영역을 지정하는 아이디와 달리 클래스는 여러 영역을 동시에 지정할 때 사용한다. 클래스로 지정한 영역은 클래스 선택자로 선택하고 CSS 명령으로 꾸밀 수 있다. 클래스 선택자는 클래스 이름 앞에 .를 붙인다.

04 후손 선택자

HTML 태그, 아이디, 클래스 내부의 영역을 지정할 때 사용한다. 후손 선택자를 적절히 사용하면 CSS 코드가 좀 더 간결해지고 모듈화가 가능하여 CSS 코딩 작업을 수월하게 할 수 있다.

05 CSS 주석문

HTML 코드에 설명을 달기 위해 HTML 주석문을 사용하는 것과 마찬가지로 CSS 코드에 설명을 달 때 CSS 주석문을 사용한다. CSS 주석문은 /*로 시작하여 */로 끝난다.

연습문제

01 태그 선택자의 역할과 사용법에 대해 설명하시오.

02 아이디의 개념과 아이디 선택자의 사용법에 대해 설명하시오.

03 클래스의 역할과 클래스 선택자의 사용법에 대해 설명하시오.

04 아이디와 클래스의 사용 용도상 차이점을 설명하시오.

05 후손 선택자의 사용법에 대해 설명하시오.

06 CSS 주석문의 시작과 끝을 나타내는 기호를 기술하고 주석문의 두 가지 용도에 대해 설명하시오.

CHAPTER 07

CSS : 배경과 목록

학습목표

- 페이지 전체 또는 특정 영역에 배경 색상을 적용하는 방법을 익힌다.
- 배경 이미지를 삽입하는 다양한 방법을 익힌다.
- 목록의 글머리 형태를 설정하고 글머리에 이미지를 삽입하는 방법을 익힌다.

CSS 배경 색상

CSS를 이용하면 페이지 전체 또는 특정 영역의 배경 색상을 변경할 수 있다. 배경 색상을 적용할 영역을 지정할 때는 6장에서 배운 CSS 선택자를 이용한다. 다음 예제를 통해 페이지 전체 및 특정 영역에 배경 색상을 적용하는 방법을 알아보자.

예제 7-1	배경 색상 지정하기	source/07/background_color.html

```
01  <!DOCTYPE html>
02  <html>
03  <head>
04  <meta charset="utf-8">
05  <title>배경 색상</title>
06  <style>
07  body {
08      background-color:#0000ff;
09  }
10  h1 {
11      background-color:#ffff00;
12  }
13  p {
14      background-color:#ffffff;
15  }
16  #cian {
17      background-color:#00ffff;
18  }
19  </style>
20  </head>
21  <body>
22  <h1>무궁화</h1>
23  <p>무궁화는 우리나라 국화이며 <span id="cian">내한성의 낙엽관목</span>이다. 꽃은 흰색, 분
        홍색, 빨간색, 보라색 등 다양하고, 여러 가지 무늬의 화려한 꽃을 피운다. 꽃이 7~10월까지 100일
        동안 피기 때문에 무궁화라는 이름이 붙었다.</p>
24  </body>
25  </html>
```

▼ 실행 결과

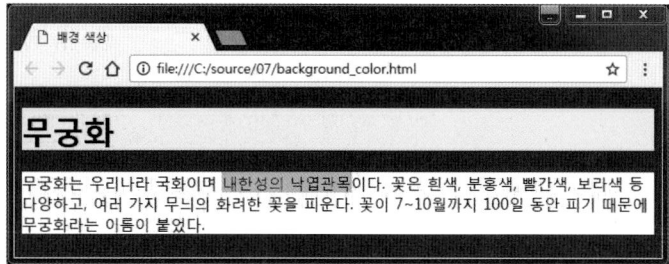

그림 7-1 CSS로 배경 색상 지정하기

▼ 소스코드 살펴보기

- **페이지 전체에 배경 색상 적용**

  웹 페이지 전체에 배경 색상을 적용하려면 7행과 같이 태그 선택자 body를 사용한다. ⟨body⟩ 태그는 내용이 보이는 브라우저 화면 전체를 의미하므로 태그 선택자 body에 의한 CSS 명령은 웹 페이지 전체에 적용된다. 따라서 8행의 CSS 명령인 'background-color:#0000ff'에 의해 웹 페이지 전체의 배경이 파란색으로 나타났다. 색상 코드 #0000ff는 파란색을 말한다.

  TIP/ 색상 코드는 5장 3절을 참조하기 바란다.

- **특정 영역에 배경 색상 적용**

  실행 결과 화면을 보면 파란색, 노란색, 흰색, 청록색의 네 가지 배경 색상이 적용되었다. 이처럼 웹 페이지에 배경 색상을 적용한 것이 background-color 속성인데 8, 11, 14, 17행에서 이 background-color 속성을 사용했다.

- **제목에 배경 색상 적용**

  제목인 '무궁화'의 배경 영역이 노란색(색상 코드 #ffff00)인데, 이는 10~12행에서 지정한 것이다. 10행의 태그 선택자 h1으로 22행에서 ⟨h1⟩ 태그가 사용된 제목 '무궁화' 영역을 선택하고, 11행의 'background-color:#ffff00'에 의해 배경 색상이 노란색으로 나타났다. 태그 선택자 h1에 의해 선택된 ⟨h1⟩ 태그 영역은 글자를 비롯한 행의 끝까지 포함된다는 것을 주의해야 한다.

- **단락에 배경 색상 적용**

  13~15행에서 단락의 배경을 흰색으로 지정했다. 여기서 색상 코드 #ffffff는 흰색을 말한다.

- **아이디 영역에 배경 색상 적용**

  23행의 '내한성의 낙엽관목' 글자에 아이디 cian을 사용했는데, 16행의 아이디 선택자 #cian에 의해 이 글자 영역이 선택되었다. 17행의 'background-color:#00ffff'에 의해 '내한성의 낙엽관목' 글자의 배경 색상이 청록색으로 변경되었다.

CSS 배경 이미지

웹 페이지에 이미지를 삽입하려면 3장에서 배운 〈img〉 태그를 이용하거나 이 절에서 학습할 background-image 속성을 이용할 수 있다. 웹 페이지에서 배경 이미지를 사용하면 그 이미지 위에 버튼과 같은 또 다른 요소를 삽입하기가 용이하다.

1 배경 이미지 삽입하기 – background-image 속성

다음 예제를 통해 페이지 전체에 배경 이미지를 삽입하는 방법을 알아보자.

예제 7-2	웹 페이지에 배경 이미지 삽입하기	source/07/background_image.html

```
01  <!DOCTYPE html>
02  <html>
03  <head>
04  <meta charset="utf-8">
05  <title>배경 이미지</title>
06  <style>
07  body {
08      background-image:url("img/yellow_bg.jpg");
09  }
10  </style>
11  </head>
12  <body>
13  <h1>양귀비꽃</h1>
14  <p><img src="img/yangguibi.jpg"></p>
15  </body>
16  </html>
```

▼ 실행 결과

그림 7-2 CSS로 웹 페이지에 배경 이미지 삽입하기

▼ 소스코드 살펴보기

• 배경 이미지 삽입

8행의 background-image 속성은 페이지에 배경 이미지를 삽입하는 데 사용하는 CSS 속성이다. 형태는 'background-image:url("이미지 파일명")'이며, 이때 이미지 파일명에는 경로를 포함한 배경 이미지 파일의 이름을 넣는다. 경로에는 3장 2절에서 배운 상대 경로나 절대 경로를 사용할 수 있다.

• 배경 이미지의 반복 삽입

8행에서 사용한 배경 이미지(yellow_bg.jpg)는 다음과 같다.

그림 7-3 [예제 7-2]의 배경 이미지

이 배경 이미지의 크기는 150×34픽셀로 전체 페이지보다 작다. 이런 경우에는 실행 결과 화면에서 보듯이 배경 이미지가 반복되어 나타난다.

• 페이지 전체에 배경 이미지 삽입

7행에서 태그 선택자 body를 사용했으므로 배경 이미지를 삽입하는 8행의 CSS 명령이 페이지 전체에 적용된다.

웹 페이지에 이미지를 삽입할 때는 앞에서 배운 〈img〉 태그를 사용한다. 그런데 [그림 7–2]처럼 노란색 이미지 위에 '양귀비꽃'과 같은 글자나 다른 이미지를 다시 삽입하려면 노란색 이미지를 배경 이미지로 처리해야 한다. 배경 이미지로 삽입한 이미지 위에는 글자나 다른 이미지를 삽입할 수 있다.

2 배경 이미지 반복 설정하기 – background-repeat 속성

앞에서 이미지의 크기가 삽입 영역보다 작으면 배경 이미지가 반복되어 나타난다고 설명했다. 그런데 background-repeat 속성을 이용하면 배경 이미지가 화면에 한 번만 나타나거나 수평 또는 수직 방향으로만 반복되게 할 수 있다. 다음 표에 background-repeat 속성에 사용할 수 있는 값을 정리했다.

표 7–1 background-repeat 속성 값

속성 값	설명
no-repeat	배경 이미지를 한 번만 적용
repeat-x	배경 이미지를 가로 방향으로 반복해서 적용
repeat-y	배경 이미지를 세로 방향으로 반복해서 적용

background-repeat 속성 값으로 'no-repeat'를 지정하면 배경 이미지가 한 번만 나타난다. 그리고 속성 값 'repeat-x'와 'repeat-y'는 각각 X축(수평)과 Y축(수직)으로 배경 이미지가 반복되게 한다. 다음 예제에서는 먼저 no-repeat 속성 값을 적용해보자.

예제 7-3　배경 이미지를 한 번만 나타내기　　　　　source/07/no-repeat.html

```
01  <!DOCTYPE html>
02  <html>
03  <head>
04  <meta charset="utf-8">
05  <title>배경 이미지</title>
06  <style>
07  body {
08      background-image:url("img/flower_bee.jpg");
09      background-repeat:no-repeat;
10  }
11  </style>
12  </head>
13  <body>
```

```
14 <p><img src="img/banner.png"></p>
15 </body>
16 </html>
```

▼ 실행 결과

그림 7-4 배경 이미지를 한 번만 나타내기

▼ 소스코드 살펴보기

9행에서 background-repeat 속성 값을 'no-repeat'로 지정했기 때문에 실행 결과 화면에서 보듯이 배경 이미지 (flower_bee.jpg)가 한 번만 나타났다.

[그림 7-4]를 보면 이미지를 배경 이미지로 삽입하고 그 위에 보라색으로 된 배너 이미지를 삽입했다.

다음 예제에서는 배경 이미지가 X축(수평) 방향으로 반복되어 나타나게 해보자.

| 예제 7-4 | 배경 이미지를 X축 방향으로 반복해서 나타내기 | source/07/repeat_x.html |

```
01 <!DOCTYPE html>
02 <html>
03 <head>
04 <meta charset="utf-8">
05 <title>배경 이미지</title>
06 <style>
07 body {
```

```
08      background-image:url("img/narrow_bg.png");
09      background-repeat:repeat-x;
10   }
11   </style>
12   </head>
13   <body>
14   <p><img src="img/bombit_logo.png"></p>
15   </body>
16   </html>
```

▼ 실행 결과

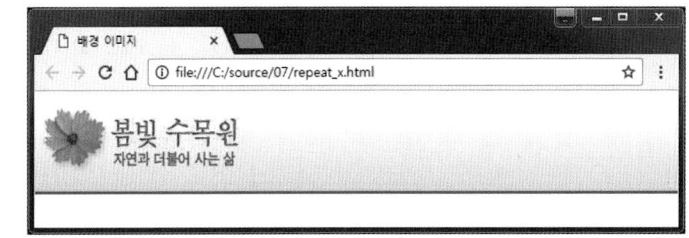

(a) 이미지   (b) 결과 화면

그림 7-5 배경 이미지를 X축 방향으로 반복해서 나타내기

▼ 소스코드 살펴보기

9행에서 background-repeat 속성 값을 'repeat-x'로 지정한 결과, 배경 이미지가 X축, 즉 수평 방향으로 반복되어 나타났다. 이렇게 배경 이미지를 X축으로 반복되게 삽입하면 브라우저의 가로 크기에 상관없이 이미지가 수평 방향으로 화면에 꽉 차게 출력된다.

'background-repeat:repeat-y'로 지정하면 배경 이미지가 Y축(수직) 방향으로 반복되어 나타난다.

3 배경 이미지의 위치 설정하기 – background-position 속성

이번에는 background-position 속성으로 배경 이미지를 브라우저 화면의 특정 위치에 배치하는 방법을 알아본다. 다음 예제에서는 배경 이미지가 화면 중앙 위쪽에 나타나게 해보자.

```
01  <!DOCTYPE html>
02  <html>
03  <head>
04  <meta charset="utf-8">
05  <title>배경 이미지</title>
06  <style>
07  body {
08      background-image:url("img/gradient_bg.png");
09      background-repeat:no-repeat;
10      background-position:center top;
11  }
12  p {
13      text-align: center;
14  }
15  </style>
16  </head>
17  <body>
18  <br><br>
19  <p><img src="img/rose.jpg"></p>
20  </body>
21  </html>
```

▼ 실행 결과

그림 7-6 특정 위치에 배경 이미지 배치하기

▼ 소스코드 살펴보기

10행에서 background-position 속성 값을 'center top'으로 지정하여 실행 결과 화면에서 보듯이 배경 이미지가 중앙 위쪽에 나타났다. 이처럼 배경 이미지를 브라우저의 특정 위치에 배치할 때 사용하는 것이 background-position 속성이다.

다음 표에 background-position 속성에 사용할 수 있는 값을 정리했다.

표 7-2 background-position 속성 값

속성 값	설명
left top	배경 이미지를 왼쪽 상단에 배치
left center	배경 이미지를 왼쪽 중앙에 배치
left bottom	배경 이미지를 왼쪽 하단에 배치
right top	배경 이미지를 오른쪽 상단에 배치
right center	배경 이미지를 오른쪽 중앙에 배치
right bottom	배경 이미지를 오른쪽 하단에 배치
center top	배경 이미지를 중앙 상단에 배치
center center	배경 이미지를 중앙 중앙에 배치
center bottom	배경 이미지를 중앙 하단에 배치
100px 50px	배경 이미지를 가로로 100픽셀 세로로 50픽셀 떨어진 곳에 배치

CSS 목록

2장 2절에서는 웹 페이지의 글 목록을 작성하기 위해 ⟨ul⟩, ⟨li⟩ 태그를 사용하는 방법을 배웠다. 글 목록의 글머리 형태를 변경하거나 글머리에 이미지를 넣기 위해서는 CSS를 이용해야 하는데 이 절에서 이에 대해 살펴보자.

1 목록의 글머리 형태 설정하기 – list-style-type 속성

다음 예제를 통해 목록의 각 항목 앞에 붙는 글머리의 형태를 변경하는 방법을 알아보자.

예제 7-6 목록의 글머리 형태 변경하기	source/07/list-style-type.html

```
01 <!DOCTYPE html>
02 <html>
03 <head>
04 <meta charset="utf-8">
05 <style>
06 li {
07     list-style-type:square;
08 }
09 </style>
10 </head>
11 <body>
12 <h3>★ 녹색문화 체험여행</h3>
13 <ul>
14   <li>숲 체험 : 수목원 탐방 + 숲 선생님과 생생 오감 활동</li>
15   <li>곤충 체험 : 살아 있는 곤충 생태 관찰 + 체험 학습</li>
16   <li>생태 체험 : 동물들 먹이 주기 + 생태 게임 + 자유 관람</li>
17 </ul>
18 </body>
19 </html>
```

▼ 실행 결과

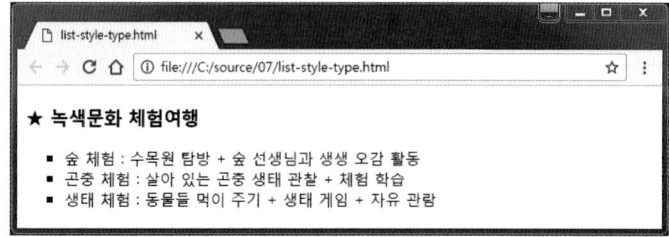

그림 7-7 목록의 글머리 형태 변경하기

▼ 소스코드 살펴보기

7행과 같이 list-style-type 속성 값을 'square'로 지정하면 실행 결과 화면에서 보듯이 목록의 글머리 형태가 정사각형의 점으로 나타난다. 이처럼 list-style-type 속성은 목록의 글머리 형태를 지정할 때 사용한다.

다음 표에 list-style-type 속성에 사용할 수 있는 값을 정리했다.

표 7-3 list-style-type 속성 값

속성 값	설명
square	목록의 글머리 형태를 정사각형으로 표시
disc	목록의 글머리 형태를 동그라미로 표시(기본 형태)
circle	목록의 글머리 형태를 빈 동그라미로 표시
none	목록에 글머리를 표시하지 않음

2 목록의 글머리에 이미지 삽입하기 – list-style-image 속성

다음 예제에서는 목록의 글머리에 이미지를 삽입해보자.

예제 7-7 목록의 글머리에 이미지 삽입하기   source/07/list_style_image.html

```
01 <!DOCTYPE html>
02 <html>
03 <head>
04 <meta charset="utf-8">
05 <style>
06 li {
07     list-style-image:url("img/dot_blue.gif");
08 }
09 </style>
10 </head>
```

```
11  <body>
12      <h3>★ 녹색문화 체험여행</h3>
13      <ul>
14          <li>숲 체험 : 수목원 탐방 + 숲 선생님과 생생 오감 활동</li>
15          <li>곤충 체험 : 살아 있는 곤충 생태 관찰 + 체험 학습</li>
16          <li>생태 체험 : 동물들 먹이 주기 + 생태 게임 + 자유 관람</li>
17      </ul>
18  </body>
19  </html>
```

▼ 실행 결과

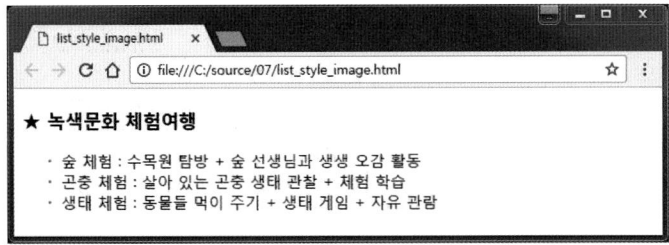

그림 7-8 목록의 글머리에 이미지 삽입하기

▼ 소스코드 살펴보기

7행에서 list-style-image 속성 값을 'url("img/dot_blue.gif")'로 지정하여 img 폴더 안에 있는 dot_blue.gif 이미지 파일이 목록의 글머리에 나타났다.

속성 값에서 url 다음의 '이미지 파일명'은 경로를 포함해서 넣어야 한다. 이때도 경로에 상대 경로나 절대 경로를 사용할 수 있다.

배경 이미지를 삽입하여
크리스마스 이벤트 페이지 만들기

source/mp/christmas_event.html

실행 결과

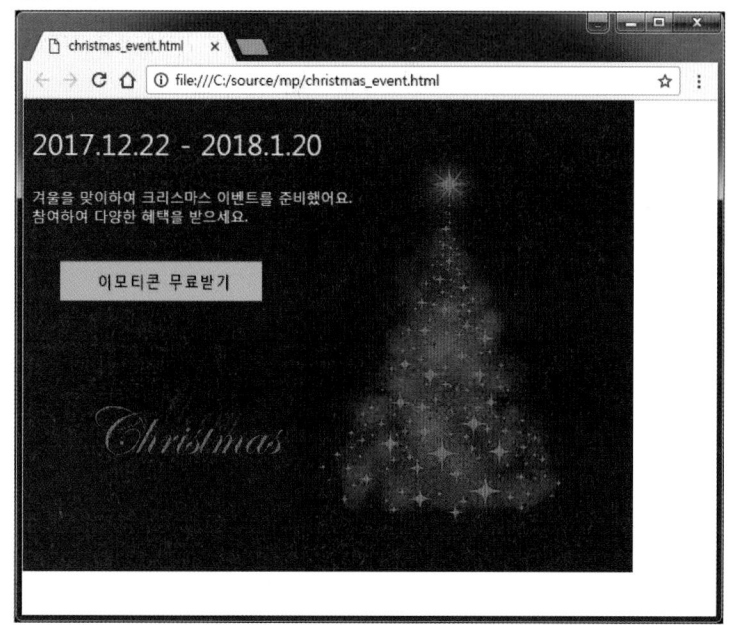

그림 7-9 크리스마스 이벤트 페이지

다음 소스코드를 참고하여 실행 결과 화면과 같은 크리스마스 이벤트 페이지를 만들어보자. 이 작업을 통해 배경 이미지를 전체 페이지에 한 번만 출력하는 방법을 익힐 수 있다.

소스코드

```
<body>
<h2>2017.12.22 - 2018.1.20</h2>
<p>겨울을 맞이하여 크리스마스 이벤트를 준비했어요.<br>
참여하여 다양한 혜택을 받으세요.</p>
<br>
     <img src="emo_button.png">
</p>
</body>
```

● 문제

1 배경 이미지를 화면에 한 번만 출력되게 하고, 페이지의 모든 글자는 글꼴을 맑은 고딕으로 지정하시오.

2 이벤트 날짜의 글자 색상은 노란색(#ffff00), 크기는 28px, 두께는 일반으로 지정하시오.

3 '겨울을 맞이하여 … 혜택을 받으세요.'의 글자 색상은 흰색(#ffffff), 크기는 14px로 지정하시오.

정답은 다음 쪽에서 확인 ☞

● 정답

1

```
body {
    background-image:url("christmas_bg.png");
    background-repeat:no-repeat;
    font-family:"맑은 고딕";
}
```

2

```
h2 {
    color:#ffff00;
    font-size:28px;
    font-weight:normal;
}
```

3

```
p {
    color:#ffffff;
    font-size:14px;
}
```

CSS 목록을 이용하여
상품 소개 페이지 만들기

source/mp/plant_item.html

실행 결과

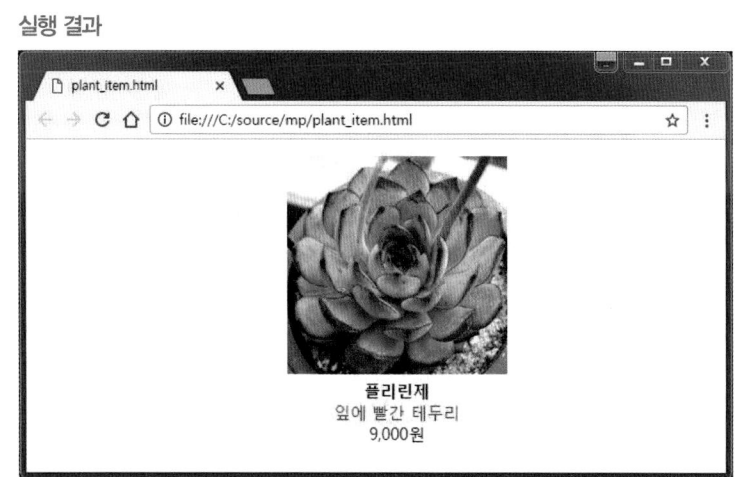

그림 7-10 상품 소개 페이지

다음 소스코드를 참고하여 실행 결과 화면과 같은 상품 소개 페이지를 만들어보자. 이 작업을 통해 CSS로 목록의 텍스트를 정렬하고 꾸미는 방법을 익힐 수 있다.

소스코드

```
<body> <ul id="item">
<li><img src="plant1.jpg"></li>
<li id="subject">플리린제</li>
<li id="comment">잎에 빨간 테두리</li>
<li id="price">9,000원</li>
</ul> </body>
```

● 문제

1 목록의 글머리에 아무것도 표시하지 않고 전체 목록과 텍스트가 가운데 정렬이 되게 하시오.

2 상품명인 '플리린제' 글자를 볼드체로 지정하시오.

3 상품 설명인 '잎에 빨간 테두리'의 글자 색상을 빨간색으로 지정하시오.

정답은 다음 쪽에서 확인 ☞

● 정답

1

```
ul {
    list-style-type:none;
}
#item {
    text-align:center;
}
```

2

```
#subject {
    font-weight:bold;
}
```

3

```
#comment {
    color:#ff0000;
}
```

요약

01 background-color 속성

웹 페이지 전체나 특정 영역의 배경 색상을 지정할 때 사용한다.

02 background-image 속성

웹 페이지 전체나 특정 영역에 배경 이미지를 삽입할 때 사용한다. 배경 이미지 파일을 지정하기 위해서는 3장에서 배운 상대 경로나 절대 경로를 사용한다.

03 background-repeat 속성

background-image 속성을 사용하면 배경 이미지가 가로와 세로 방향으로 반복해서 삽입된다. 배경 이미지를 가로 방향으로만 반복하는 CSS 명령은 'background-repeat:repeat-x'이고, 세로 방향으로만 반복하는 CSS 명령은 'background-repeat:repeat-y'이다. 만약 배경 이미지를 반복 없이 한 번만 삽입하려면 'background-repeat:no-repeat'를 사용한다.

04 background-position 속성

배경 이미지의 위치를 설정할 때 사용한다. 배경 이미지를 화면 중앙 위쪽에 위치시키는 CSS 명령은 'background-position:center top'이다.

05 list-style-type 속성

목록의 각 항목 앞에 붙는 글머리의 형태를 변경할 때 사용한다. 글머리 형태를 정사각형으로 나타내는 CSS 명령은 'list-style-type: square'이다.

06 list-style-image 속성

목록의 각 항목 앞에 글머리 이미지를 삽입할 때 사용한다. 글머리 이미지 파일을 지정하기 위해서는 3장에서 배운 상대 경로나 절대 경로를 사용한다.

연습문제

01 배경 색상을 설정할 때 사용하는 CSS 속성은 무엇인가? 그리고 그 사용법을 설명하시오.

02 배경 이미지를 삽입할 때 사용하는 속성은 무엇인가? 그리고 그 사용법을 설명하시오.

03 배경 이미지를 반복해서 삽입할 때 사용하는 속성은 무엇인가? 그리고 그 속성 값을 나열하고 각각의
역할을 설명하시오.

04 배경 이미지의 위치를 설정하는 데 사용하는 속성은 무엇인가? 그리고 그 사용법을 설명하시오.

05 목록의 각 항목 앞에 글머리 이미지를 삽입하는 속성은 무엇인가? 그리고 그 사용법을 설명하시오.

CHAPTER

08

CSS : 박스 모델과 디스플레이

학습목표

- 박스 모델의 개념을 이해하고 사용법을 익힌다.
- border, border-radius, box-shadow 속성의 사용법을 익힌다.
- 마진과 패딩의 차이점을 파악하고 각각의 사용법을 익힌다.
- 인라인과 블록 방식을 이해하고 display 속성의 사용법을 익힌다.

박스 모델

모든 HTML 요소는 박스 형태라고 이해할 수 있는데 이를 '박스 모델(box model)'이라고 한다. CSS 박스 모델은 모든 HTML 요소를 감싸고 있는 박스에 적용된다. 박스 모델의 요소는 다음 그림과 같이 마진(margin), 경계선(border), 패딩(padding), 실제 콘텐츠(contents)로 구성된다.

그림 8-1 박스 모델의 개념

박스 모델의 개념에 포함되는 각 요소는 다음을 의미한다.

- 콘텐츠 : 박스에 들어가는 텍스트나 이미지 등의 내용물
- 패딩 : 콘텐츠와 경계선 사이의 간격
- 경계선 : 콘텐츠와 패딩을 포함한 경계를 나타내는 선
- 마진 : 경계선과 외부 요소 사이의 간격

경계선

이 절에서는 [그림 8-1]의 박스 모델에서 콘텐츠와 패딩을 감싸는 경계선에 대해 살펴보자.

1 경계선 그리기 – border 속성

다음 예제에서는 경계선을 그리는 역할을 하는 border 속성을 알아보자.

예제 8-1	단락에 경계선 지정하기	source/08/border.html

```
01 <!DOCTYPE html>
02 <html>
03 <head>
04 <meta charset="utf-8">
05 <style>
06 p {
07     width:500px;
08     border:solid 5px #00ffff;
09 }
10 </style>
11 </head>
12 <body>
13 <p>
14 봄빛 식물원은 2017년 12월 개원한 이래 방문한 고객들에게 자연과 더불어 사는 즐거움을 선사하고
   자연과의 만남을 통해 삶의 여유와 행복을 제공하고 있습니다.^^
15 </p>
16 </body>
17 </html>
```

▼ 실행 결과

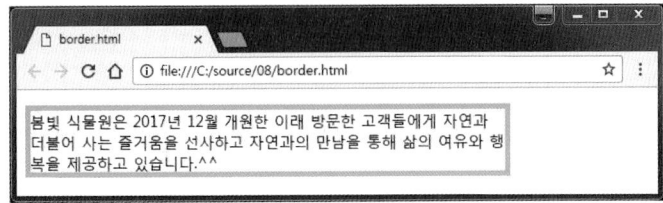

그림 8-2 border 속성으로 단락에 경계선 지정하기

▼ 소스코드 살펴보기

13~15행에서 기술된 단락, 즉 〈p〉 태그도 일종의 박스로 생각할 수 있다. 박스의 너비와 높이를 설정하는 데에는 각각 width와 height 속성을 사용한다.

- **width와 height 속성**

  7행의 'width:500px'은 실행 결과 화면에 나타난 박스의 너비가 500px임을 의미한다. height 속성은 박스의 높이를 나타내는데 7, 8행과 같이 height 속성을 지정하지 않으면 14행의 콘텐츠(봄빛 식물원은 … 제공하고 있습니다.^^)가 단락(박스)에 들어가면서 자동으로 높이가 맞춰진다. 그래서 박스 크기를 설정할 때 height 속성을 종종 생략하기도 한다.

- **border 속성**

  8행의 CSS 명령인 'border:solid 5px #00ffff'는 청록색 경계선을 그려주는데, border 속성은 다음과 같은 형태로 사용한다.

  border: 경계선 스타일 경계선 두께 경계선 색상

  경계선 스타일에 넣을 수 있는 값은 solid(실선), double(이중 실선), dotted(점선), dashed(줄표로 이루어진 선)이다. 그리고 경계선 두께는 px 단위로 지정하며, 경계선 색상에는 색상 이름이나 색상 코드를 넣는다. 따라서 'border: solid 5px #00ffff'는 실행 결과 화면에서 보듯이 실선, 5px 두께, 청록색의 경계선으로 나타났다.

border 속성을 사용하면 [그림 8-2]와 같이 상하좌우에 경계선이 그려진다. 만약 상, 하, 좌, 우에 경계선을 따로 그리려면 border-top, border-bottom, border-left, border-right 속성을 사용한다. 이러한 속성에 대해 다음 표에 정리했다.

표 8-1 border 속성과 속성 값

속성	속성 값의 예	설명
border	solid 1px #ff0000	박스의 상, 하, 좌, 우에 실선, 1px 두께, 빨간색의 경계선 그리기
border-top	solid 2px #0000ff	박스의 상단에 실선, 2px 두께, 파란색의 경계선 그리기
border-bottom	dotted 1px #00ff00	박스의 하단에 점선, 1px 두께, 초록색의 경계선 그리기
border-left	double 2px #ffff00	박스의 좌측에 이중 실선, 2px 두께, 노란색의 경계선 그리기
border-right	dashed 2px #00ffff	박스의 우측에 줄표로 이루어진 선, 2px 두께, 청록색의 경계선 그리기

이러한 border 관련 속성을 이용하여 다양한 색상과 모양의 경계선을 그려보자.

예제 8-2 다양한 형태의 경계선 지정하기 source/08/various_border.html

```
01 <!DOCTYPE html>
02 <html>
03 <head>
04 <meta charset="utf-8">
05 <style>
06 h3 {
07     width:500px;
08 }
09 #border1 {
10     border:solid 1px #ff0000;
11 }
12 #border2 {
13     border:double 5px #00ff00;
14 }
15 #border3 {
16     border-top:dotted 1px #0000ff;
17     border-bottom:dashed 1px #0000ff;
18 }
19 #border4 {
20     border-left:solid 3px #ff00ff;
21     border-right:solid 3px #ff00ff;
22 }
23 </style>
24 </head>
25 <body>
26     <h3 id="border1">봄빛 식물원 안내</h3>
27     <h3 id="border2">봄빛 식물원 안내</h3>
28     <h3 id="border3">봄빛 식물원 안내</h3>
29     <h3 id="border4">봄빛 식물원 안내</h3>
30 </body>
31 </html>
```

▼ 실행 결과

그림 8-3 border 관련 속성으로 다양한 형태의 경계선 지정하기

▼ 소스코드 살펴보기

- **박스의 너비 지정**

  6~8행에서 네 개 박스의 너비를 500px로 지정했다.

- **첫 번째 박스의 경계선**

  실행 결과 화면을 보면 첫 번째 박스는 9~11행의 'border:solid 1px #ff0000'에 의해 실선, 1px 두께, 빨간색의
  경계선이 나타났다.

- **두 번째 박스의 경계선**

  두 번째 박스는 13행의 'border:double 5px #00ff00'에 의해 이중 실선, 5px 두께, 초록색의 경계선이 나타났다.

- **세 번째 박스의 경계선**

  세 번째 박스의 상단 경계선은 16행의 'border-top:dotted 1px #0000ff'에 의해, 하단 경계선은 17행의 'border-
  bottom:dashed 1px #0000ff'에 의해 나타났다.

- **네 번째 박스의 경계선**

  네 번째 박스와 같이 좌우의 경계선만 나타나게 하려면 20, 21행에서처럼 border-left와 border-right 속성을 사
  용한다.

2 박스의 모서리와 그림자 모양 설정하기 – border-radius, box-shadow 속성

다음으로 박스의 모서리와 그림자 모양을 설정할 수 있는 border-radius와 box-shadow 속
성을 살펴보자.

```
01  <!DOCTYPE html>
02  <html>
03  <head>
04  <meta charset="utf-8">
05  <style>
06  #login_box {
07      width:200px;
08      height:150px;
09      background-color:#eeeeee;
10      border:solid 1px #aaaaaa;
11      border-radius:15px;
12      box-shadow:6px 6px 5px #888888;
13      text-align:center;
14  }
15  </style>
16  </head>
17  <body>
18    <div id="login_box">로그인 화면</div>
19  </body>
20  </html>
```

▼ 실행 결과

그림 8-4 border-radius와 box-shadow 속성으로 박스의 모서리와 그림자 모양 설정하기

▼ 소스코드 살펴보기

• 〈div〉 태그

실행 결과 화면에서 보듯이 모서리가 둥근 사각형 박스가 나타나게 하려면 18행과 같이 〈div〉 태그를 사용한다. 〈div〉 태그는 웹 페이지에서 사각형 박스를 만들 때뿐만 아니라 웹 페이지의 레이아웃을 위해 페이지를 구분할 때도 사용한다. 이는 HTML 요소 중에서도 사용 빈도가 높은 태그로, 특히 요소의 레이아웃을 설정할 때 주로 이용한다.

- **박스의 너비와 높이 지정**

  7, 8행에서 width와 height 속성을 사용하여 박스의 너비를 200px, 높이를 150px로 지정했다.

- **박스의 배경 색상 지정**

  9행에서 박스의 배경 색상을 옅은 회색(#eeeeee)으로 지정했다.

- **박스의 경계선 지정**

  10행에서 박스의 경계선을 실선, 1px 두께, 파란색으로 지정했다.

- **border-radius 속성으로 박스의 모서리 둥글게 하기**

  사각형의 모서리를 둥글게 하기 위해 11행에서 border-radius 속성을 사용했다. 여기서는 border-radius 속성 값을 15px로 지정했는데 숫자를 더 크게 하면 모서리가 더 둥글게 된다.

- **box-shadow 속성으로 박스에 그림자 적용**

  박스에 그림자를 적용하기 위해 12행에서 box-shadow 속성을 사용했는데 box-shadow 속성의 형태는 다음과 같다.

  box-shadow:6px 6px 5px #888888;

  속성 값은 왼쪽부터 차례대로 오른쪽 방향의 그림자 길이, 아래쪽 방향의 그림자 길이, 그림자의 흐린 정도, 그림자의 색상을 나타낸다.

- **텍스트 정렬**

  13행의 'text-align:center'에 의해 박스 안의 글자인 '로그인 화면'이 가운데 정렬로 나타났다. text-align 속성은 요소 내부에 있는 텍스트를 정렬할 때 사용한다.

여백 : 마진과 패딩

박스 모델에서 여백을 나타내는 마진과 패딩에 대해 살펴보자. 마진은 박스의 경계선과 경계선 외부에 존재하는 요소 사이의 간격(여백)을 말하고, 패딩은 박스 안에 있는 콘텐츠와 경계선 사이의 간격(여백)을 말한다.

1 여백 지정하기 – margin 속성

다음 예제에서 박스의 경계선과 경계선 외부에 존재하는 요소 사이의 여백인 마진을 설정하는 margin 속성을 알아보자.

예제 8-4 margin 속성으로 여백 지정하기   source/08/margin.html

```
01 <!DOCTYPE html>
02 <html>
03 <head>
04 <meta charset="utf-8">
05 <style>
06 p {
07     width:400px;
08     border:solid 5px #00ffff;
09     padding:10px;
10     margin:20px 40px 60px 80px;
11 }
12 </style>
13 </head>
14 <body>
15 <p>
16 봄빛 식물원은 2017년 12월 개원한 이래 방문한 고객들에게 자연과 더불어 사는 즐거움을 선사하고
    자연과의 만남을 통해 삶의 여유와 행복을 제공하고 있습니다.^^
17 </p>
18 </body>
19 </html>
```

▼ 실행 결과

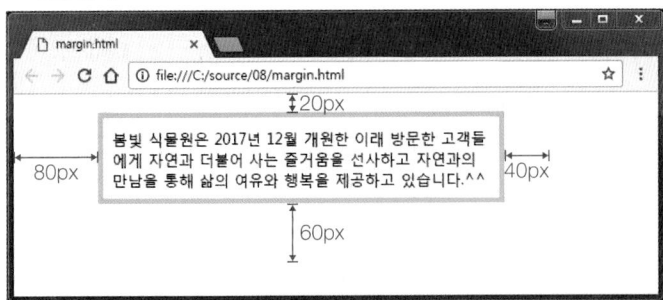

그림 8-5 margin 속성으로 박스 경계선 밖의 여백 지정하기

▼ 소스코드 살펴보기

10행의 'margin:20px 40px 60px 80px'에 의해 박스의 상단, 우측, 하단, 좌측에 각각 20px, 40px, 60px, 80px 의 여백이 삽입되었다.

TIP/ 네 개의 margin 속성 값은 상단→우측→하단→좌측으로 적용되는데, 위에서부터 시계 방향으로 진행된다고 쉽게 이해할 수 있다.

margin 속성과 사용 가능한 값을 다음 표에 정리했다.

표 8-2 margin 속성과 속성 값

속성	속성 값의 예	설명
margin	10px 20px 30px 40px	박스 상단에 10px, 우측에 20px, 하단에 30px, 좌측에 40px의 마진 삽입
margin	10px 20px	박스 상단과 하단에 10px, 우측과 좌측에 20px의 마진 삽입
margin	50px	박스 상, 하, 좌, 우에 50px의 마진 삽입
margin-top	20px	박스 상단에 20px의 마진 삽입
margin-right	40px	박스 우측에 40px의 마진 삽입
margin-bottom	60px	박스 하단에 60px의 마진 삽입
margin-left	80px	박스 좌측에 80px의 마진 삽입

2 여백 지정하기 – padding 속성

박스 안에 있는 콘텐츠와 경계선 사이의 여백인 패딩을 설정하는 padding 속성을 [예제 8-1] 에 추가해보자.

```
01  <!DOCTYPE html>
02  <html>
03  <head>
04  <meta charset="utf-8">
05  <style>
06  p {
07      width:500px;
08      border:solid 5px #00ffff;
09      padding:10px 20px 30px 40px;
10  }
11  </style>
12  </head>
13  <body>
14  <p>
15  봄빛 식물원은 2017년 12월 개원한 이래 방문한 고객들에게 자연과 더불어 사는 즐거움을 선사하고
    자연과의 만남을 통해 삶의 여유와 행복을 제공하고 있습니다.^^
16  </p>
17  </body>
18  </html>
```

▼ 실행 결과

그림 8-6 padding 속성으로 콘텐츠와 박스 경계선 사이의 여백 지정하기

▼ 소스코드 살펴보기

9행에서 'padding:10px 20px 30px 40px'로 지정하여 박스 안의 텍스트와 박스의 상단, 우측, 하단, 좌측 경계선 사이에 각각 10px, 20px, 30px, 40px의 여백을 삽입했다. 마진과 마찬가지로 네 개의 속성 값이 위에서부터 시계 방향(상단→우측→하단→좌측)으로 적용된다.

'padding:10px 20px 30px 40px'은 다음과 같이 네 개의 CSS 명령으로 작성할 수도 있다.

padding-top:10px;

```
padding-right:20px;
padding-bottom:30px;
padding-left:40px;
```

이러한 padding 속성과 사용 가능한 값을 다음 표에 정리했다.

표 8-3 padding 속성과 속성 값

속성	속성 값의 예	설명
padding	10px 20px 30px 40px	박스 상단에 10px, 우측에 20px, 하단에 30px, 좌측에 40px의 패딩 삽입
padding	10px 20px	박스 상단과 하단에 10px, 우측과 좌측에 20px의 패딩 삽입
padding	30px	박스 상, 하, 좌, 우에 30px의 패딩 삽입
padding-top	10px	박스 상단에 10px의 패딩 삽입
padding-right	20px	박스 우측에 20px의 패딩 삽입
padding-bottom	30px	박스 하단에 30px의 패딩 삽입
padding-left	40px	박스 좌측에 40px의 패딩 삽입

3 기본 설정된 여백 초기화하기

특정 HTML 요소(〈ul〉, 〈li〉, 〈body〉, 〈h1〉~〈h6〉 태그 등)는 미리 부여된 마진과 패딩 값을 기본적으로 가지고 있다. 그러나 웹 페이지를 제작할 때 요소를 화면에 정확하게 배치하는 데에는 마진과 패딩에 기본적으로 부여된 값이 방해가 될 수 있어 마진과 패딩을 0으로 초기화하는 경우가 많다.

마진과 패딩에 미리 설정된 기본 값의 존재를 이해하기 위해 간단한 북 배너를 만드는 다음 예제를 살펴보자.

예제 8-6 마진과 패딩에 기본 값이 적용된 북 배너 만들기   source/08/book_banner1.html

```
01  <!DOCTYPE html>
02  <html>
03  <head>
04  <meta charset="utf-8">
05  <style>
06  #banner {
07      width:185px;
08      height:236px;
09      background-image:url("img/banner_bg.jpg");
```

```
10      border:solid 1px #cccccc;
11  }
12  #banner img {
13      margin:202px 0 0 50px;
14  }
15  </style>
16  </head>
17  <body>
18  <h3>PHP 책 소개</h3>
19  <ul>
20    <li>저자 : 황재호</li>
21    <li>출판사 : 한빛아카데미</li>
22    <li>가격 : 30,000원</li>
23  </ul>
24  <div id="banner">
25    <img src="img/buy.png">
26  </div>
27  </body>
28  </html>
```

▼ 실행 결과

그림 8-7 마진과 패딩에 기본 값이 적용된 북 배너 만들기

▼ 소스코드 살펴보기

CSS 영역인 6~14행에서는 17~23행의 〈body〉, 〈h3〉, 〈ul〉, 〈li〉 태그에 대해 마진과 패딩을 설정하지 않았지만 실
행 결과 화면을 보면 각 요소에 마진과 패딩의 기본 값이 적용되었다.

다음 예제에서는 특정 요소에 주어진 마진과 패딩의 기본 값을 초기화한다.

```
01  <!DOCTYPE html>
02  <html>
03  <head>
04  <meta charset="utf-8">
05  <style>
06  * {
07      margin:0;
08      padding:0;
09  }
10  #banner {
11      width:185px;
12      height:236px;
13      background-image:url("img/banner_bg.jpg");
14      border:solid 1px #cccccc;
15  }
16  #banner img {
17      margin:202px 0 0 50px;
18  }
19  </style>
20  </head>
21  <body>
<!— 생략 —>
31  </body>
32  </html>
```

▼ 실행 결과

그림 8-8 마진과 패딩을 초기화하여 북 배너 만들기

▼ 소스코드 살펴보기

- **전체 선택자 ***

  6행에서 사용한 선택자 *는 전체 선택자라고 하며, 이는 페이지에서 사용할 전체 태그를 선택하는 역할을 한다. 따라서 7, 8행의 CSS 명령은 페이지의 전체 태그에 적용된다.

- **마진과 패딩의 초기화**

  7, 8행에서 margin과 padding 속성 값을 0으로 지정했는데, 이는 페이지에서 사용된 모든 태그에 대해 마진과 패딩 값을 0으로 초기화한다는 의미이다. 웹 페이지 레이아웃에서는 이처럼 마진과 패딩을 초기화한 다음, 필요한 부분에 마진과 패딩 값을 별도로 지정하는 방법을 많이 사용한다.

[예제 8-7]에 적절한 마진과 패딩 값을 설정하여 북 배너를 다시 만들어보자.

예제 8-8   마진과 패딩 값을 지정하여 북 배너 만들기   source/08/book_banner3.html

```html
01 <!DOCTYPE html>
02 <html>
03 <head>
04 <meta charset="utf-8">
05 <style>
06 * {
07     margin:0;
08     padding:0;
09 }
10 h3 {
11     margin:20px 0 0 10px;
12 }
13 ul {
14     margin:10px 0 0 30px;
15 }
16 li {
17     margin-top:2px;
18 }
19 #banner {
20     width:185px;
21     height:236px;
22     margin:20px 0 0 10px;
23     background-image:url("img/banner_bg.jpg");
24     border:solid 1px #cccccc;
25 }
26 #banner img {
27     margin:202px 0 0 50px;
```

```
28  }
29  </style>
30  </head>
31  <body>
32  <h3>PHP 책 소개</h3>
33  <ul>
34    <li>저자 : 황재호</li>
35    <li>출판사 : 한빛아카데미</li>
36    <li>가격 : 30,000원</li>
37  </ul>
38  <div id="banner">
39    <img src="img/buy.png">
40  </div>
41  </body>
42  </html>
```

▼ 실행 결과

그림 8-9 마진과 패딩을 초기화하고 마진과 패딩 값을 지정하여 북 배너 만들기

▼ 소스코드 살펴보기

• 마진과 패딩의 초기화

6~9행에서 전체 태그에 대한 마진과 패딩을 0으로 초기화한다.

• 글 제목의 마진 지정

10~12행에서 상단 마진(20px)과 좌측 마진(10px)을 삽입하여 글 제목인 'PHP 책 소개'에 별도의 마진이 적용되었다.

- **글 목록의 마진 지정**

  13~15행에서 글 목록 전체를 의미하는 〈ul〉 태그에 상단 마진(10px)과 좌측 마진(30px)을 지정했다. 그리고 16~18행에서 목록의 각 항목을 의미하는 〈li〉 태그에 상단 마진(2px)을 지정했다.

- **이미지 박스의 마진 지정**

  22행에서 이미지 박스에 상단 마진(20px)과 좌측 마진(10px)을 지정했다.

디스플레이

HTML 요소로 삽입되는 콘텐츠를 브라우저에 나타내는 작업인 디스플레이에는 인라인(inline) 방식과 블록(block) 방식이 있다.

1 디스플레이 방식 – 인라인과 블록

다음 예제에서 디스플레이를 위한 두 가지 방식인 인라인과 블록의 차이점을 살펴보자.

예제 8-9	인라인과 블록 방식으로 디스플레이하기	source/08/inline_block.html

```
01  <!DOCTYPE html>
02  <html>
03  <head>
04  <meta charset="utf-8">
05  </head>
06  <body>
07  <h2>인라인과 블록</h2>
08
09  <h3>1. 인라인 요소</h3>
10  <span>텍스트1</span>
11  <span>텍스트2</span>
12  <span>텍스트3</span>
13  <img src="img/image1.jpg">
14  <img src="img/image2.jpg">
15
16  <h3>2. 블록 요소</h3>
17  <p>이것은 단락입니다.</p>
18  <div>박스 1</div>
19  <div>박스 2</div>
20  </body>
21  </html>
```

▼ 실행 결과

그림 8-10 인라인과 블록 방식으로 디스플레이하기

▼ <u>소스코드 살펴보기</u>

• **인라인 요소**

10~14행에서 인라인 요소인 〈span〉과 〈img〉 태그를 사용했는데, 실행 결과 화면을 보면 이러한 요소로 삽입된
콘텐츠가 수평 방향으로 나열되었다. 이처럼 인라인 요소의 태그는 콘텐츠를 화면에 디스플레이할 때 수평 방향으로
나열한다.

• **블록 요소**

7, 9, 16~19행의 〈h2〉, 〈h3〉, 〈p〉, 〈div〉 태그는 블록 요소이므로 이를 통해 삽입된 콘텐츠가 각각 새로운 줄에서
시작하여 수직 방향으로 디스플레이되었다.

인라인 요소의 태그는 콘텐츠를 수평 방향으로 디스플레이하고, 블록 요소의 태그는 콘텐츠를
수직 방향으로 한 줄에 하나씩 디스플레이한다. 인라인과 블록 방식의 주요 태그와 특징을 다
음 표에 정리했다.

표 8-4 인라인과 블록 방식의 주요 태그와 특징

방식	특수 문자	설명
인라인	〈span〉, 〈a〉, 〈img〉, 〈input〉, 〈select〉, 〈textarea〉 등	요소의 크기를 설정할 수 없으며 수평 방향으로 디스플레이됨
블록	〈div〉, 〈h1〉~〈h6〉, 〈p〉, 〈ul〉, 〈ol〉, 〈li〉, 〈form〉, 〈dl〉, 〈dt〉, 〈dd〉 등	width와 height 속성으로 요소의 크기를 설정할 수 있으며 한 줄에 하나씩 수직 방향으로 디스플레이됨

② 화면에 나타내기 – display 속성

다음으로 웹 페이지에서 화면에 요소를 디스플레이할 때 사용하는 display 속성을 살펴보자.
먼저 display 속성을 사용하여 간단한 수평 방향의 메뉴를 만들어보자.

예제 8-10 display 속성으로 메뉴를 수평 방향으로 나열하기   source/08/h_menu.html

```
01  <!DOCTYPE html>
02  <html>
03  <head>
04  <meta charset="utf-8">
05  <style>
06  * {
07      margin:0;
08      padding:0;
09  }
10  ul {
11      list-style-type:none;
12  }
13  #menu {
14      width:500px;
15      padding:10px;
16      margin:20px 0 0 40px;
17      background-color:#eeeeee;
18      border:solid 1px #aaaaaa;
19      text-align:center;
20  }
21  #menu li {
22      display:inline;
23  }
24  </style>
25  </head>
26  <body>
27  <ul id="menu">
28      <li>회사소개 ¦ </li>
29      <li>제품소개 ¦ </li>
30      <li>공지사항 ¦ </li>
31      <li>업무제휴 ¦ </li>
32      <li>고객센터</li>
33  </ul>
34  </body>
35  </html>
```

▼ 실행 결과

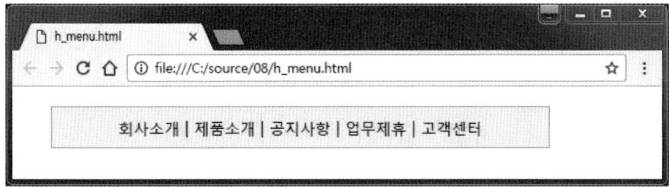

그림 8-11 display 속성으로 메뉴를 수평 방향으로 나열하기

▼ 소스코드 살펴보기

27~33행의 〈ul〉과 〈li〉 태그는 기본적으로 블록의 특성을 지니고 있으므로 글 목록이 수직 방향으로 디스플레이된다. 만약 실행 결과 화면과 같이 수평 방향, 즉 인라인 방식으로 나타내고자 한다면 display 속성을 사용하여 〈li〉 태그의 디스플레이 방식을 인라인으로 변경해야 한다.

- **메뉴 목록 선택**

  21행에서 선택자 '#menu li'를 이용하여 28~32행의 〈li〉 태그 영역을 선택했다.

- **디스플레이 방식 지정(display:inline)**

  22행과 같이 display 속성 값을 'inline'으로 지정하면 〈li〉 태그의 디스플레이 방식이 인라인으로 변경되어 메뉴가 수평 방향으로 나타난다. 'display:inline'은 원래 수직 방향으로 나타나는 목록의 항목을 인라인 방식, 즉 수평 방향 으로 디스플레이한다는 의미이다.

- **마진과 패딩의 초기화**

  6~9행에서 페이지의 모든 태그에 대해 마진과 패딩을 0으로 초기화했다.

- **목록의 글머리(·) 삭제**

  27~33행과 같이 〈ul〉, 〈li〉 태그를 사용하면 기본적으로 각 항목 앞에 글머리인 동그라미(·)가 붙는다. 이 글머리를 삭제하는 것이 11행의 'list-style-type:none'이다.

TIP/ list-style-type 속성에 대한 자세한 설명은 7장 3절을 참조하기 바란다.

- **메뉴 꾸미기**

  13~20행의 CSS는 실행 결과 화면에 나타난 회색 메뉴 박스를 꾸며준다.

  14행 : 메뉴 박스의 너비(500px) 지정

  15, 16행 : 메뉴 박스에 패딩과 마진 삽입

  17행 : 박스의 배경 색상을 옅은 회색(#eeeeee)으로 지정

  18행 : 박스에 실선, 1px 두께, 회색(#aaaaaa)의 경계선 지정

  19행 : 메뉴를 가운데 정렬

이번에는 위의 예제와 반대로 인라인 요소인 〈a〉 태그를 블록 방식으로 변경해보자.

```
01  <!DOCTYPE html>
02  <html>
03  <head>
04  <meta charset="utf-8">
05  <style>
06  a {
07      display:block;
08  }
09  </style>
10  </head>
11  <body>
12  <p>수직 방향 메뉴 : </p>
13    <a href="http://naver.com" target="_blank">네이버</a>
14    <a href="http://daum.net" target="_blank">다음</a>
15    <a href="http://google.com" target="_blank">구글</a>
16  </body>
17  </html>
```

▼ 실행 결과

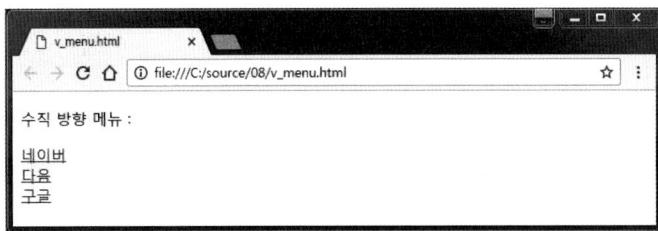

그림 8-12 블록 방식으로 메뉴를 수직 방향으로 나열하기

▼ 소스코드 살펴보기

링크 태그인 〈a〉 태그는 기본적으로 인라인 방식이기 때문에 콘텐츠가 화면에 수평 방향으로 나타난다. 만약 실행 결과 화면에서 보듯이 수직 방향으로 디스플레이하려면 display 속성을 사용하여 블록 방식으로 변경해야 한다.

• 디스플레이 방식 지정(display:block)

　6∼8행과 같이 'display:block' 명령을 사용하면 13∼15행의 〈a〉 태그 디스플레이 방식이 블록으로 바뀌어 각 요소가 수직 방향으로 나타난다.

다음 예제에서는 〈div〉 태그로 구성된 박스에 블록이면서 동시에 인라인 특성을 갖게 해주는 display 속성의 inline-block 값에 대해 살펴보자.

```
01  <!DOCTYPE html>
02  <html>
03  <head>
04  <meta charset="utf-8">
05  <style>
06  .green_box {
07      display:inline-block;
08      width:150px;
09      height:75px;
10      margin:10px;
11      border:solid 3px #73AD21;
12  }
13  </style>
14  </head>
15  <body>
16
17  <h2>인라인 + 블록 특성(display:inline-block)</h2>
18
19  <div class="green_box">박스 1</div>
20  <div class="green_box">박스 2</div>
21  <div class="green_box">박스 3</div>
22  <div class="green_box">박스 4</div>
23  <div class="green_box">박스 5</div>
24  <div class="green_box">박스 6</div>
25  </body>
26  </html>
```

▼ 실행 결과

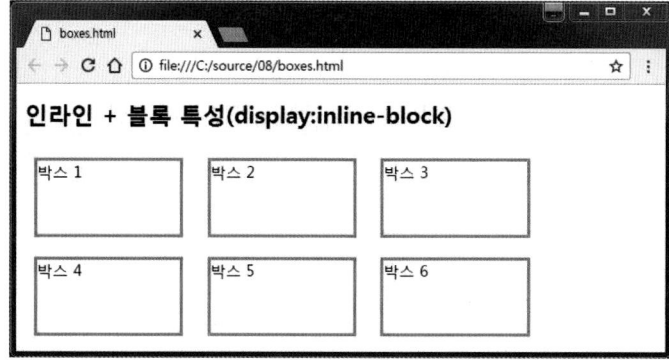

그림 8-13 인라인과 블록 특성 모두 갖게 하기

7행의 'display:inline-block'에 의해 19~24행에서 〈div〉 태그로 구성된 박스가 인라인과 블록의 두 가지 특성을 모두 가진다. 그 결과 8, 9행에 의해 박스 크기를 설정할 수 있는 블록의 특성과 수평 방향으로 디스플레이되는 인라인의 특성을 모두 갖게 된다.

다음 표에 지금까지 배운 display 속성 값을 정리했다.

표 8-5 display 속성 값

속성 값	설명
inline	블록 방식의 태그에 적용하여 디스플레이 방식을 인라인으로 변경
block	인라인 방식의 태그에 적용하여 디스플레이 방식을 블록으로 변경
inline-block	인라인과 블록의 특성을 모두 갖게 하여 요소를 화면에 수평 방향으로 디스플레이하고 크기 조절도 가능하게 설정

margin, padding, display, border 속성을 이용하여
수목원 방문 안내 페이지 만들기

source/mp/visit.html

실행 결과

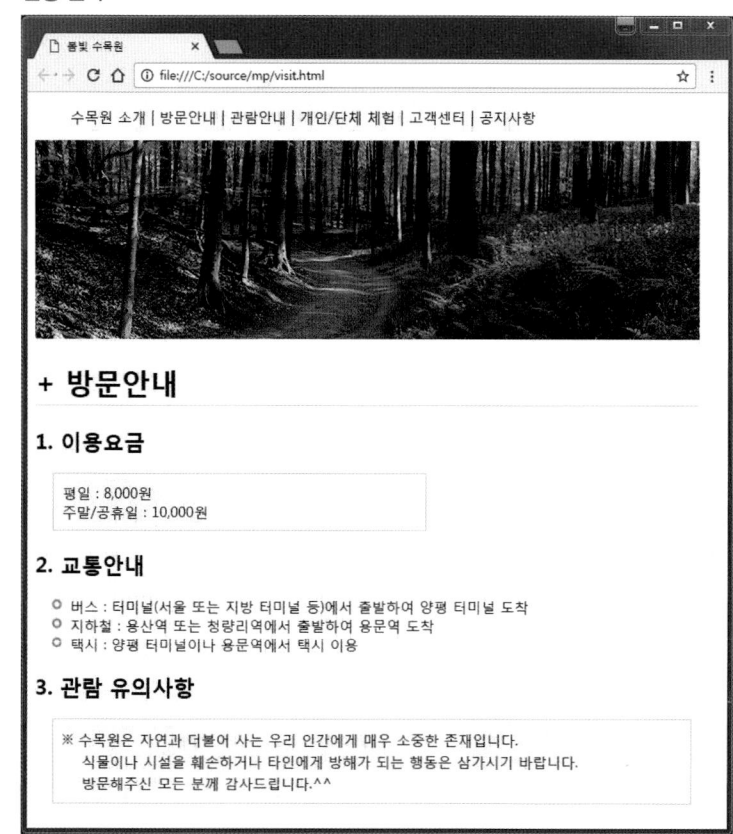

그림 8-14 수목원 방문 안내 페이지

다음 소스코드를 참고하여 실행 결과 화면과 같은 수목원 방문 안내 페이지를 만들어보자. 이 작업을 통해 박스 모델의 개념을 이해하고 margin, padding, display, border 속성의 사용법을 익힐 수 있다.

```html
<body>
<ul id="menu">
  <li> 수목원 소개 |</li>
  <li> 방문안내 |</li>
  <li> 관람안내 |</li>
  <li> 개인/단체 체험 |</li>
  <li> 고객센터 |</li>
  <li> 공지사항</li>
</ul>

<div>
  <img src="main_image.jpg">
</div>

<h1 id="visit_info">+ 방문안내</h1>

<h2>1. 이용요금</h2>
<ul id="fee">
  <li>평일 : 8,000원</li>
  <li>주말/공휴일 : 10,000원</li>
</ul>

<h2>2. 교통안내</h2>
<ul id="traffic">
  <li>버스 : 터미널(서울 또는 지방 터미널 등)에서 출발하여 양평 터미널 도착</li>
  <li>지하철 : 용산역 또는 청량리역에서 출발하여 용문역 도착</li>
  <li>택시 : 양평 터미널이나 용문역에서 택시 이용</li>
</ul>

<h2>3. 관람 유의사항</h2>
<p id="comment">※ 수목원은 자연과 더불어 사는 우리 인간에게 매우 소중한 존재입니다.<br>
    식물이나 시설을 훼손하거나 타인에게 방해가 되는 행동은 삼가시기 바랍니
다.<br>    방문해주신 모든 분께 감사드립니다.^^</p>
</body>
```

● 문제

1 전체 페이지에서 목록 태그의 글머리 기호를 삭제하고, 페이지 상단에서 보듯이 메뉴를 수평 방향으로 나열하시오.

2 글 제목인 '+ 방문안내' 아래의 선은 길이 750px 두께, 옅은 회색(#cccccc), 선과 글 사이의 간격은 5px로 지정하시오.

3 '1. 이용요금' 아래의 박스는 배경 색상 #f6fdf7, 테두리 색상 #bcd3be, 박스 너비 400px, 마진 20px, 패딩 10px로 지정하시오.

4 '2. 교통안내' 아래의 목록에 글머리 이미지(bulit_green.gif)를 삽입하시오.

5 '3. 관람 유의사항' 아래의 박스는 너비 700px, 경계선 색상 #bcd3be, 배경 색상 #f6fdf7, 마진 20px, 패딩 10px, 줄 간격 150%로 지정하시오.

정답은 다음 쪽에서 확인 ☞

● 정답

1

```
ul {
    list-style-type:none;
}
#menu li {
    margin-top:5px;
    display:inline;
}
```

2

```
#visit_info {
    width:750px;
    padding-bottom:5px;
    border-bottom:solid 1px #cccccc;
}
```

3

```
#fee {
    width:400px;
    margin:20px;
    padding:10px;
    border:solid 1px #bcd3be;
    background-color:#f6fdf7;
}
```

4

```
#traffic li {
    list-style-image:url("bulit_green.gif");
}
```

5

```
#comment {
    width:700px;
    border:solid 1px #bcd3be;
    background-color:#f6fdf7;
    margin:20px;
    padding:10px;
    line-height:150%;
}
```

01 박스 모델

모든 HTML 요소를 감싸고 있는 박스에 적용되는 CSS 박스 모델은 마진, 경계선, 패딩, 실제 콘텐츠로 구성된다. 여기서 마진은 박스의 경계선과 외부 요소 사이의 간격을, 패딩은 콘텐츠와 경계선 사이의 간격을 의미한다.

02 border와 border-radius 속성

border 속성은 박스 모델에서 콘텐츠와 패딩을 감싸고 있는 경계선을 그리는 역할을 한다. CSS3에 추가된 border-radius 속성은 경계선의 모서리를 둥글게 할 때 사용하는데, 속성 값이 커질수록 모서리가 더 둥글게 된다.

03 box-shadow 속성

CSS3에 추가된 속성으로 박스에 그림자를 나타낼 때 사용한다.

04 margin과 padding 속성

margin 속성은 경계선과 외부 요소 사이의 상하좌우 네 방향의 간격을 설정할 때 사용한다. 상하좌우의 마진을 별도로 설정하려면 margin-top, margin-bottom, margin-left, margin-right 속성을 사용한다. 그리고 padding 속성에서는 박스의 경계선과 콘텐츠 사이의 간격을 설정하며, 그 사용법은 margin 속성과 동일하다.

05 display:inline과 display:block

CSS 명령인 display:inline은 블록 요소의 태그에 사용하며 콘텐츠를 수평 방향으로 디스플레이해준다. display:block은 인라인 요소의 태그에 사용하며 콘텐츠를 수직 방향으로 디스플레이해준다.

06 display:inline-block

CSS 명령인 display:inline-block은 인라인 또는 블록 요소의 태그에 사용하며 해당 요소가 인라인과 블록의 특성을 모두 갖게 한다.

01 박스 모델의 구성 요소인 마진, 패딩, 경계선, 콘텐츠에 대해 설명하시오.

02 마진 관련 속성을 나열하고 각각의 사용법을 설명하시오.

03 패딩 관련 속성을 나열하고 각각의 사용법을 설명하시오.

04 border-radius 속성과 box-shadow 속성의 역할 및 사용법을 설명하시오.

05 border 관련 속성을 나열하고 각각의 사용법을 설명하시오.

06 웹 페이지에 요소를 디스플레이할 때 사용하는 인라인 방식과 블록 방식의 차이점에 대해 설명하시오.

07 display 속성 값을 나열하고 각각에 대해 설명하시오.

CHAPTER 09

CSS : 테이블과 폼

학습목표

- 테이블의 경계선과 크기를 설정하는 방법을 익힌다.
- 테이블 내의 텍스트를 꾸미고 테이블에 배경 색상을 적용하는 방법을 익힌다.
- 로그인 박스와 폼을 만드는 방법을 익힌다.
- 회원 가입 폼 양식을 만드는 방법을 익힌다.

SECTION 01 테이블의 경계선과 크기

앞의 4장 1절에서 다룬 테이블 관련 태그에 CSS를 적용하여 테이블의 경계선과 크기를 설정하는 방법을 알아보자.

1 테이블의 경계선

먼저 8장 2절에서 배운 border 속성을 이용하여 테이블의 경계선을 그려보자.

예제 9-1 테이블에 경계선 그리기   source/09/table_border.html

```
01  <!DOCTYPE html>
02  <html>
03  <head>
04  <meta charset="utf-8">
05  <style>
06  table, td, th {
07      border:solid 1px #000000;
08  }
09  </style>
10  </head>
11  <body>
12  <h2>KTX 열차표 예매</h2>
13
14  <table>
15    <tr>
16      <th>열차번호</th>
17      <th>출발</th>
18      <th>도착</th>
19      <th>특실</th>
20      <th>일반실</th>
21      <th>소요시간</th>
22    </tr>
23    <tr>
```

```
24       <td>175</td>
25       <td>서울<br>21:00</td>
26       <td>부산<br>23:44</td>
27       <td><img src="img/full.png"></td>
28       <td><img src="img/full.png"></td>
29       <td>02:44</td>
30     </tr>
31     <tr>
32       <td>177</td>
33       <td>서울<br>21:30</td>
34       <td>부산<br>00:08</td>
35       <td><img src="img/empty.png"></td>
36       <td><img src="img/empty.png"></td>
37       <td>02:38</td>
38     </tr>
39     <tr>
40       <td>179</td>
41       <td>서울<br>22:00</td>
42       <td>부산<br>00:42</td>
43       <td><img src="img/empty.png"></td>
44       <td><img src="img/empty.png"></td>
45       <td>02:42</td>
46     </tr>
47   </table>
48   </body>
49   </html>
```

▼ 실행 결과

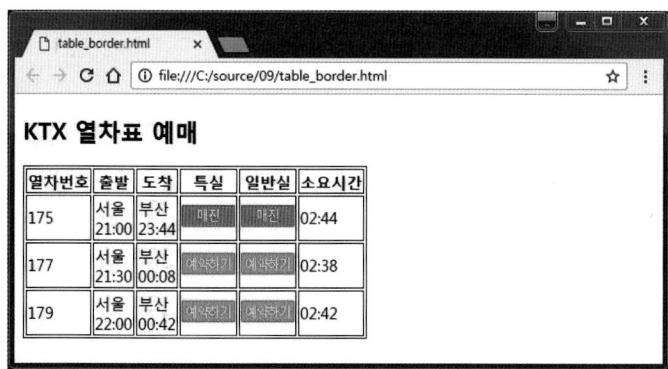

그림 9-1 border 속성으로 테이블에 경계선 그리기

▼ 소스코드 살펴보기

6~8행에서 border 속성을 사용하여 실행 결과 화면에서 보듯이 테이블에 실선, 1px 두께, 검은색의 경계선을 그렸다.

border 속성으로 경계선을 그리면 [그림 9-1]과 같이 기본적으로 이중 실선으로 나타난다. 만약 경계선을 단일 실선으로 그리려면 border-collapse 속성을 이용해야 한다.

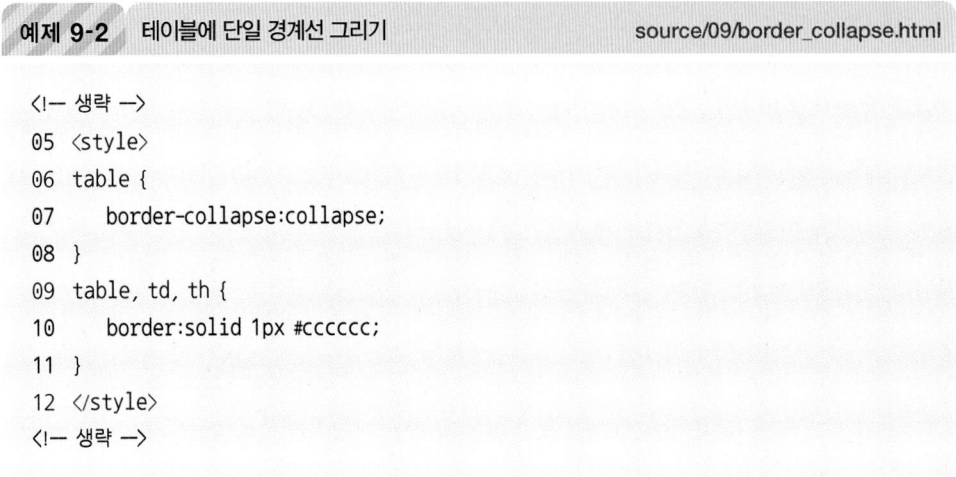

```
<!-- 생략 -->
05 <style>
06 table {
07     border-collapse:collapse;
08 }
09 table, td, th {
10     border:solid 1px #cccccc;
11 }
12 </style>
<!-- 생략 -->
```

▼ 실행 결과

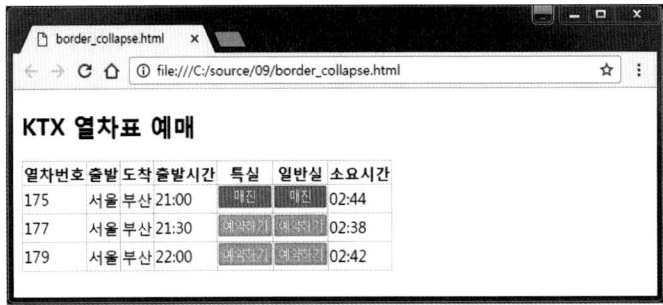

그림 9-2 border-collapse 속성으로 테이블에 단일 경계선 그리기

▼ 소스코드 살펴보기

6~8행에서 태그 선택자 table에 border-collapse 속성 값으로 'collapse'를 지정했다. 이렇게 하면 실행 결과 화면에서 보듯이 테이블의 경계선이 단일 실선으로 그려진다.

2 테이블과 셀의 크기 지정하기

width와 height 속성을 이용하면 테이블과 셀의 크기를 설정할 수 있다. 다음 예제를 통해 이를 확인해보자.

```
01  <!DOCTYPE html>
02  <html>
03  <head>
04  <meta charset="utf-8">
05  <style>
06  table {
07      border-collapse:collapse;
08      width:610px;
09  }
10  table, td, th {
11      border:solid 1px #cccccc;
12  }
13  tr {
14      height:40px;
15  }
16  #table_title {
17      height:30px;
18  }
19  #col1, #col4 {
20      width:90px;
21  }
22  #col2, #col3 {
23      width:60px;
24  }
25  #col5, #col6 {
26      width:80px;
27  }
28  </style>
29  </head>
30  <body>
31  <h2>KTX 열차표 예매</h2>
32
33  <table>
34    <tr id="table_title">
35      <th>열차번호</th>
36      <th>출발</th>
37      <th>도착</th>
38      <th>출발시간</th>
39      <th>특실</th>
```

```
40        <th>일반실</th>
41        <th>소요시간</th>
42      </tr>
43      <tr>
44        <td id="col1">175</td>
45        <td id="col2">서울</td>
46        <td id="col3">부산</td>
47        <td id="col4">21:00</td>
48        <td id="col5"><img src="img/full.png"></td>
49        <td id="col6"><img src="img/full.png"></td>
50        <td id="col7">02:44</td>
51      </tr>
<!— 생략 —>
70      </table>
71    </body>
72  </html>
```

▼ 실행 결과

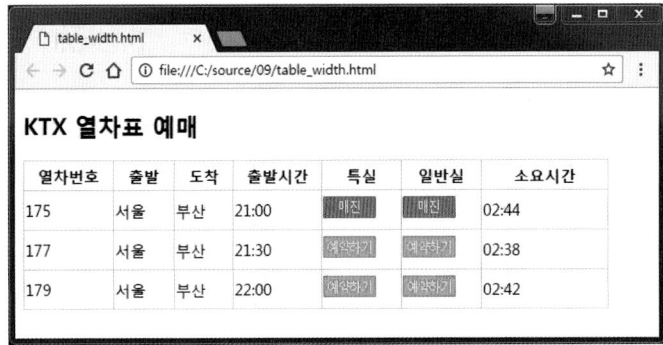

그림 9-3 width와 height 속성으로 테이블과 셀의 크기 지정하기

▼ <u>소스코드 살펴보기</u>

· 테이블의 크기 지정

6행의 태그 선택자 table에 대해 8행에서 'width:610px'로 지정하여 테이블의 가로 길이가 610px로 나타났다.

· 열의 너비 지정

테이블을 이루는 각 열의 너비를 지정하기 위해 19~27행에서 width 속성을 사용했다. 여기서 유의할 점은 전체 열이 일곱 개인데 19~27행에서는 여섯 개 열의 너비만 지정하고 나머지 하나(#col7)는 지정하지 않았다는 것이다. 이처럼 전체 열에서 하나의 열을 제외하고 너비를 지정하면 브라우저가 전체 테이블 크기를 고려하여 그 열의 너비를 자동으로 계산하므로 테이블의 크기와 각 열의 너비를 조절하기가 수월하다.

• **행의 높이 지정**

13~15행에서 행을 의미하는 태그 선택자 tr에 height 속성을 사용하여 행의 높이를 지정했다. 특정 행의 높이만 다르게 지정하려면 34행과 같이 아이디(table_title)를 선언하고 16~18행에서처럼 아이디 선택자(#table_title)에 height 속성을 사용하면 된다.

테이블의 배경과 텍스트

다음으로 테이블 내의 특정 셀에 배경 색상을 적용하고 셀 안의 텍스트를 꾸미는 방법을 살펴보자.

예제 9-4	테이블의 배경과 텍스트 꾸미기	source/09/table_background.html

```
<!— 생략 —>
05 <style>
06 table {
07     border-collapse:collapse;
08     width:610px;
09 }
10 table, td, th {
11     border:solid 1px #cccccc;
12 }
13 tr {
14     height:40px;
15     text-align:center;
16 }
17 td, th {
18     padding:5px;
19 }
20 .train {
21     background-color:#fbdbf2;
22     color:#f1477b;
23     text-decoration:underline;
24     font-weight:bold;
25 }
26 #table_title {
27     height:30px;
28     background-color:#eeeeee;
29 }
30 #col1, #col4 {
31     width:90px;
```

```
32  }
33  #col2, #col3 {
34      width:60px;
35  }
36  #col5, #col6 {
37      width:80px;
38  }
39  </style>
40  </head>
41  <body>
42  <h2>KTX 열차표 예매</h2>
43
44  <table>
45    <tr id="table_title">
46      <th>열차번호</th>
47      <th>출발</th>
48      <th>도착</th>
49      <th>출발시간</th>
50      <th>특실</th>
51      <th>일반실</th>
52      <th>소요시간</th>
53    </tr>
54    <tr>
55      <td id="col1" class="train">175</td>
56      <td id="col2">서울</td>
57      <td id="col3">부산</td>
58      <td id="col4">21:00</td>
59      <td id="col5"><img src="img/full.png"></td>
60      <td id="col6"><img src="img/full.png"></td>
61      <td id="col7">02:44</td>
62    </tr>
63    <tr>
64      <td class="train">177</td>
65      <td>서울</td>
66      <td>부산</td>
67      <td>21:30</td>
68      <td><img src="img/empty.png"></td>
69      <td><img src="img/empty.png"></td>
70      <td>02:38</td>
71    </tr>
72    <tr>
```

```
73      <td class="train">179</td>
74      <td>서울</td>
75      <td>부산</td>
76      <td>22:00</td>
77      <td><img src="img/empty.png"></td>
78      <td><img src="img/empty.png"></td>
79      <td>02:42</td>
80    </tr>
81  </table>
82  </body>
83  </html>
```

▼ 실행 결과

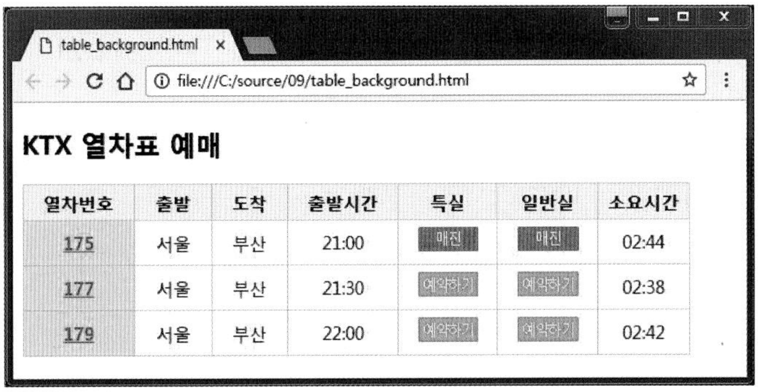

그림 9-4 테이블의 배경과 텍스트 꾸미기

▼ 소스코드 살펴보기

• 제목 행에 배경 색상 적용

26행과 28행에서 아이디 선택자 #table_title에 'background-color:#eeeeee'를 지정하여 제목 행에 옅은 회색의 배경 색상이 적용되었다.

• 셀의 배경 색상 지정하고 텍스트 꾸미기

첫 번째 열에 있는 세 개의 셀(175, 177, 179)에 배경 색상을 적용하고 셀 안의 텍스트를 꾸미기 위해 55, 64, 73행에서 클래스(train)를 선언한 다음, 20행의 클래스 선택자 .train에 대해 21~24행에서 CSS 명령을 지정했다.

• 셀의 텍스트를 가운데 정렬

5장 2절에서 text-align 속성을 사용하여 테이블 셀의 텍스트를 가운데 정렬하는 것을 배웠다. 15행의 'text-align: center'에 의해 모든 행의 텍스트가 가운데 정렬이 되었다.

• 셀의 텍스트와 경계선 사이의 여백 지정

17~19행에서 테이블의 모든 셀에 대해 패딩, 즉 셀의 텍스트와 경계선 사이의 여백을 5px로 지정했다.

테이블에 경계선, 테두리, 배경 색상을 설정하여
영어 교재 안내 페이지 만들기

source/mp/english_class2.html

실행 결과

그림 9-5 영어 교재 안내 페이지

다음 소스코드를 참고하여 실행 결과 화면과 같은 영어 교재 안내 페이지를 만들어보자. 이 작업을 통해 테이블에 경계선, 테두리, 패딩, 배경 색상을 설정하는 방법을 익힐 수 있다.

소스코드

```
<body>
<h3><img src="img/green_icon.png"> 영어 교재 안내</h3>
<table>
<tr id="title">
  <th class="col1">수강레벨</td>
  <th class="col2">코스 A</td>
  <th class="col3">코스 B</td>
  <th class="col4">수강기간</td>
  <th class="col5">세부내용 보기</td>
</tr>
<tr>
  <td>레벨1</td>
  <td>Side by Side 1</td>
  <td>American Headway 1</td>
  <td>1개월</td>
  <td><a href="#"><img src="img/view_detail.gif"></a></td>
```

```
      </tr>
      <tr>
       <td>레벨2</td>
       <td>Side by Side 2</td>
       <td>American Headway 2</td>
       <td>1개월</td>
       <td><a href="#"><img src="img/view_detail.gif"></a></td>
      </tr>
      <tr>
       <td>레벨3</td>
       <td colspan="2">Exploring English 1</td>
       <td>2개월</td>
       <td><a href="#"><img src="img/view_detail.gif"></a></td>
      </tr>
      <tr>
       <td>레벨4</td>
       <td colspan="2">Exploring English 2</td>
       <td>2개월</td>
       <td><a href="#"><img src="img/view_detail.gif"></a></td>
      </tr>
      </table>
      </body>
```

● 문제

1 테이블의 경계선은 단일 실선, 1px, #e6ecd4로 지정하고, 테이블의 텍스트는 기본 글꼴인 돋움, 글자 크기 12px, 글자 색상 #444444로 지정하시오.

2 테이블의 모든 행 높이는 30px, 테이블의 텍스트는 가운데 정렬, 셀의 패딩은 10px로 지정하시오.

3 제목 행의 배경 색상은 #f8f9f2, 글자 색상은 #7a7e6f로 지정하시오.

4 열의 너비는 왼쪽부터 차례대로 80px, 150px, 150px, 120px, 100px로 지정하시오.

정답은 다음 쪽에서 확인 ☞

● 정답

1

```
table {
    border-collapse:collapse;
    font-family:"돋움";
    font-size:12px;
    color:#444444; }
table, td, th {
    border:solid 1px #e6ecd4; }
```

2

```
tr {
    height:30px;
    text-align:center; }
td {
    padding:10px; }
```

3

```
tr#title {
    background-color:#f8f9f2;
    color:#7a7e6f; }
```

4

```
th.col1 {
    width:80px; }
th.col2 {
    width:150px; }
th.col3 {
    width:150px; }
th.col4 {
    width:120px; }
th.col5 {
    width:100px; }
```

MINI PROJECT 11

테이블의 텍스트를 꾸며서 학사 일정 페이지 만들기

source/mp/schedule.html

실행 결과

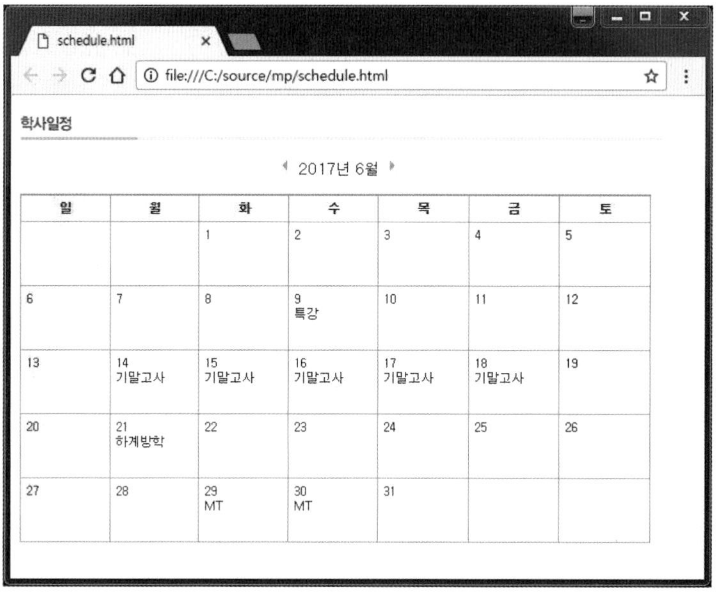

그림 9-6 학사 일정 페이지

다음 소스코드를 참고하여 실행 결과 화면과 같은 학사 일정 페이지를 만들어보자. 이 작업을 통해 테이블의 경계선, 마진, 패딩을 설정하는 방법과 테이블의 텍스트를 꾸미고 정렬하는 방법을 익힐 수 있다.

소스코드

```
<body>
  <h3><img src="img/sched_title.gif"></h3>
  <ul id="date">
    <li><img src="img/left_arrow.gif"></li>
    <li>2017년 6월</li>
    <li><img src="img/right_arrow.gif"></li>
  </ul>
  <table id="sched_tbl">
    <tr id="day">
      <td><span class="red">일</span></td>
```

```
        <td>월</td>
        <td>화</td>
        <td>수</td>
        <td>목</td>
        <td>금</td>
        <td><span class="blue">토</span></td>
      </tr>
      <tr>
        <td></td>
        <td></td>
        <td>1</td>
        <td>2</td>
        <td>3</td>
        <td>4</td>
        <td><span class="blue">5</span></td>
      </tr>
      <tr>
        <td><span class="red">6</span></td>
        <td>7</td>
        <td>8</td>
        <td>9<br>특강</td>
        <td>10</td>
        <td>11</td>
        <td><span class="blue">12</span></td>
      </tr>
      <tr>
        <td><span class="red">13</span></td>
        <td>14<br>기말고사</td>
        <td>15<br>기말고사</td>
        <td>16<br>기말고사</td>
        <td>17<br>기말고사</td>
        <td>18<br>기말고사</td>
        <td><span class="blue">19</span></td>
      </tr>
      <tr>
        <td><span class="red">20</span></td>
        <td>21<br>하계방학</td>
        <td>22</td>
        <td>23</td>
        <td>24</td>
        <td>25</td>
```

```
            <td><span class="blue">26</span></td>
        </tr>
        <tr>
            <td><span class="red">27</span></td>
            <td>28</td>
            <td>29<br>MT</td>
            <td>30<br>MT</td>
            <td>31</td>
            <td></td>
            <td></td>
        </tr>
    </table>
</body>
```

● 문제

1 페이지의 모든 글자는 돋움, 12px, #444444로 지정하시오.

2 '2017년 6월'의 글자 크기를 14px로 지정하고, 이 글자와 왼쪽 화살표 이미지(left_arrow.gif), 오른쪽 화살표 이미지(right_arrow.gif)를 수평 방향으로 디스플레이하시오. 상단 마진은 10px, 왼쪽 마진은 210px로 지정하시오.

3 일정을 나타내는 테이블의 상단 마진은 15px, 경계선은 단일 실선, 1px, #aaaaaa로 지정하시오. 단, 상단 경계선은 실선, 2px, #aaaaaa로 지정하시오.

4 테이블의 각 행 높이는 60px로 지정하고 셀의 텍스트는 상단 정렬이 되게 하시오.

5 테이블의 각 열 너비는 76px, 셀의 패딩은 5px로 지정하시오.

6 제목 행의 높이는 20px, 배경 색상은 #f8f9f2, 글자는 볼드체로 지정하고 텍스트가 가운데 정렬이 되게 하시오.

7 일요일에 해당하는 열의 텍스트는 빨간색, 토요일에 해당되는 열의 텍스트는 파란색으로 지정하시오.

정답은 다음 쪽에서 확인 ☞

● 정답

1

```
body {
    font-family:"돋움";
    font-size:12px;
    color:#444444;
}
```

2

```
#date {
    margin:10px 0 0 210px;
    font-size:14px;
}
#date li {
    display:inline;
}
```

3

```
#sched_tbl {
    border-collapse:collapse;
    border-top:solid 2px #aaaaaa;
    margin-top:15px;
}
#sched_tbl td {
    border:solid 1px #aaaaaa;
}
```

4

```
#sched_tbl tr {
    height:60px;
    vertical-align:top;
}
```

5

```
#sched_tbl td {
    width:76px;
    padding:5px;
}
```

6

```css
#sched_tbl tr#day {
    height:20px;
    background-color:#f8f9f2;
    text-align:center;
    font-weight:bold;
}
```

7

```css
#sched_tbl .red {
    color:#ff0000;
}
#sched_tbl .blue {
    color:#0000ff;
}
```

로그인 폼

4장 2절에서 배운 〈form〉 태그에 CSS를 추가하여 폼 양식을 꾸미는 방법을 알아보자. 먼저 다음 예제를 통해 로그인 폼을 만든다.

예제 9-5	로그인 폼 만들기	source/09/login_form.html

```
01  <!DOCTYPE html>
02  <html>
03  <head>
04  <meta charset="utf-8">
05  <style>
06  * {
07      margin:0;
08      padding:0;
09  }
10  ul {
11      list-style-type:none;
12  }
13  body {
14      font-family:"맑은 고딕", "돋움";
15      font-size:12px;
16      color:444444;
17  }
18  #login_box {
19      width:220px;
20      height:120px;
21      border:solid 1px #bbbbbb;
22      border-radius:15px;
23      margin:10px 0 0 10px;
24      padding:10px 0 0 15px;
25  }
26  h2 {
27      font-family:"Arial";
28      margin-bottom:10px;
```

```
29  }
30  #login_box input {
31      width:100px;
32      height:18px;
33  }
34  #id_pass, #login_btn {
35      display:inline-block;
36      vertical-align:top;
37  }
38  #id_pass span {
39      display:inline-block;
40      width:20px;
41  }
42  #pass {
43      margin-top:3px;
44  }
45  #login_btn button {
46      margin-left:5px;
47      padding:12px;
48      border-radius:5px;
49  }
50  #btns {
51      margin:12px 0 0 0;
52      text-decoration:underline;
53  }
54  #btns li {
55      margin-left:10px;
56      display:inline;
57  }
58  </style>
59  </head>
60  <body>
61  <form>
62    <div id="login_box">
63      <h2>Member Login</h2>
64      <ul id="input_button">
65        <li id="id_pass">
66          <ul>
67            <li>
68              <span>ID</span>
69              <input type="text">
```

```
70          </li> <!-- id -->
71          <li id="pass">
72            <span>PW</span>
73            <input type="password">
74          </li> <!-- pass -->
75        </ul>
76      </li>
77      <li id="login_btn">
78        <button>로그인</button>
79      </li>
80    </ul>
81    <ul id="btns">
82      <li>회원 가입</li>
83      <li>아이디/비밀번호 찾기</li>
84    </ul>
85    </div> <!-- login_box -->
86  </form>
87  </body>
88  </html>
```

▼ 실행 결과

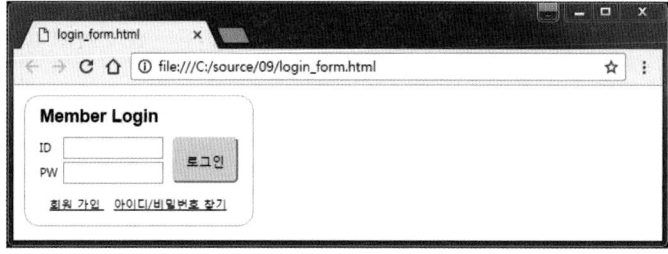

그림 9-7 〈form〉 태그에 CSS를 추가하여 로그인 폼 만들기

▼ <u>소스코드 살펴보기</u>

• **마진과 패딩의 초기화**

　6~9행에서 전체 선택자인 *를 이용하여 마진과 패딩을 초기화했다.

TIP/ 마진과 패딩의 초기화와 전체 선택자에 대한 자세한 설명은 8장 3절을 참조하기 바란다.

• **목록의 머리글 삭제**

　10~12행에서 목록 태그인 〈ul〉에 기본적으로 적용되는 머리글을 삭제했다.

TIP/ 목록의 머리글에 대한 자세한 설명은 7장 3절을 참조하기 바란다.

- **페이지의 전체 글자 설정**

  13∼17행에서 페이지 전체 글자의 글꼴(font-family 속성), 크기(width와 height 속성), 색상(color 속성)을 지정했다.

- **로그인 박스 설정**

  62행의 아이디 login_box에 대해 18∼25행에서 모서리가 둥근 사각형 박스의 크기, 경계선(border와 border-radius 속성), 마진, 패딩을 지정했다.

- **글 제목 설정**

  26∼29행에서 글 제목인 'Member Login'의 글꼴과 하단 마진을 지정했다.

- **입력 창의 크기 설정**

  30∼33행에서 입력 창 두 개의 너비와 높이를 지정했다.

- **입력 창과 로그인 버튼**

  34∼37행에서 아이디 id_pass와 login_btn에 대해 'display:inline-block'을 적용하여 수평 방향으로 디스플레이하고, 'vertical-align:top'으로 해당 박스를 상단에 정렬했다.

  TIP/ display 속성과 inline-block 속성 값에 대한 자세한 설명은 8장 4절을 참조하기 바란다.

- **글자의 inline-block 설정**

  38∼41행에서 'ID'와 'PW' 글자에 'display:inline-block'을 적용하여 글자가 차지하는 박스의 너비를 20px로 지정했다. 원래 〈span〉 태그는 인라인 요소이므로 크기를 지정할 수 없지만 display 속성과 inline-block 속성 값으로 크기를 지정한 것이다.

  TIP/ 인라인과 블록에 대한 자세한 설명은 8장 4절을 참조하기 바란다.

- **로그인 버튼 설정**

  45∼49행에서 실행 결과 화면에 보이는 사각형 로그인 버튼에 대해 좌측 마진, 패딩, 모서리의 둥근 정도를 지정했다.

- **하단 버튼의 글자 설정**

  50∼53행에서 '회원 가입'과 '아이디/비밀번호 찾기' 링크에 마진과 밑줄을 지정했다. 그리고 54∼57행에서는 두 링크를 수평 방향으로 배치하고 왼쪽 마진을 지정했다.

회원 가입 폼

다음 예제에서는 CSS를 이용하여 회원 가입 폼을 만드는 방법을 살펴보자.

예제 9-6	회원 가입 폼 만들기	source/09/join_form.html

```
01  <!DOCTYPE html>
02  <html>
03  <head>
04  <meta charset="utf-8">
05  <style>
06  * {
07      margin:0;
08      padding:0;
09  }
10  ul {
11      list-style-type:none;
12  }
13  h3 {
14      margin:20px 0 0 50px;
15  }
16  #mem_form {
17      width:500px;
18      margin:10px 0 0 50px;
19      font-family:"돋움";
20      font-size:12px;
21      color:#444444;
22      padding-top:5px;
23      padding-bottom:10px;
24      border-top:solid 1px #cccccc;
25      border-bottom:solid 1px #cccccc;
26  }
27  .cols li {
28      display:inline-block;
29      margin-top:5px;
```

```
30    }
31    .cols li.col1 {
32        width:100px;
33        text-align:right;
34    }
35    .cols li.col2 {
36        width:350px;
37    }
38    .cols li.col2 input.hp {
39        width:35px;
40    }
41    #intro {
42        vertical-align:top;
43    }
44    </style>
45    </head>
46    <body>
47    <h3>가입 양식</h3>
48    <form>
49      <ul id="mem_form">
50        <li>
51          <ul class="cols">
52            <li class="col1">아이디 :</li>
53            <li class="col2"><input type="text"></li>
54          </ul>
55        </li>
56        <li>
57          <ul class="cols">
58            <li class="col1">비밀번호 :</li>
59            <li class="col2"><input type="password"></li>
60          </ul>
61        </li>
62        <li>
63          <ul class="cols">
64            <li class="col1">비밀번호 확인 :</li>
65            <li class="col2"><input type="password"></li>
66          </ul>
67        </li>
68        <li>
69          <ul class="cols">
70            <li class="col1">이름 :</li>
```

```
71        <li class="col2"><input type="text"></li>
72      </ul>
73    </li>
74    <li>
75      <ul class="cols">
76        <li class="col1">성별 :</li>
77        <li class="col2"><input type="radio" name="sex" selected> 여성  &
          nbsp;<input type="radio" name="sex"> 남성 </li>
78      </ul>
79    </li>
80    <li>
81      <ul class="cols">
82        <li class="col1">휴대전화 :</li>
83        <li class="col2">
84          <select>
85            <option>010</option>
86            <option>011</option>
87            <option>017</option>
88          </select> -
89        <input class="hp" type="text"> - <input class="hp" type="text"></li>
90      </ul>
91    </li>
92    <li>
93      <ul class="cols">
94        <li class="col1">이메일 :</li>
95        <li class="col2"><input id="email1" type="text"> @
96          <select id="email2">
97            <option>선택</option>
98            <option>naver.com</option>
99            <option>hanmail.net</option>
100           <option>gmail.com</option>
101         </select></li>
102     </ul>
103   </li>
104   <li>
105     <ul class="cols">
106     <li class="col1">취미 :</li>
107     <li class="col2">
108     <input type="checkbox" name="hobby1"> 음악감상
109     <input type="checkbox" name="hobby2"> 독서
110     <input type="checkbox" name="hobby3"> 등산</li>
```

```
111     </ul>
112    </li>
113    <li>
114     <ul class="cols">
115      <li class="col1" id="intro">자기소개 :</li>
116      <li class="col2">
117       <textarea cols="35" rows="5"></textarea></li>
118     </ul>
119    </li>
120    <li>
121     <ul class="cols">
122      <li class="col1">파일 첨부 :</li>
123      <li class="col2">
124       <input type="file">* 2MB까지 가능</li>
125     </ul>
126    </li>
127   </ul>
128 </form>
129 </body>
130 </html>
```

▼ 실행 결과

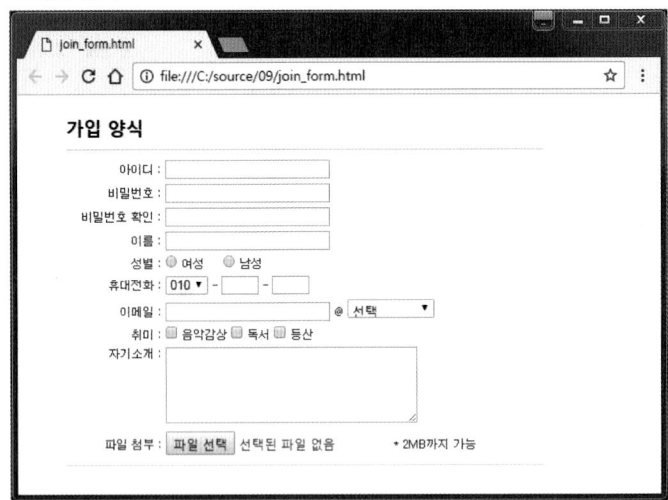

그림 9-8 CSS를 이용하여 회원 가입 폼 만들기

▼ 소스코드 살펴보기

- **마진과 패딩의 초기화**

  6~9행에서 전체 선택자인 *를 이용하여 마진과 패딩을 초기화했다.

- **목록의 머리글 삭제**

  10~12행에서 〈ul〉 태그에 기본으로 적용되는 머리글을 삭제했다.

- **폼 글자의 기본 설정**

  19~21행에서 폼 박스를 나타내는 아이디 mem_form에 사용하는 글자의 글꼴, 크기, 색상을 지정했다.

- **폼 박스 설정**

  17, 18행에서 아이디 mem_form 박스의 너비와 마진을 지정하고 22, 23행에서는 박스의 패딩을 지정했다. 또한 24, 25행에서는 border-top과 border-bottom 속성을 사용하여 상단과 하단에 회색 경계선을 그렸다.

- **텍스트와 입력 창의 수평 정렬**

  실행 결과 화면을 보면 왼쪽에는 각 항목의 제목이, 오른쪽에는 입력 창이 배치되어 있다. 이와 같이 수평 방향으로 정렬하기 위해 28행에서 'display:inline-block' 명령을 사용하고, 29행에서는 각 항목의 상단 마진을 지정했다.

- **제목 열의 너비 설정과 우측 정렬**

  31~34행에서 폼의 왼쪽에 위치한 제목 열의 너비를 100px로 지정하고 글자를 우측 정렬했다.

- **입력 창의 너비 설정**

  36, 37행에서 폼의 오른쪽에 위치한 입력 창의 너비를 350px로 지정했다.

- **'휴대전화' 입력 창의 너비 설정**

  38~40행에서 '휴대전화' 입력 창의 너비를 35px로 지정했다.

- **'자기소개 :' 글자의 상단 정렬**

  41~43행에서 '자기소개 :' 글자를 나타내는 아이디 intro를 'vertical-align:top'으로 설정하여 수직 방향으로 상단에 정렬했다.

폼 태그에 CSS를 적용하여
로그인 페이지 만들기

source/mp/login.html

실행 결과

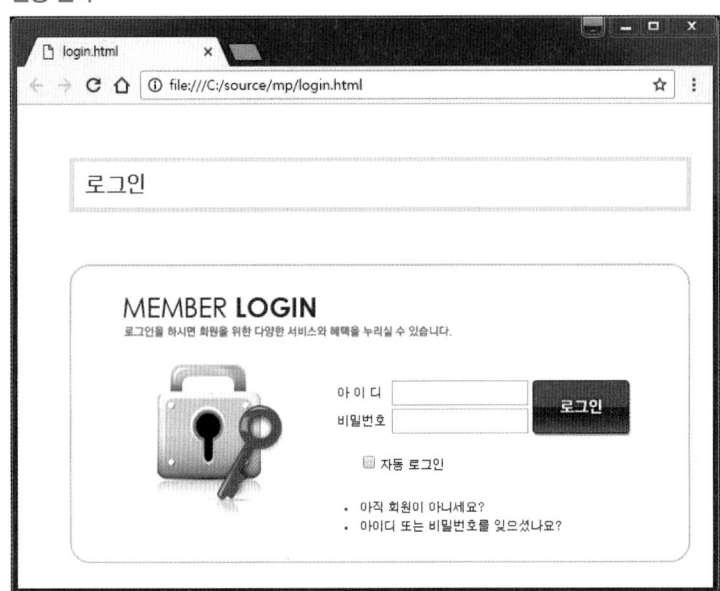

그림 9-9 로그인 페이지

다음 소스코스를 참고하여 실행 결과 화면과 같은 로그인 페이지를 만들어보자. 이 작업을 통해 폼 태그에 CSS를 적용하는 방법을 익히고 display 속성 값인 inline-block에 대해 이해할 수 있다.

소스코드

```
<body>
<h2 id="login_title">로그인</h2>
<div id="login_box">
  <img id="member_login" src="img/login_img.gif">
  <ul id="login">
    <li id="left">
      <img id="key" src="img/login_img02.gif">
    </li> <!-- left -->
    <li id="right">
      <ul id="input_button">
```

```
      <li id="id_pass">
        <ul>
          <li>
            <span>아 이 디</span>
            <input type="text">
          </li> <!-- id -->
          <li id="pass">
            <span>비밀번호</span>
            <input type="password">
          </li> <!-- pass -->
        </ul>
      </li> <!-- id_pass -->
      <li id="login_btn">
        <img src="img/btn_login.gif">
      </li>
    </ul> <!-- input_button -->

    <div id="auto_login">
      <input type="checkbox"> 자동 로그인
    </div>

    <ul id="join_find">
      <li>아직 회원이 아니세요?</li>
      <li>아이디 또는 비밀번호를 잊으셨나요?</li>
    </ul>
    </li> <!-- right -->
  </ul> <!-- login -->
</div> <!-- login_box -->
</body>
```

● 문제

1 전체 페이지의 마진과 패딩을 0으로 초기화하고 글자를 돋움, 12px, #444444로 지정하시오. 그리고 목록 태그의 글머리를 삭제하시오.

2 실행 결과 화면의 상단에 있는 '로그인' 박스를 다음과 같이 지정하시오.
   너비 : 585px, 패딩 : 10px, 마진 : 50px, 글자 크기 : 50px, 경계선 : 실선, 5px, #e6e2d7

3 '로그인' 박스 아래에 있는 모서리가 둥근 사각형 박스를 다음과 같이 지정하시오.

너비 : 610px, 높이 : 283px, 상단 마진 : 20px, 좌측 마진 : 50px, 경계선 : 실선, 2px, #cccccc, 모서리의 둥근 정도 : 20px

4 실행 결과 화면을 참고하여 모서리가 둥근 사각형 박스 안에 있는 콘텐츠를 작성하시오.

정답은 다음 쪽에서 확인 ☞

● 정답

1

```
* {
    margin:0;
    padding:0;
}
body {
    font-family:"돋움";
    font-size:12px;
    color:#444444;
}
ul {
    list-style-type:none;
}
```

2

```
#login_title {
    width:585px;
    padding:10px;
    margin:50px;
    font-size:20px;
    border:solid 5px #e6e2d7;
}
```

3

```
#login_box {
    width:610px;
    height:283px;
    margin:20px 0 0 50px;
    border:solid 2px #cccccc;
    border-radius:20px;
}
```

4

```css
#member_login {
    margin:30px 0 0 50px;
}
#login {
    margin:20px 0 0 50px;
}
#left {
    display:inline-block;
    margin-left:30px;
}
#right {
    display:inline-block;
    margin-left:50px;
}
#id_pass, #login_btn {
    display:inline-block;
    vertical-align:top;
}
#id_pass span {
    display:inline-block;
    width:50px;
}
#id_pass input {
    width:130px;
    height:20px;
}
#pass {
    margin-top:3px;
}
#auto_login {
    margin:15px 0 0 25px;
}
#join_find {
    margin:25px 0 0 20px;
}
#join_find li {
    padding:2px;
    list-style-type:disc;
}
```

MINI PROJECT 13

입력 양식을 CSS로 꾸며서
회원 가입 페이지 만들기

source/mp/member.html

실행 결과

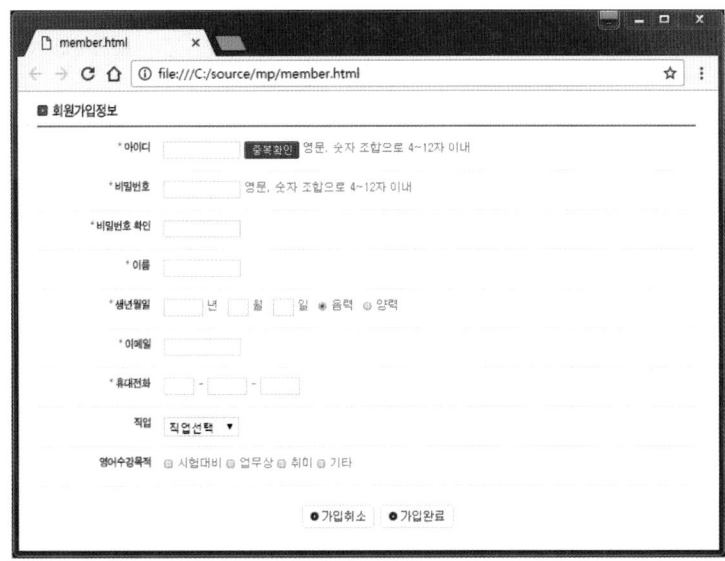

그림 9-10 회원 가입 페이지

다음 소스코드를 참고하여 실행 결과 화면과 같은 회원 가입 페이지를 만들어보자. 이 작업을 통해 입력 양식을 CSS로 꾸미는 방법을 익힐 수 있다.

소스코드

```
<!DOCTYPE html>
<html>
<head>
<meta charset="utf-8">
<style>
* {
    margin:0;
    padding:0;
}
ul {
    list-style-type:none;
}
```

```html
</style>
</head>
<body>
<div id="mem_title">
  <img src="img/join_title.gif">
</div>
<form>
  <ul id="mem_form">
    <li class="row">
      <ul class="item">
        <li class="col1">
          <img src="img/txt_id.gif">
        </li>
        <li class="col2">
          <ul>
            <li><input type="text"></li>
            <li><img src="img/chk_id.gif"></li>
            <li>영문, 숫자 조합으로 4~12자 이내</li>
          </ul>
        </li>
      </ul>
    </li>
    <li class="row">
      <ul class="item">
        <li class="col1">
          <img src="img/txt_pw.gif">
        </li>
        <li class="col2">
          <ul>
            <li><input type="password"></li>
            <li>영문, 숫자 조합으로 4~12자 이내</li>
          </ul>
        </li>
      </ul>
    </li>
    <li class="row" id="pw_confirm">
      <ul class="item">
        <li class="col1">
          <img src="img/txt_pw2.gif"></li>
        <li class="col2">
          <ul>
```

```html
            <li><input type="password"></li>
          </ul>
        </li>
      </ul>
    </li>
    <li class="row" id="name">
      <ul class="item">
        <li class="col1">
          <img src="img/txt_name2.gif">
        </li>
        <li class="col2">
          <ul>
            <li><input type="text"></li>
          </ul>
        </li>
      </ul>
    </li>
    <li class="row" id="birthday">
      <ul class="item">
        <li class="col1">
          <img src="img/txt_birthday.gif">
        </li>
        <li class="col2">
          <ul>
            <li><input style="width:40px" type="text"></li>
            <li>년 </li>
            <li><input style="width:20px" type="text"></li>
            <li>월 </li>
            <li><input style="width:20px" type="text"></li>
            <li>일 </li>
            <li><input style="width:10px" type="radio" name="year" checked>
            </li>
            <li>음력 </li>
            <li><input style="width:10px" type="radio" name="year"></li>
            <li>양력</li>
          </ul>
        </li>
      </ul>
    </li>
    <li class="row" id="email">
      <ul class="item">
```

```html
<li class="col1">
  <img src="img/txt_email.gif"></li>
<li class="col2">
  <ul>
    <li><input type="text"></li>
  </ul>
</li>
  </ul>
</li>
<li class="row">
  <ul class="item">
    <li class="col1">
      <img src="img/txt_hp.gif">
    </li>
    <li class="col2">
      <ul>
        <li><input style="width:30px;" type="text"></li>
        <li>~</li>
        <li><input style="width:40px;" type="text"></li>
        <li>~</li>
        <li><input style="width:40px;" type="text"></li>
      </ul>
    </li>
  </ul>
</li>
<li class="row" id="job">
  <ul class="item">
    <li class="col1"><img src="img/txt_job.gif"></li>
    <li class="col2">
      <ul>
        <li>
          <select>
            <option>직업선택</option>
            <option>직장인</option>
            <option>사업가</option>
            <option>학생</option>
            <option>기타</option>
          </select>
        </li>
      </ul>
    </li>
```

```
        </ul>
      </li>
      <li class="row" id="target">
        <ul class="item">
          <li class="col1"><img src="img/txt_target.gif"></li>
          <li class="col2">
            <ul>
              <li><input style="width:10px;" type="checkbox"></li>
              <li>시험대비</li>
              <li><input style="width:10px;" type="checkbox"></li>
              <li>업무상</li>
              <li><input style="width:10px;" type="checkbox"></li>
              <li>취미</li>
              <li><input style="width:10px;" type="checkbox"></li>
              <li>기타</li>
            </ul>
          </li>
        </ul>
      </li>
  </ul> <!-- mem_form -->

  <div id="buttons">
    <img src="img/btn_cancel.gif"> <img src="img/btn_ok.gif">
  </div>
</form>
</body>
</html>
```

● 문제

1 실행 결과 화면 상단의 '회원 가입 정보' 제목 박스(파란색 밑줄 포함)인 아이디 mem_title
을 다음과 같이 지정하시오.

너비 : 700px, 높이 : 25px, 상단 마진 : 10px, 좌측 마진 : 20px, 밑줄 : 실선, 2px,
#1b894d

2 회원 가입 폼 전체를 포함하는 박스인 아이디 mem_form을 다음과 같이 지정하시오.

너비 : 700px, 좌측 마진 : 20px, 글자 글꼴 : 돋움, 글자 크기 : 12px, 글자 색상 :
#888888, 상단 패딩 : 5px

3 가입 양식 목록의 각 행을 나타내는 박스인 클래스 row를 다음과 같이 지정하시오.

높이 : 30px, 상단 마진 : 10px, 밑줄 : 실선, 1px, #cccccc

4 페이지에서 사용하는 〈input〉 태그에 대해 다음과 같이 지정하시오.

너비 : 80px, 높이 : 16px, 경계선 : 실선, 1px, #cccccc

5 페이지에서 사용하는 〈select〉 태그에 대해 다음과 같이 지정하시오.

너비 : 80px, 높이 : 20px, 경계선 : 실선, 1px, #cccccc, 글자 크기 : 12px

6 왼쪽의 제목 열(클래스 col1)과 오른쪽의 입력 창(클래스 col2)을 다음과 같이 수평 방향으로 배치하시오.

왼쪽 열의 너비 : 120px, 왼쪽 열의 콘텐츠 : 우측 정렬, 오른쪽 입력 창의 좌측 마진 : 10px

정답은 다음 쪽에서 확인 ☞

● 정답

1

```
#mem_title {
    width:700px;
    height:25px;
    margin:10px 0 0 20px;
    border-bottom:solid 2px #1b89d4;
}
```

2

```
#mem_form {
    width:700px;
    margin-left:20px;
    font-family:"돋움";
    font-size:12px;
    color:#888888;
    padding-top:5px;
}
```

3

```
#mem_form li.row {
    height:30px;
    margin-top:10px;
    border-bottom:solid 1px #e5e5e5;
}
```

4

```
.item input {
    width:80px;
    height:16px;
    border:solid 1px #cccccc;
}
```

5

```
.item select {
    width:80px;
    height:20px;
    border:solid 1px #cccccc;
    font-size:12px;
}
```

6

```
.col1 {
    width:120px;
    text-align:right;
    display:inline-block;
}
.col2 {
    margin-left:10px;
    display:inline-block;
}
.col2 li {
    display:inline-block;
    vertical-align:top;
}
```

01 테이블의 경계선

테이블의 경계선을 그리기 위해서는 border 속성을 사용한다.

02 테이블의 셀 너비와 높이

테이블에서 셀의 너비와 높이를 설정할 때는 width와 height 속성을 사용한다.

03 테이블의 배경 색상

테이블에서 셀의 배경 색상을 설정할 때는 background-color 속성을 사용한다.

04 셀 내의 텍스트 정렬

테이블의 셀 안에 들어가는 텍스트를 정렬할 때는 text-align 속성을 사용한다.

05 로그인 박스

로그인 폼에서 모서리가 둥근 사각형 박스를 만들기 위해서는 border와 border-radius 속성을 사용한다.

06 로그인 입력 창과 버튼

로그인 입력 창과 버튼을 수평 방향으로 정렬하려면 CSS 명령인 display:inline-block을 사용한다.

07 회원 가입 폼

회원 가입 폼 양식의 왼쪽에 각 항목의 제목을, 오른쪽에 입력 창을 배치하려면 CSS 명령인 display:inline-block을 사용한다.

01 다음은 '버스표 예매'를 나타내는 웹 페이지이다. 아래 소스코드의 빈칸을 채워 완성한 뒤 실행하시오.

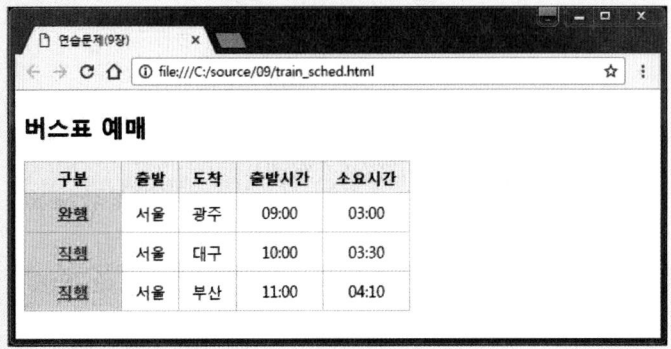

source/09/train_sched.txt

```
<!— 생략 —>
<style>
table {
    _____:collapse;
}
table, td, th {
    border:solid 1px #cccccc; }
tr {
    height:40px;
    _____:center; }
td, th {
    padding:5px; }
.slow {
    background-color:#fbdbf2;
    color:#0000ff;
    _____:underline;
    font-weight:bold; }
.fast {
    background-color:#fbdbf2;
    color:#ff0000;
    text-decoration: _____;
    font-weight:bold; }
#table_title {
    height:30px;
```

```
                                    :#eeeeee; }
#col1 {
    width:90px; }
#col2, #col3 {
    width:50px; }
#col4, #col5 {
    width:80px; }
</style>
</head>
<body>
<h2>버스표 예매</h2>
<table>
  <tr id="table_title">
    <th>구분</th><th>출발</th><th>도착</th><th>출발시간</th><th>소요시간</th>
  </tr>
  <tr>
    <td id="col1" class="slow">완행</td>
    <td id="col2">서울</td><td id="col3">광주</td>
    <td id="col4">09:00</td><td id="col5">03:00</td>
  </tr>
  <tr>
    <td class="fast">직행</td>
    <td>서울</td><td>대구</td>
    <td>10:00</td><td>03:30</td>
  </tr>
  <tr>
    <td class="fast">직행</td>
    <td>서울</td><td>부산</td>
    <td>11:00</td><td>04:10</td>
  </tr>
</table>
</body>
</html>
```

02 테이블에서 border 속성으로 경계선을 그리면 기본적으로 이중 실선이 나타난다. 경계선을 단일 실선으로 나타내는 데 사용하는 CSS 속성은 무엇인가?

03 테이블에서 셀의 너비와 높이를 지정하는 데 사용하는 CSS 속성은 각각 무엇인가?

04 테이블에서 셀 안에 있는 텍스트를 정렬하는 데 사용하는 CSS 속성은 무엇인가?

05 로그인 폼에서 모서리가 둥근 사각형을 만드는 데 사용하는 CSS 속성은 무엇인가?

06 회원 가입 폼에서 입력 창의 너비와 높이를 지정하는 CSS 속성은 각각 무엇인가?

CHAPTER 10

CSS : 레이아웃

학습목표

■ float 속성의 사용법과 페이지에 요소를 배치하는 방법을 익힌다.

■ float 속성을 이용하여 쇼핑몰 상품을 배치하는 방법을 익힌다.

■ position 속성을 이용하여 페이지에 요소를 배치하는 방법을 익힌다.

페이지 레이아웃

웹 페이지에 각각의 요소를 배치하는 레이아웃 작업을 할 때 가장 많이 쓰이는 속성 중의 하나가 float이다. 이 절에서는 float 속성의 사용법과 활용에 대해 알아보자.

1 float 속성

먼저 다음 예제를 통해 float 속성을 사용하지 않은 경우의 레이아웃 작업을 살펴보자.

예제 **10-1**	float 속성을 사용하지 않고 레이아웃 작업하기	source/10/no_float.html

```
01 <!DOCTYPE html>
02 <html>
03 <head>
04 <meta charset="utf-8">
05 <style>
06 div {
07     width:150px;
08     height:80px;
09     border:solid 1px #00ff00;
10 }
11 </style>
12 </head>
13 <body>
14   <div>박스 A</div>
15   <div>박스 B</div>
16 </body>
17 </html>
```

▼ 실행 결과

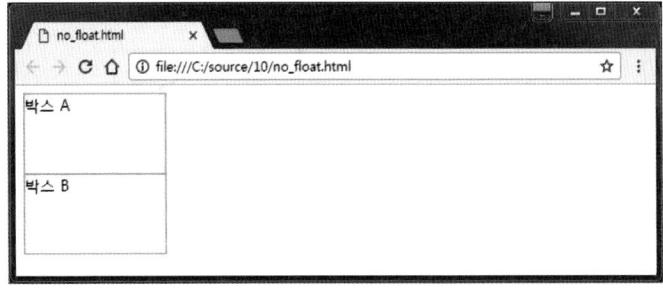

그림 10-1 float 속성을 사용하지 않고 레이아웃 작업하기

▼ <u>소스코드 살펴보기</u>

실행 결과 화면에 보이는 두 개의 박스를 만들기 위해 14, 15행에서 〈div〉 태그를 사용했다. 그리고 7~9행에서는 이 박스의 너비를 150px, 높이를 80px, 경계선을 실선, 1px 두께, 초록색(#00ff00)으로 지정했다.

블록 요소인 〈div〉 태그를 이용하여 박스를 만들면 [그림 10-1]에서 보듯이 박스가 수직 방향으로 배치된다. 다음 예제에서는 두 박스를 수평 방향으로 배치하는데, 이때 사용하는 것이 바로 float 속성이다.

예제 10-2 float 속성으로 박스를 수평 방향으로 배치하기   source/10/float.html

```
01  <!DOCTYPE html>
02  <html>
03  <head>
04  <meta charset="utf-8">
05  <style>
06  div {
07      width:150px;
08      height:80px;
09      border:solid 1px #00ff00;
10  }
11  #box_a {
12      float:left;
13  }
14  #box_b {
15      float:right;
16  }
17  </style>
18  </head>
19  <body>
```

```
20    <div id="box_a">박스 A</div>
21    <div id="box_b">박스 B</div>
22  </body>
23  </html>
```

▼ 실행 결과

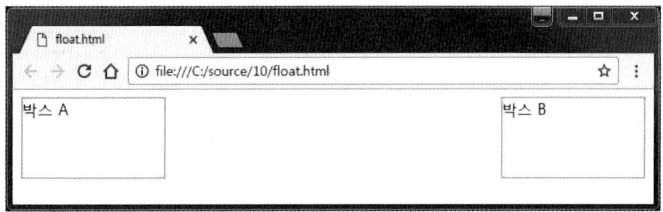

그림 10-2 float 속성으로 박스를 수평 방향으로 배치하기

▼ <u>소스코드 살펴보기</u>

박스를 수평 방향으로 배치하기 위해 12행과 15행에서 float 속성을 사용했다. 11~13행에서 'float:left'로 박스 A(아이디 box_a)를 왼쪽에 배치하고, 14~16행에서 'float:right'로 박스 B(아이디 box_b)를 오른쪽에 배치했다.

'float'의 사전상 의미는 '떠가다'인데 float 속성은 말 그대로 해당 요소를 떠 있게 만든다. 웹 페이지에서 '떠 있다'는 해당 요소를 기본 레이아웃 흐름에서 벗어나게 하여 왼쪽이나 오른쪽으로 이동하는 것을 말한다. 다음 표에 float 속성 값을 정리했다.

표 10-1 float 속성 값

속성 값	설명
left	요소를 왼쪽에 배치
right	요소를 오른쪽에 배치

다음 예제에서는 float 속성을 사용하여 이미지를 수평 방향으로 배치해보자.

예제 10-3 float 속성으로 이미지를 수평 방향으로 배치하기   source/10/image_layout1.html

```
01  <!DOCTYPE html>
02  <html>
03  <head>
04  <meta charset="utf-8">
05  <style>
06  .items {
```

```
07    border:solid 3px #000000;
08    float:left;
09    margin:5px;
10 }
11 </style>
12 </head>
13 <body>
14   <div class="items">
15     <img src="img/image1.jpg" width="120">
16   </div>
17   <div class="items">
18     <img src="img/image2.jpg" width="120">
19   </div>
20   <div class="items">
21     <img src="img/image3.jpg" width="120">
22   </div>
23   <div class="items">
24     <img src="img/image4.jpg" width="120">
25   </div>
26   <div class="items">
27     <img src="img/image5.jpg" width="120">
28   </div>
29   <div class="items">
30     <img src="img/image6.jpg" width="120">
31   </div>
32 </body>
33 </html>
```

▼ 실행 결과

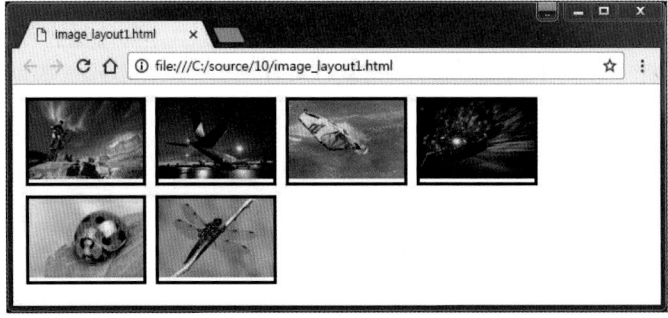

그림 10-3 float 속성으로 이미지를 수평 방향으로 배치하기

▼ 소스코드 살펴보기

8행의 'float:left'에 의해 실행 결과 화면에서 보듯이 이미지가 수평 방향으로 배치되었다. 또한 7행에서 border 속성을 사용하여 이미지에 테두리를 표시하고, 9행에서 margin 속성을 사용하여 이미지 사이에 마진(여백)을 삽입했다.

[그림 10-3]을 보면 이미지 하단과 테두리 사이에 흰색 공간이 있다. 〈img〉 태그는 기본적으로 display 속성이 inline으로 설정되어 있는 인라인 요소인데, 〈img〉 태그에 테두리를 그리면 이와 같은 흰색 공간이 생긴다. 이 흰색 공간을 없애려면 display 속성을 block으로 설정해야 한다.

예제 10-4　이미지와 테두리 사이의 흰색 공간 삭제하기　　source/10/image_layout2.html

```
<!— 생략 —>
11  .items img {
12      display:block;
13  }
<!— 생략 —>
```

▼ 실행 결과

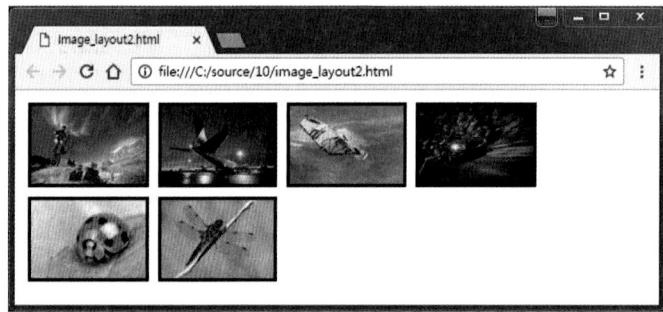

그림 10-4 이미지와 테두리 사이의 흰색 공간 삭제하기

▼ 소스코드 살펴보기

11~13행과 같이 CSS 코드를 추가하면 이미지와 테두리 사이의 흰색 공간이 사라진다. 12행과 같이 〈img〉 태그에서 display 속성을 block으로 지정하면 기본적으로 인라인으로 설정되어 있던 〈img〉 태그의 display 속성이 block으로 변경된다. 인라인 요소와 달리 블록 요소에 테두리를 그리면 경계선 안에 흰색 공간이 생기지 않는다.

2 float 속성 해제하기

앞에서는 CSS 명령인 'float:left'를 이용하여 여섯 개의 이미지가 수평 방향으로 나란히 배치되게 했다. 만약 이미지를 한 줄에 세 개씩 두 줄로 배치하려면 어떻게 해야 할까? 이렇게 하는 데 필요한 것이 float 속성을 해제하는 clear 속성인데, 다음 예제를 통해 이에 대해 알아보자.

예제 10-5 clear 속성으로 float 속성 해제하기	source/10/clear.html

```
01 <!DOCTYPE html>
02 <html>
03 <head>
04 <meta charset="utf-8">
05 <style>
06 .items {
07     border:solid 3px #000000;
08     float:left;
09     margin:5px;
10 }
11 .items img {
12     display:block;
13 }
14 .clear {
15     clear:left;
16 }
17 </style>
18 </head>
19 <body>
20    <div class="items">
21       <img src="img/image1.jpg" width="120">
22    </div>
23    <div class="items">
24       <img src="img/image2.jpg" width="120">
25    </div>
26    <div class="items">
27       <img src="img/image3.jpg" width="120">
28    </div>
29
30    <div class="clear"></div>
31
32    <div class="items">
33       <img src="img/image4.jpg" width="120">
```

```
34    </div>
35    <div class="items">
36      <img src="img/image5.jpg" width="120">
37    </div>
38    <div class="items">
39      <img src="img/image6.jpg" width="120">
40    </div>
41  </body>
42  </html>
```

▼ 실행 결과

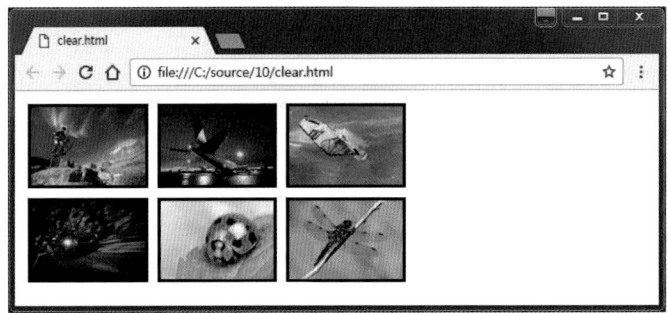

그림 10-5 clear 속성으로 float 속성 해제하기

▼ 소스코드 살펴보기

30행에서 〈div〉 태그로 빈 박스를 하나 삽입하고 그것의 클래스 이름을 clear로 정의했다. 그리고 14~16행에서 클래스 clear에 대해 clear 속성 값을 left로 지정했다. 여기서 사용한 'clear:left' 명령은 30행 이전까지 사용한 'float:left' 명령을 해제하여 31행부터는 요소들을 새로운 줄에 배치시킨다. 그 결과 첫 번째 줄에 세 개의 이미지가 배치되고 두 번째 줄에 세 개의 이미지가 배치되었다.

앞에서 적용된 float 속성을 해제하는 역할을 하는 clear 속성에 사용할 수 있는 값을 다음 표에 정리했다.

표 10-2 clear 속성 값

속성 값	설명
left	앞에서 적용한 'float:left' 명령 해제
right	앞에서 적용한 'float:right' 명령 해제
both	앞에서 적용한 'float:left'와 'float:right' 명령 해제

3 float 속성으로 레이아웃 작업하기

이번에는 float 속성으로 웹 페이지 요소의 레이아웃 작업을 하는 방법을 알아보자. 다음 예제에서는 간단한 웹 페이지 상단을 만들어본다.

예제 10-6 float 속성으로 레이아웃 작업하기   source/10/float_layout.html

```
01  <!DOCTYPE html>
02  <html>
03  <head>
04  <meta charset="utf-8">
05  <style>
06  * {
07      margin:0;
08      padding:0;
09  }
10  body {
11      background-color:#f2f0f0;
12      font-family:"맑은 고딕";
13      font-size:12px;
14      color:#444444;
15  }
16  ul {
17      list-style-type:none;
18  }
19  .clear {
20      clear:both;
21  }
22  #logo {
23      padding:30px 0 0 30px;
24      float:left;
25  }
26  #top_menu {
27      margin:40px 10px 0 0;
28      float:right;
29  }
30  #top_menu li {
31      display:inline;
32  }
33  #main_menu {
34      font-size:12px;
```

```
35      color:#ffffff;
36      background-color:#4e4c4d;
37      margin-top:15px;
38      padding:12px;
39      text-align:center;
40  }
41  #main_menu li {
42      padding:0 20px 0 20px;
43      display:inline;
44  }
45  </style>
46  </head>
47  <body>
48    <div id="logo">
49      <img src="img/logo.gif">
50    </div>
51    <ul id="top_menu">
52      <li> 로그인 |</li>
53      <li> 회원가입 |</li>
54      <li> 마이페이지 |</li>
55      <li> 주문배송 조회 |</li>
56      <li> 장바구니 |</li>
57      <li> 이용안내 |</li>
58      <li> 고객센터</li>
59    </ul>
60
61    <div class="clear"></div>
62
63    <ul id="main_menu">
64      <li>다연아트 소개</li>
65      <li>상품 Q&A</li>
66      <li>시안 확인</a></li>
67      <li>고객 갤러리</li>
68      <li>공지사항</li>
69    </ul>
70  </body>
71  </html>
```

▼ 실행 결과

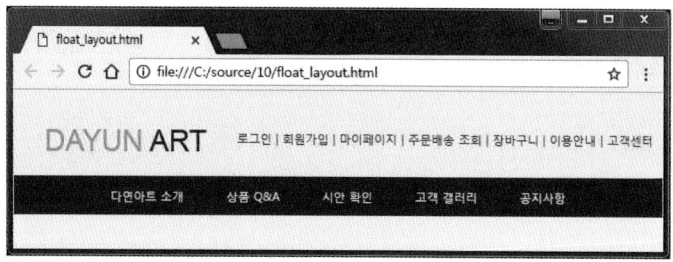

그림 10-6 float 속성으로 레이아웃 작업하기

▼ 소스코드 살펴보기

• 마진과 패딩의 초기화

6~9행에서 전체 페이지에 사용하는 요소의 마진과 패딩을 0으로 초기화했다.

• 전체 페이지의 배경 색상과 글자 설정

10~15행에서 전체 페이지의 배경 색상과 글자의 기본 글꼴, 크기, 색상을 지정했다.

• 목록 태그의 글머리 삭제

16~18행에서 페이지의 목록 태그에 사용하는 글머리를 삭제했다.

• 로고와 상단 메뉴 배치

24행의 'float:left'와 28행의 'float:right'에 의해 로고와 상단 메뉴가 각각 왼쪽과 오른쪽에 배치되었다.

• 상단 메뉴의 수평 방향 배치

30~32행에서 상단 메뉴(로그인, …, 고객센터)를 모두 수평 방향으로 배치했다.

TIP/ 'display:inline'에 대한 자세한 설명은 8장 4절을 참조하기 바란다.

• 이전에 사용된 float 속성의 해제

19~21행에서 정의한 클래스 선택자를 61행에서 사용함으로써 24행과 28행의 float 속성이 더 이상 적용되지 않는다. 즉 float 속성이 해제되어 63행의 메인 메뉴 박스(아이디 main_menu)가 새로운 줄에서 시작된다. 만약 61행을 주석문으로 처리하고 저장한 다음 재실행해보면 메인 메뉴 박스가 위로 올라가서 레이아웃이 엉망이 된 것을 확인할 수 있을 것이다.

• 메인 메뉴의 수평 방향 배치

43행의 'display:inline'에 의해 메인 메뉴(다연아트 소개, …, 공지사항)가 모두 수평 방향으로 배치되었다.

• 메인 메뉴 박스 꾸미기

33~40행에서 메인 메뉴 박스의 글자 크기와 색상, 박스의 배경 색상, 상단 마진과 패딩 등을 지정하고 박스 안의 텍스트가 가운데 정렬이 되게 했다.

상품 레이아웃

앞에서는 float과 clear 속성으로 요소의 레이아웃 작업을 하는 방법을 살펴보았다. 이 절에서
는 float와 clear 속성을 사용하여 쇼핑몰 상품을 화면에 레이아웃하는 방법을 알아보자.

예제 10-7 float와 clear 속성으로 쇼핑몰 상품 레이아웃하기   source/10/roll_screen.html

```
01 <!DOCTYPE html>
02 <html>
03 <head>
04 <meta charset="utf-8">
05 <title>롤 스크린 쇼핑몰</title>
06 </head>
07 <style>
08 body {
09     font-family:"돋움";
10     font-size:12px;
11     color:#444444;
12 }
13 ul {
14     list-style-type:none;
15 }
16 .clear {
17     clear:both;
18 }
19 #new h3 {
20     padding-bottom:5px;
21     border-bottom:solid 2px #9bc32a;
22 }
23 #new h3 span{
24     color:#80a727;
25 }
26 #new .item{
27     float:left;
28     margin-top:20px;
```

```
29      text-align:center;
30  }
31  #new .subject{
32      margin-top:10px;
33      color:#80a727;
34  }
35  #new .comment{
36      margin-top:5px;
37      color:#888888;
38  }
39  #new .price{
40      margin-top:5px;
41      color:#ff0000;
42      font-weight:bold;
43  }
44  </style>
45  <body>
46    <div id="new">
47      <h3><span>NEW ARRIVAL</span> 신규상품</h3>
48      <ul class="item">
49        <li><img src="img/new_01.jpg"></li>
50        <li class="subject">맞춤제작(풍경)</li>
51        <li class="comment">원하시는 사이즈로 제작 가능</li>
52        <li class="price">20,000원</li>
53      </ul>
54      <ul class="item">
55        <li><img src="img/new_02.jpg"></li>
56        <li class="subject">맞춤제작(풍경)</li>
57        <li class="comment">원하시는 사이즈로 제작 가능</li>
58        <li class="price">20,000원</li>
59      </ul>
60      <ul class="item">
61        <li><img src="img/new_03.jpg"></li>
62        <li class="subject">맞춤제작(풍경)</li>
63        <li class="comment">원하시는 사이즈로 제작 가능</li>
64        <li class="price">20,000원</li>
65      </ul>
66
67    <div class="clear"></div>
68
69      <ul class="item">
```

```
70      <li><img src="img/new_04.jpg"/></li>
71      <li class="subject">맞춤제작(풍경)</li>
72      <li class="comment">원하시는 사이즈로 제작 가능</li>
73      <li class="price">20,000원</li>
74    </ul>
75    <ul class="item">
76      <li><img src="img/new_05.jpg"/></li>
77      <li class="subject">맞춤제작(풍경)</li>
78      <li class="comment">원하시는 사이즈로 제작 가능</li>
79      <li class="price">20,000원</li>
80    </ul>
81    <ul class="item">
82      <li><img src="img/new_06.jpg"/></li>
83      <li class="subject">맞춤제작(풍경)</li>
84      <li class="comment">원하시는 사이즈로 제작 가능</li>
85      <li class="price">20,000원</li>
86    </ul>
87    </div> <!-- new -->
88  </body>
89  </html>
```

▼ 실행 결과

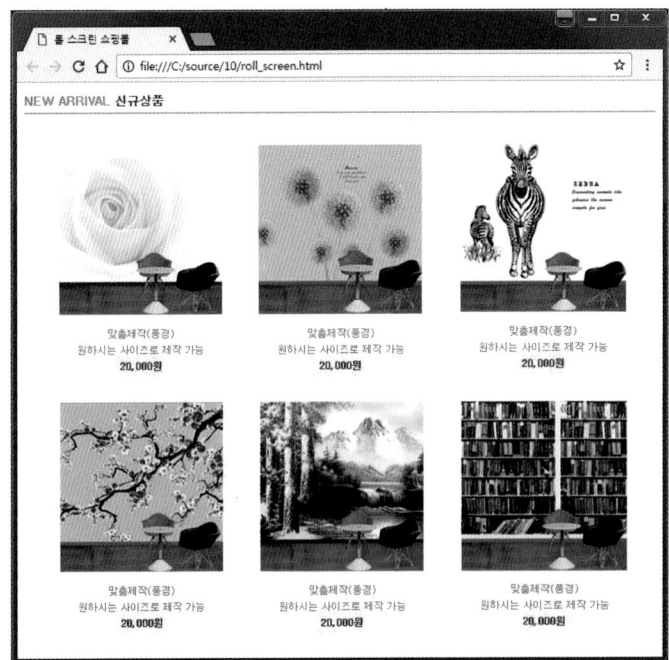

그림 10-7 float와 clear 속성으로 쇼핑몰 상품 레이아웃하기

▼ 소스코드 살펴보기

• 글 제목 꾸미기

19~25행에서 CSS를 이용하여 글 제목인 'NEW ARRIVAL 신규상품'을 꾸몄다.

• 상품의 수평 방향 배치 및 정렬

27행에서 'float:left'를 이용하여 여섯 개 상품 박스를 수평 방향으로 배치했다. 그리고 28행의 'margin-top:20px'
과 29행의 'text-align:center'로 상단 마진을 삽입하고 텍스트를 가운데 정렬했다.

• 상품 정보의 마진과 글자 색상 설정

31~34행에서 각 상품의 제목인 '맞춤제작(풍경)' 글자의 상단 마진과 색상(#80a727)을 지정했다. 같은 방법으로
35~38행에서 각 상품을 설명하는 '원하는 사이즈로 제작 가능' 글자의 상단 마진과 색상(#888888)을 지정했다.
또한 39~43행에서는 각 상품의 가격인 '20,000원' 글자의 상단 마진을 삽입하고 글자를 빨간색 볼드체로 지정
했다.

여기서 잠깐

선택자 이름 명확하게 지정하기

[예제 10-7]에서 26행의 선택자 '#new .item'은 '.item'으로 간단하게 나타낼 수도 있다.
하지만 이처럼 후손 선택자를 이용하여 선택자 이름을 길게 지정한 이유는 선택자가 의미
하는 바를 명확하게 전달하기 위함이다. CSS 부분의 코드가 복잡하고 많아지면 선택자
이름을 지정한 작업자라도 나중에는 선택자가 어느 영역을 가리키는지 헷갈리는 경우가
많다. 선택자 이름이 길어지더라도 해당 선택자가 어디에 속하는지를 명확하게 표시해야
코드의 가독성을 높일 수 있다.

float와 clear 속성을 이용하여
씨앗 상품 목록 페이지 만들기

source/mp/seed_shop.html

실행 결과

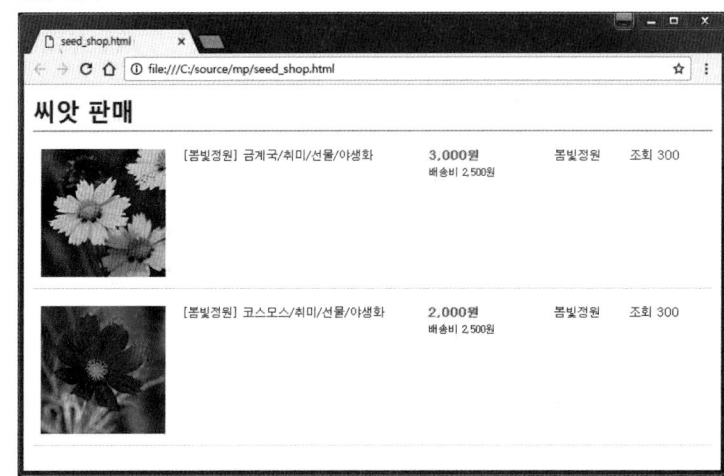

그림 10-8 씨앗 상품 목록 페이지

다음 소스코드를 참고하여 실행 결과 화면과 같은 씨앗 상품 목록 페이지를 만들어보자.
이 작업을 통해 float와 clear 속성을 이용한 레이아웃 기법을 익힐 수 있다.

소스코드

```
<!-- 생략 -->
* {
    margin:0;
    padding:0;
}
body {
    font-family:"돋움";
    font-size:14px;
    color:#444444;
}
ul {
    list-style-type:none;
}
.clear {
```

```
      clear:both;
}
<!-- 생략 -->
<body>
  <h1 id="main_title">씨앗 판매</h1>
  <div class="list_item">
    <div class="image"><img src="img/kyumkekook.jpg"></div>
    <div class="intro">[봄빛정원] 금계국/취미/선물/야생화</div>
    <div class="price">
      <ul>
        <li class="red">3,000원</li>
        <li class="small">배송비 2,500원</li>
      </ul>
    </div>
    <div class="company">봄빛정원</div>
    <div class="hit">조회 300</div>
  </div>
  <div class="clear"></div>
  <div class="line"></div>

  <div class="list_item">
    <div class="image"><img src="img/cosmos.jpg"></div>
    <div class="intro">[봄빛정원] 코스모스/취미/선물/야생화</div>
    <div class="price">
      <ul>
        <li class="red">2,000원</li>
        <li class="small">배송비 2,500원</li>
      </ul>
    </div>
    <div class="company">봄빛정원</div>
    <div class="hit">조회 300</div>
  </div>

  <div class="clear"></div>
  <div class="line"></div>
</body>
</html>
```

● 문제

1 글 제목인 '씨앗 판매'를 다음과 같이 지정하시오.
글꼴 : 맑은 고딕, 마진 : 10px, 하단 패딩 : 6px, 밑줄 : 실선, 2px, #aaaaaa

2 상품 박스(클래스 list_item)의 마진과 패딩을 다음과 같이 지정하시오.
마진 : 10px, 패딩 : 10px

3 이미지 박스(클래스 image)를 화면의 왼쪽에 배치하시오.

4 상품 설명 박스(클래스 intro)를 이미지 옆에 배치하고 다음과 같이 지정하시오.
너비 : 300px, 좌측 마진 : 20px

5 상품 가격 박스(클래스 price)의 너비를 150px로 지정하고 상품 설명 박스 옆에 배치하시오.

6 상품 가격 글자(클래스 red)는 볼드체, 색상은 #e25147로 지정하시오.

7 배송비 글자(클래스 small)의 크기는 12px, 상단 마진은 5px로 지정하시오.

8 제조 회사 박스(클래스 company)의 너비를 90px로 지정하고 상품 가격 박스 옆에 배치하시오.

9 조회수 박스(클래스 hit)의 너비를 90px로 지정하고 제조 회사 박스 옆에 배치하시오.

10 상품 목록 사이에 다음과 같은 선(클래스 line)을 삽입하시오.
마진 : 10px, 선 : 실선, 1px, #cccccc

정답은 다음 쪽에서 확인 ☞

● 정답

1

```
#main_title {
    font-family:"맑은 고딕";
    margin:10px;
    padding-bottom:6px;
    border-bottom:solid 2px #aaaaaa;
}
```

2

```
.list_item {
    margin:10px;
    padding:10px;
}
```

3

```
.image {
    float:left;
}
```

4

```
.intro {
    float:left;
    width:300px;
    margin-left:20px;
}
```

5

```
.price {
    float:left;
    width:150px;
}
```

6

```css
.price li.red {
    font-weight:bold;
    color:#e25147;
}
```

7

```css
.price li.small {
    font-size:12px;
    margin-top:5px;
}
```

8

```css
.company {
    float:left;
    width:90px;
}
```

9

```css
.hit {
    float:left;
    width:90px;
}
```

10

```css
.line {
    margin:10px;
    border-top:solid 1px #cccccc;
}
```

float, clear, display 속성을 이용하여

포토갤러리 페이지 만들기

source/mp/photo_gallery.html

실행 결과

그림 10-9 포토갤러리 페이지

다음 소스코드를 참고하여 실행 결과 화면과 같은 포토갤러리 페이지를 만들어보자. 이 작업을 통해 float, clear, display 속성을 이용한 레이아웃 기법을 익힐 수 있다.

소스코드

```
<!-- 생략 -->
* {
    margin:0;
    padding:0;
}
body {
    background-color:#eeeeee;
    font-family:"돋움";
    font-size:12px;
    color:#666666;
```

```
    }
    li {
        list-style-type:none;
    }
    .clear {
        clear:both;
    }
    <!-- 생략 -->
    <body>
      <div id="header">
        <div id="logo">PHOTO GALLERY</div>
        <div id="top_menu">로그인 | 회원가입 | 방명록</div>
      </div>
      <div id="left">
        <h2>포토갤러리</h2>
        <ul>
          <li class="submenu">+ 풍경</li>
          <li class="submenu">+ 일상</li>
          <li class="submenu">+ 인물</li>
          <li class="submenu">+ 가족</li>
        </ul>
      </div> <!-- end of left -->
      <div id="right">
        <div id="main_title">
        풍경 사진
        </div>
        <img id="main_img" src="img/b-1.jpg">
        <div id="thumnail">
        <img id="move_left" src="img/bt_move_left.gif">
          <ul id="photos">
            <li><a href="#"><img src="img/s-1.jpg"></a></li>
            <li><a href="#"><img src="img/s-2.jpg"></a></li>
            <li><a href="#"><img src="img/s-3.jpg"></a></li>
            <li><a href="#"><img src="img/s-4.jpg"></a></li>
            <li><a href="#"><img src="img/s-5.jpg"></a></li>
          </ul>
          <img id="move_right" src="img/bt_move_right.gif">
        </div>
      </div> <!-- end of right -->
    </body>
    </html>
```

● 문제

1 웹 페이지 왼쪽 상단의 로고(아이디 logo), 오른쪽 상단의 메뉴(아이디 top_menu), 그리고 이것들을 포함하는 상단 박스(아이디 header)를 다음과 같이 지정하시오.

[로고] 글자 크기 : 16px, 글자 색상 : #3e2b23, 상단 패딩 : 10px, 좌측 패딩 : 30px

[상단 메뉴] 상단 패딩 : 10px, 우측 패딩 : 10px

[상단 박스] 너비 : 800px, 높이 : 40px, 배경 색상 : #dddddd

2 왼쪽의 메뉴 박스(아이디 left)를 다음과 같이 지정하시오.

너비 : 150px, 높이 : 600px, 배경 색상 : #343333, 글자 색상 : #e2e2e2

3 왼쪽의 글 제목(포토갤러리)과 목록으로 구성된 메뉴(+ 풍경, …, + 가족)를 다음과 같이 지정하시오.

[포토갤러리] 글자 두께 : 보통 굵기, 상단 패딩 : 20px, 좌측 패딩 : 30px

[목록 박스] 글자 크기 : 14px, 상단 패딩 : 10px, 우측 패딩 : 10px, 하단 패딩 : 5px, 좌측 패딩 : 25px

[목록의 각 항목] 패딩 : 3px

4 오른쪽의 메인 콘텐츠 박스(아이디 right)를 다음과 같이 지정하시오.

너비 : 650px, 높이 : 600px, 배경 색상 : #252525

5 메인 콘텐츠 박스 안에 '풍경 사진'으로 표시된 글 제목 박스(아이디 main_title)를 다음과 같이 지정하시오.

너비 : 572px, 패딩 : 10px, 경계선 : 실선, 5px, #444444, 상단 마진 : 24px, 우측 마진 : 24px, 글자 크기 : 18px, 글자 색상 : 흰색, 글자 두께 : 볼드체

6 메인 이미지(아이디 main_img)를 다음과 같이 지정하시오.

상단 패딩 : 15px, 좌측 패딩 : 24px

7 메인 이미지 하단의 섬네일 박스(아이디 thumnail)와 그 안의 왼쪽 화살표(아이디 #move_left), 다섯 개의 섬네일 이미지(아이디 photos), 오른쪽 화살표(아이디 move_right)를 다음과 같이 지정하시오.

[섬네일 박스] 상단 패딩 : 30px, 좌측 패딩 : 70px

[왼쪽 화살표] 상단 마진 : 20px, 우측 마진 : 5px, 좌측 마진 : 40px

[섬네일 이미지] 상단 마진 : 3px

[오른쪽 화살표] 상단 마진 : 20px, 좌측 마진 : 20px

[섬네일 이미지 사이의 간격] 좌측 마진 : 10px

8 섬네일 이미지에 경계선을 만들고, 이미지에 마우스 포인터를 갖다 댔을 때(마우스 오버)의 경계선 색상과 모양을 다음과 같이 변경하시오.

[섬네일 이미지 경계선] 실선, 5px, #3d3d3d

[마우스 오버 시 경계선] 실선, 5px, #ffffff

정답은 다음 쪽에서 확인 ☞

● 정답

1

```
#logo {
    float:left;
    font-size:16px;
    color:#3e2b23;
    padding:10px 0 0 30px;
}
#top_menu {
    float:right;
    padding:10px 10px 0 0;
}
#header {
    width:800px;
    height:40px;
    background-color:#dddddd;
}
```

2

```
#left {
    width:150px;
    height:600px;
    float:left;
    background-color:#343333;
    color:#e2e2e2;
}
```

3

```
#left h2 {
    font-weight:normal;
    padding:20px 0 0 30px;
}
#left ul {
    font-size:14px;
    padding:10px 10px 5px 25px;
}
#left li {
    padding:3px;
}
```

4

```css
#right {
    width:650px;
    height:600px;
    float:left;
    background-color:#252525;
}
```

5

```css
#main_title {
    width:572px;
    padding:10px;
    border:solid 5px #444444;
    margin:24px 0 0 24px;
    font-size:18px;
    color:#ffffff;
    font-weight:bold;
}
```

6

```css
#main_img {
    padding:15px 0 0 24px;
}
```

7

```css
#thumnail {
    padding:30px 0 0 70px;
}
#thumnail #move_left {
    float:left;
    margin:20px 5px 0 40px;
}
#thumnail #photos {
    float:left;
    margin:3px 0 0 0;
}
#thumnail #move_right {
    float:left;
    margin:20px 0 0 20px;
```

```
}
#thumnail #photos li {
    display:inline;
    margin-left:10px;
}
```

8

```
#thumnail #photos img {
    border:solid 5px #3d3d3d;
}
#thumnail #photos a:hover img {
    border:solid 5px #ffffff;
}
```

position 속성

웹 페이지 요소의 레이아웃 작업을 할 때 float 속성과 더불어 자주 사용하는 것이 position 속성이다. 이러한 position 속성에 대해 알아보고 이를 활용한 레이아웃 기법을 실습해보자. 먼저 다음 예제는 position 속성을 사용하지 않고 박스를 구성한 경우이다.

예제 10-8 position 속성을 사용하지 않고 박스 구성하기   source/10/position1.html

```
01 <!DOCTYPE html>
02 <html>
03 <head>
04 <meta charset="utf-8">
05 <style>
06 * {
07     margin:0;
08     padding:0;
09 }
10 #parent {
11     width:500px;
12     height:300px;
13     border:solid 5px #000000;
14     margin:50px 0 0 50px;
15 }
16 #box1, #box2, #box3 {
17     width:80px;
18     height:80px;
19 }
20 #box1 {background-color:#ff0000;}
21 #box2 {background-color:#00ff00;}
22 #box3 {background-color:#ffff00;}
23 </style>
24 </head>
25 <body>
26   <div id="parent">
27     <div id="box1">A</div>
```

```
28    <div id="box2">B</div>
29    <div id="box3">C</div>
30   </div>
31  </body>
32 </html>
```

▼ 실행 결과

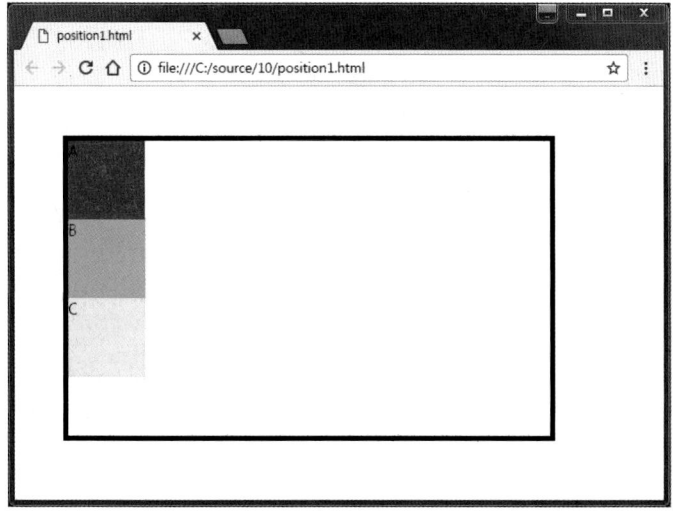

그림 10-10 position 속성을 사용하지 않고 박스 구성하기

▼ 소스코드 살펴보기

• 부모 박스

  26~30행에 〈div〉 태그로 구성된 박스 네 개가 있다. 10~15행에 기술된 바와 같이 아이디 parent는 실행 결과 화면에 나타난 검은색 테두리 박스이다. 이 부모 박스는 내부에 세 개의 자식 박스를 포함하고 있다.

• 자식 박스

  26행과 30행의 부모 박스(아이디 parent) 내에는 27~29행과 16~22행에 기술된 바와 같이 빨간색(A), 초록색(B), 노란색(C)의 세 자식 박스가 있다.

• 마진과 패딩의 초기화

  6~9행에서 페이지 요소의 마진과 패딩을 0으로 초기화했다.

1 position 속성의 relative

이번에는 position 속성을 이용하여 [그림 10-10]의 박스 B를 조금 이동해보자. 이때 사용하는 속성 값은 relative이다.

```
<!— 생략 —>
24  #box2 {
25      position:relative;
26      top:20px;
27      left:30px;
28  }
<!— 생략 —>
```

▼ 실행 결과

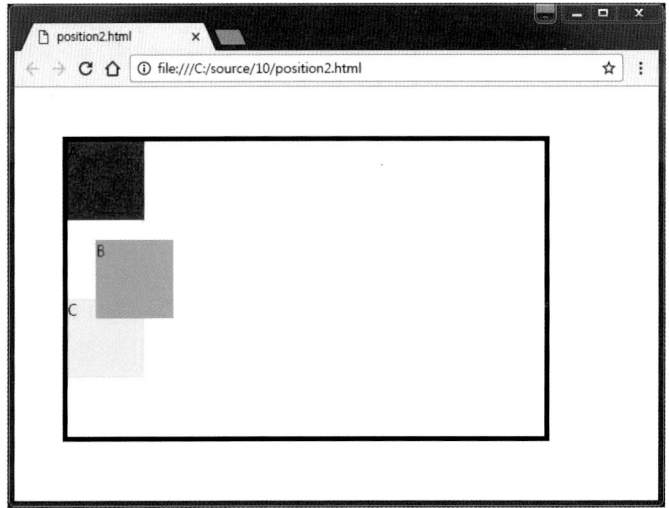

그림 10-11 position 속성 값을 relative로 설정하기

▼ 소스코드 살펴보기

25행과 같이 position 속성을 relative로 지정하면 26행의 'top:20px'과 27행의 'left:30px'에 의해 박스 B(아이디 box2)가 원래 있던 위치를 기준으로 상단에서 20px, 왼쪽으로 30px 이동한다. 실행 결과 화면에서 초록색 박스의 위치가 바뀐 것을 확인할 수 있다.

position 속성 값 relative는 원래 박스가 있던 위치를 기준으로 박스를 이동한다. 이는 해당 박스에만 적용되며 나머지 박스는 원래 자리에 그대로 있다.

2 position 속성의 absolute

position 속성에서 사용할 수 있는 값 중에서 relative와 반대되는 개념이 absolute이다. 다음 예제에서는 속성 값 absolute의 사용법을 살펴보자.

```
<!— 생략 —>
24  #box2 {
25      position:absolute;
26      top:20px;
27      left:30px;
28  }
<!— 생략 —>
```

▼ 실행 결과

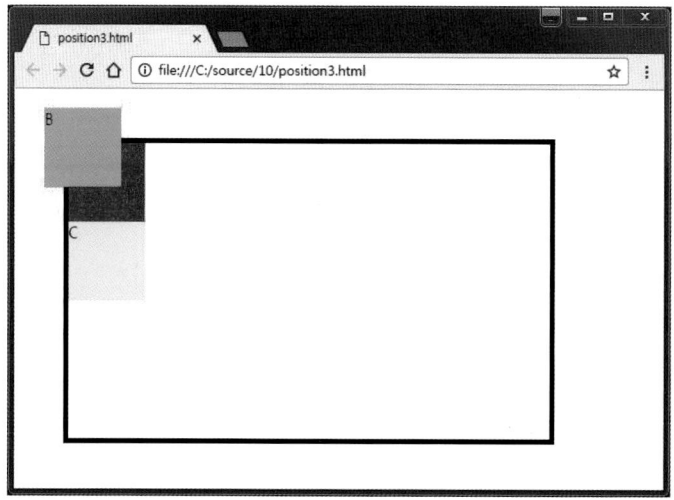

그림 10-12 position 속성 값을 absolute로 설정하기

▼ 소스코드 살펴보기

25행과 같이 position 속성 값을 absolute로 지정하면 박스 B가 배치되는 기준점이 웹 브라우저 창의 원점인 왼쪽
상단으로 설정된다. 26행과 27행에 의해 박스 B는 원래 자리에서 이탈하여 브라우저 창의 원점을 기준으로 상단에서
20px, 왼쪽으로 30px만큼 이동했다. 박스 B가 이탈했기 때문에 박스 C는 박스 A 바로 다음에 이어서 배치되었다.

position 속성 값 absolute를 사용한 또 다른 예를 살펴보자.

예제 **10-11**   부모 박스와 자식 박스에 position 속성 값 지정하기   source/10/position4.html

```
<!— 생략 —>
24  #parent {
25      position:relative;
26  }
```

```
27  #box2 {
28      position:absolute;
29      top:20px;
30      left:30px;
31  }
<!— 생략 —>
```

▼ 실행 결과

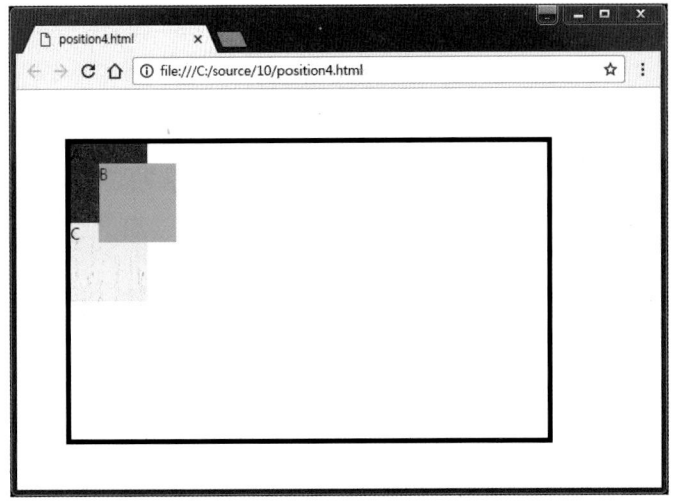

그림 10-13 부모 박스와 자식 박스에 position 속성 값 지정하기

▼ 소스코드 살펴보기

24~26행에서 부모 박스인 아이디 parent에 대해 position 속성을 relative로 지정했다. 그리고 27~31행에서 박스 B의 position 속성을 absolute로 지정하여 박스 B를 이동했다. 그 결과 박스 B가 부모 박스의 원점을 기준으로 하여 이동한 것을 확인할 수 있다.

요소의 position 속성 값을 absolute로 지정할 때 부모 박스의 position이 relative 또는 absolute로 설정되어 있다면 해당 요소는 부모 박스의 원점을 기준으로 배치된다. 웹 페이지를 제작할 때 position 속성으로 레이아웃 작업을 한다면 이 점을 반드시 유의해야 한다.

❸ float 속성 대신 position 속성 사용하기

float 속성을 사용한 [예제 10-6]을 position 속성을 사용한 레이아웃으로 수정해보자. 다음 예제를 통해 float 속성과 position 속성의 차이점을 파악할 수 있을 것이다.

```
01  <!DOCTYPE html>
02  <html>
03  <head>
04  <meta charset="utf-8">
05  <style>
06  * {
07      margin:0;
08      padding:0;
09  }
10  body {
11      background-color:#f2f0f0;
12      font-family:"맑은 고딕";
13      font-size:12px;
14      color:#444444;
15  }
16  ul {
17      list-style-type:none;
18  }
19  #header {
20      height:135px;
21      position:relative;
22      /* border:solid 1px #ff0000; */
23  }
24  #logo {
25      position:relative;
26      top:30px;
27      left:30px;
28      /* border:solid 1px #0000ff; */
29  }
30  #top_menu {
31      position:absolute;
32      top:40px;
33      left:250px;
34      /* border:solid 1px #0000ff; */
35  }
36  #top_menu li {
37      display:inline;
38  }
39  #main_menu {
```

```
40        position:relative;
41        top:30px;
42        font-size:12px;
43        color:#ffffff;
44        background-color:#4e4c4d;
45        margin-top:15px;
46        padding:12px;
47        text-align:center;
48        /* border:solid 1px #0000ff; */
49    }
50    #main_menu li {
51        padding:0 20px 0 20px;
52        display:inline;
53    }
54    </style>
55    </head>
56    <body>
57    <div id="header">
58    <img id="logo" src="img/logo.gif">
59      <ul id="top_menu">
60        <li> 로그인 |</li>
61        <li> 회원가입 |</li>
62        <li> 마이페이지 |</li>
63        <li> 주문배송 조회 |</li>
64        <li> 장바구니 |</li>
65        <li> 이용안내 |</li>
66        <li> 고객센터</li>
67      </ul>
68      <ul id="main_menu">
69        <li>다연아트 소개</li>
70        <li>상품 Q&A</li>
71        <li>시안 확인</aX/li>
72        <li>고객 갤러리</li>
73        <li>공지사항</li>
74      </ul>
75    </div>
76    </body>
77    </html>
```

▼ 실행 결과

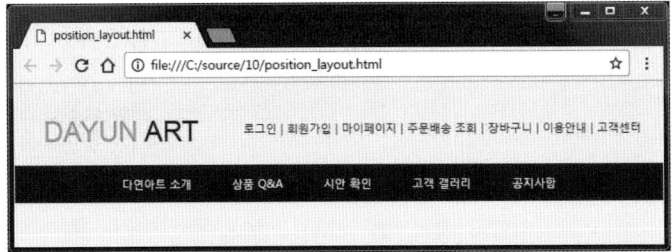

그림 10-14 float 속성 대신 position 속성 사용하기

▼ 소스코드 살펴보기

• 부모 박스

57행과 75행에 의해 페이지의 전체 요소를 감싸는 부모 박스(아이디 header)가 생성되고, 21행에서 이 박스의 position 속성을 relative로 설정했다.

• 로고 배치

실행 결과 화면 왼쪽의 로고 이미지(아이디 logo)에 대해 24~29행에서 position 속성을 relative로 지정하고 상단에서 30px, 왼쪽으로 30px 떨어진 위치에 배치했다.

• 상단 메뉴 배치

오른쪽 상단의 메뉴 박스(아이디 top_menu)에 대해 30~35행에서 position 속성을 absolute로 지정하고 상단에서 40px, 왼쪽으로 250px 떨어진 위치에 배치했다.

• 메인 메뉴 배치

중앙의 메인 메뉴 박스(아이디 main_menu)에 대해 position 속성을 relative로 지정하고(40행) 상단에서 30px 떨어진 위치에 배치했다(41행).

position 속성을 이용하여
IT 기업 사이트의 메인 페이지 만들기

source/mp/company_main.html

실행 결과

그림 10-15 IT 기업 사이트의 메인 페이지

다음 소스코드를 참고하여 실행 결과 화면과 같은 IT 기업 사이트의 메인 페이지를 만들어보자. 이 작업을 통해 position 속성을 이용한 레이아웃 기법을 익힐 수 있다.

소스코드

```
<!-- 생략 -->
* {
    margin:0;
    padding:0;
}
li {
    list-style-type:none;
}
<!-- 생략 -->
<body>
```

```
<div id="header">
  <div id="logo"><img src="img/logo.png"></div>
  <div id="top_menu">HOME | NOTICE | LOGIN | JOIN</div>
    <ul id="main_menu">
      <li>COMPANY</li>
      <li>PRODUCT</li>
      <li>CUSTOMER</li>
      <li>SERVICE</li>
      <li>RECRUIT</li>
    </ul>
  </div>
  <div id="content">
  <img src="img/main_img.png">
    <ul>
      <li><img src="img/banner1.png"></li>
      <li><img src="img/banner2.png"></li>
    </ul>
  </div>
  <div id="footer">
    <img src="img/address.png">
  </div>
</body>
```

● 문제

1 로고, 상단 메뉴, 메인 메뉴를 포함하는 상단 박스를 position 속성을 이용하여 다음과 같이 지정하시오.

[상단 박스(아이디 header)] 너비 : 800px, 높이 : 95px, 배경 색상 : #2d3a4b

[상단 메뉴(아이디 top_menu)] 글자 크기 : 11px, 글자 색상 : 흰색

[메인 메뉴(아이디 main_menu)] 글자 크기 : 16px, 글자 색상 : 흰색

2 메인 이미지와 두 개의 배너를 포함하는 메인 콘텐츠 박스(아이디 content)를 지정하시오.

3 회사 주소가 들어간 하단의 푸터 박스(아이디 footer)를 다음과 같이 지정하시오.
너비 : 800px, 높이 : 90px, 상단 마진 : 20px, 배경 색상 : #f1f1f1

정답은 다음 쪽에서 확인 ☞

● 정답

1

```
#header {
    width:800px;
    height:95px;
    position:relative;
    background-color:#2d3a4b;
}
#logo {
    position:absolute;
    top:30px;
    left:30px;
}
#top_menu {
    position:absolute;
    top:20px;
    left:632px;
    font-size: 11px;
    color:#ffffff;
}
#main_menu {
    position:absolute;
    top:55px;
    left:220px;
    font-size:16px;
    color:#ffffff;
}
#main_menu li {
    display:inline;
    margin-left:30px;
}
```

2

```
#content ul {
    margin-top:20px;
}
#content li {
    display:inline;
    margin-left:60px;
}
```

3

```
#footer {
    width:800px;
    height:90px;
    margin-top:20px;
    background-color:#f1f1f1;
}
#footer img {
    margin:10px 0 0 60px;
}
```

01 float 속성
웹 페이지의 요소를 기본 레이아웃 흐름에서 벗어나게 하여 왼쪽이나 오른쪽에 배치할 때 사용한다. 요소를 왼쪽에 배치할 때는 float:left, 오른쪽에 배치할 때는 float:right로 지정한다.

02 float 속성의 해제
앞에서 적용된 float 속성을 해제할 때는 CSS 명령으로 clear:both를 사용한다. 이 명령은 해당 줄 이전에 적용된 float 속성을 모두 해제한다.

03 요소의 수평 방향 배치
쇼핑몰에서 상품을 왼쪽부터 차례로 수평 방향으로 배치하려면 해당 요소에 float:left 명령을 사용한다.

04 position:relative
position 속성을 relative로 지정하면 원래 있던 위치를 기준으로 그다음에 기술되는 top과 left 속성에서 지정한 것만큼 해당 요소가 이동한다.

05 position:absolute
position 속성을 absolute로 지정하면 웹 브라우저 창의 원점인 왼쪽 상단을 기준으로 그다음에 기술되는 top과 left 속성에서 지정한 것만큼 해당 요소가 이동한다.

연습문제

01 다음은 '신상품 목록'을 나타내는 웹 페이지이다. 아래 소스코드의 빈칸을 채워 완성한 뒤 실행하시오.

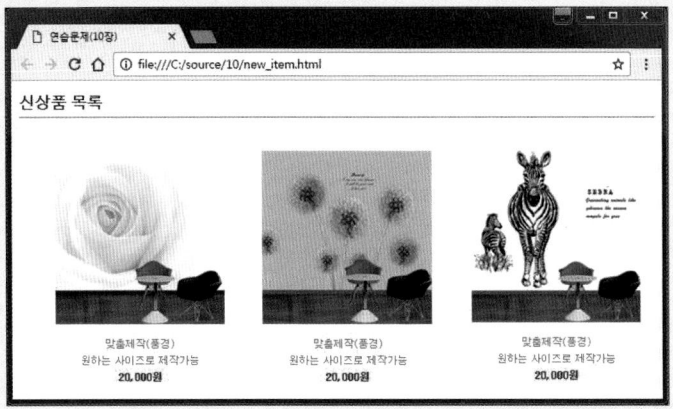

source/10/new_item.txt

```
<!-- 생략 -->
<style>
body {
    font-family:"돋움";
    _____:12px;
    color:#444444;
}
ul {
    list-style-type:none;
}
#new h2 {
    padding-bottom:5px;
    _____:solid 2px #9bc32a;
}
#new .item{
    _____:left;
    margin-top:20px;
    _____:center;
}
#new .subject{
    margin-top:10px;
    _____:#80a727;
}
```

```
#new .comment{
    margin-top:5px;
    color:#888888;
}
#new _____ {
    margin-top:5px;
    color:#ff0000;
    _____:bold;
}
</style>
<body>
  <div id="new">
    <h2>신상품 목록</h2>
    <ul class="item">
      <li><img src="img/new_01.jpg"></li>
      <li class="subject">맞춤제작(풍경)</li>
      <li class="comment">원하는 사이즈로 제작가능</li>
      <li class="price">20,000원</li>
    </ul>
    <ul class="item">
      <li><img src="img/new_02.jpg"></li>
      <li class="subject">맞춤제작(풍경)</li>
      <li class="comment">원하는 사이즈로 제작가능</li>
      <li class="price">20,000원</li>
    </ul>
    <ul class="item">
      <li><img src="img/new_03.jpg"></li>
      <li class="subject">맞춤제작(풍경)</li>
      <li class="comment">원하는 사이즈로 제작가능</li>
      <li class="price">20,000원</li>
    </ul>
  </div> <!-- new -->
</body>
</html>
```

PART 03

실전 웹 사이트 제작하기

실전 웹 사이트 제작하기

PREVIEW

3부에서는 1, 2부에서 배운 HTML과 CSS를 이용하여 다양한 종류의 웹 사이트를 만들어본다. 실전에서 많이 사용하는 형태이니 잘 익혀둔다.

11장에서는 웹 페이지의 구조를 설계하고 레이아웃을 하는 방법을 살펴본다. HTML5의 레이아웃 태그를 활용하는 방법과 고정형·유동형 레이아웃 기법, 특히 웹 사이트에 공통적으로 들어가는 상단 헤더, 메인 콘텐츠, 하단 푸터를 레이아웃하는 방법을 익힐 수 있다.

12장에서는 게시판을 위주로 정보를 제공하는 커뮤니티 사이트의 메인 페이지와 다양한 게시판 페이지의 제작 방법을 살펴본다. 게시판의 글 목록 보기, 글쓰기, 글 내용 보기 페이지 만드는 법을 익힐 수 있다.

13장에서는 고객에게 상품을 소개하여 구매를 유도하는 것을 목적으로 하는 쇼핑몰 사이트의 제작 방법을 살펴본다. 쇼핑몰 사이트의 메인 페이지와 상품을 소개하는 상세 페이지, 구매와 관련된 장바구니 페이지 만드는 법을 익힐 수 있다.

14장에서는 웹 페이지를 다양한 기기의 화면에서 제대로 보이게 하는 기술인 반응형 웹 디자인과 미디어 쿼리에 대해 알아본다. 반응형 웹 디자인의 동작 원리와 가변 그리드 기법을 이해하고 레이아웃에 실제로 적용하는 방법, 미디어 쿼리의 문법과 웹 페이지 제작에 적용하는 방법을 익힐 수 있다. 또한 가변 그리드 레이아웃과 미디어 쿼리를 이용하여 반응형 웹 페이지를 제작해본다.

CHAPTER 11

웹 페이지 레이아웃

학습목표

- 페이지 레이아웃 시 HTML5 레이아웃 태그를 활용하는 방법을 익힌다.
- 고정형과 유동형 레이아웃 기법을 익힌다.
- 페이지의 구조를 설계하고 레이아웃하는 방법을 익힌다.
- 상단 헤더, 메인 콘텐츠, 하단 푸터를 레이아웃하는 방법을 익힌다.

HTML5 레이아웃

HTML5는 효율적인 레이아웃 작업을 위해 〈header〉, 〈footer〉, 〈article〉, 〈section〉, 〈aside〉, 〈nav〉, 〈main〉 등의 태그가 추가되었다. 이러한 레이아웃 관련 태그는 다음 그림과 같이 주로 웹 페이지의 뼈대라 할 수 있는 전체 구조를 잡는 데 사용한다.

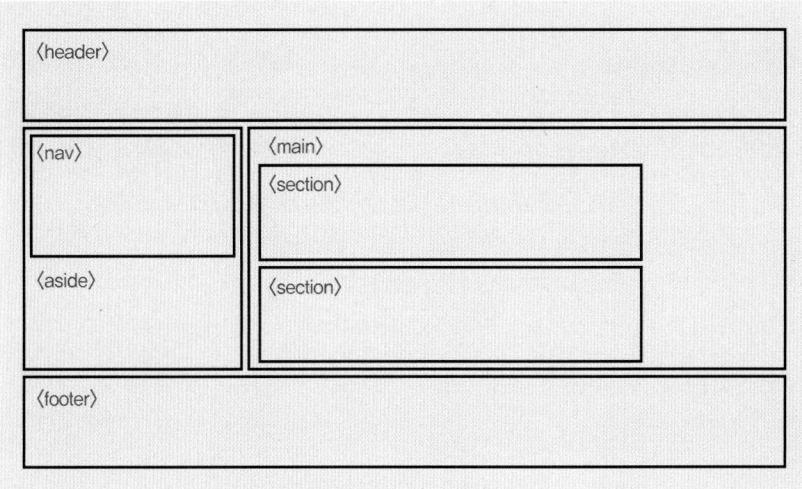

그림 11-1 HTML5 태그를 이용한 웹 페이지 레이아웃의 예

다음 예제에서는 실제 웹 페이지를 제작해보자.

예제 11-1 HTML5 태그를 이용하여 웹 페이지 레이아웃 만들기   source/11/html5_layout.html

```
01 <!DOCTYPE html>
02 <html>
03 <head>
04 <meta charset="utf-8">
05 <style>
06 .clear {
07     clear:both;
08 }
09 header {
```

```
10      width:800px;
11      height:60px;
12      margin:2px;
13      border:solid 2px #ff0000;
14 }
15 aside {
16      width:175px;
17      height:398px;
18      float:left;
19      padding:2px;
20      border:solid 2px #ff0000;
21 }
22 nav {
23      height:150px;
24      margin-bottom:50px;
25      margin:2px;
26      border:solid 2px #0000ff;
27 }
28 main {
29      width:618px;
30      height:400px;
31      float:left;
32      margin:2px;
33      border:solid 2px #ff0000;
34 }
35 section {
36      width:500px;
37      height:150px;
38      margin:2px;
39      border:solid 2px #00ff00;
40 }
41 footer {
42      width:800px;
43      height:90px;
44      margin:2px;
45      border:solid 2px #ff0000;
46 }
47 </style>
48 </head>
49 <body>
50 <header>
```

```
51    상단 헤더
52 </header>
53 <aside>
54    좌측
55   <nav>
56      메뉴
57   </nav>
58 </aside>
59 <main>
60    메인 콘텐츠
61   <section>
62     콘텐츠 1
63   </section>
64   <section>
65     콘텐츠 2
66   </section>
67 </main>
68 <div class="clear"></div>
69 <footer>
70    하단 푸터
71 </footer>
72 </body>
73 </html>
```

▼ 실행 결과

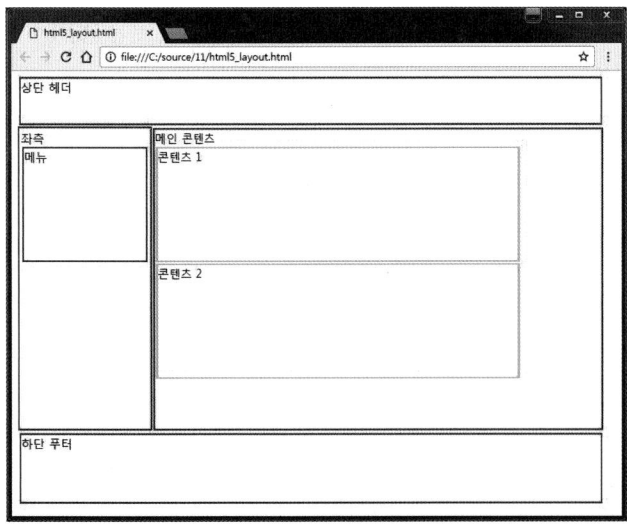

그림 11-2 HTML5 태그를 이용하여 웹 페이지 레이아웃 만들기

▼ 소스코드 살펴보기

- **〈header〉 태그**

  50행의 〈header〉 태그는 웹 페이지 상단에 위치하는 로고나 메뉴 등을 나타낼 때 주로 사용한다.

- **〈aside〉 태그**

  53행의 〈aside〉 태그는 페이지의 왼쪽이나 오른쪽에 메뉴, 배너 등의 콘텐츠를 나타낼 때 사용한다.

- **〈nav〉 태그**

  55행의 〈nav〉 태그는 페이지의 내비게이션이라 할 수 있는 메뉴를 나타낼 때 사용한다.

- **〈main〉 태그**

  59행에서 사용한 〈main〉 태그는 페이지의 메인 콘텐츠를 의미한다. W3C에서는 〈main〉 태그를 페이지에서 한 번만 사용하고 〈article〉, 〈aside〉, 〈header〉, 〈footer〉, 〈nav〉 등의 자손으로 사용하지 않을 것을 권고한다. 이 태그는 인터넷 익스플로러 12 이상에서 동작한다.

- **〈section〉 태그**

  61행과 64행의 〈section〉 태그는 페이지의 구획이라 할 수 있는 섹션을 나타낼 때 사용한다.

- **〈footer〉 태그**

  69행의 〈footer〉 태그는 페이지 하단에 저작권 정보, 주소나 연락처, 사이트맵 등을 나타낼 때 주로 사용한다.

- **CSS 태그 선택자**

  HTML5에 추가된 태그를 CSS로 꾸미려 할 때는 9, 15, 22, 28, 35, 41행과 같이 태그 선택자를 사용한다. 경우에 따라서는 6장 1절에서 배운 다양한 선택자를 사용할 수도 있다.

HTML5에 추가된 태그 중에서 자주 사용하는 레이아웃 관련 태그를 다음 표에 정리했다.

표 11-1 HTML5에 추가된 레이아웃 관련 태그

태그명	설명
〈header〉	페이지 상단에 주로 사용하며 로고나 메뉴 등의 콘텐츠를 표시
〈footer〉	페이지 하단에 주로 사용하며 저작권, 주소 연락처 등을 표시
〈main〉	최근 HTML5에 추가된 태그로 페이지의 메인 콘텐츠를 표시하는 데 사용하며, 인터넷 익스플로러 12 이상에서만 지원 가능
〈article〉	독립적인 콘텐츠를 표시하는 데 주로 사용
〈aside〉	페이지의 왼쪽 또는 오른쪽에 들어가는 콘텐츠로 메뉴나 배너 등을 표시
〈nav〉	상단 메뉴, 메인 메뉴, 서브 메뉴와 같이 각종 메뉴를 표시하는 데 사용
〈section〉	페이지의 섹션에 사용

[표 11-1]에서 소개한 태그 가운데 〈main〉 태그를 제외하고는 모두 크롬, 파이어폭스, 사파리, 오페라, 인터넷 익스플로러 9 이상에서 제대로 동작한다. 〈main〉 태그는 가장 최근에

HTML5 표준안에 포함되었기 때문에 인터넷 익스플로러 12 이상에서만 동작한다. 따라서 상용 웹 사이트를 개발할 때 〈main〉 태그를 사용하려면 이러한 브라우저 지원 제약을 확인해야 한다.

실제로 HTML5 태그를 이용하여 웹 페이지를 제작하다 보면 어떤 상황에서 어떤 태그를 사용할지 헷갈리는 경우가 흔히 있다. 그럴 때는 너무 고민하지 말고 원칙에서 크게 벗어나지 않게 사용하면 된다. 앞으로 실습할 예제를 통해 태그가 어떻게 적용되는지 주의 깊게 살펴보자.

SECTION
02

웹 페이지 레이아웃 유형

10장에서 배운 float와 position 속성, HTML5의 레이아웃 관련 태그를 이용하여 웹 페이지의 너비를 고정하는 고정형 레이아웃과 유동적인 유동형 레이아웃에 대해 알아보자.

1 웹 페이지의 너비 지정

웹 페이지를 제작할 때 중요하게 고려해야 할 사항 중의 하나는 웹 페이지의 너비이다. 일반적으로 웹 페이지를 볼 때 스크롤바를 이용하여 세로 방향으로 이동하므로 웹 페이지의 높이는 별 문제가 되지 않는다. 그러나 만약 너비가 컴퓨터 모니터의 해상도보다 크면 가로 방향으로 스크롤바가 생겨서 사용 시 불편함을 느끼게 된다.

그림 11-3 컴퓨터 모니터의 해상도가 1024×768픽셀인 경우의 화면

[그림 11-3]은 네이버의 메인 화면으로 컴퓨터 모니터의 해상도가 1024×768픽셀인 경우이다. 그림 상단에 빨간색으로 표시한 것과 같이 네이버 사이트의 너비는 940픽셀이며 가운데 정렬이 되어 있다.

웹 사용자들의 컴퓨터 모니터 해상도는 보통 너비를 기준으로 할 때 1024px, 1280px, 1600px, 1920px, 2560px 등 다양하다. 이렇게 다양한 모니터 해상도 환경에서 웹 페이지가 제대로 보이게 하려면 너비를 1000px 이내로 지정하는 것이 좋다. 예를 들어 너비를 1100px로 지정하면 1100px 이상 해상도의 모니터에서는 전체 웹 페이지가 제대로 보이지만, 1024px

해상도의 모니터에는 가로 방향의 스크롤바가 생기고 전체 페이지를 한 화면으로 볼 수 없어서 불편함이 따르기 때문이다.

그러나 요즘에는 큰 모니터를 많이 사용하고 1024×768픽셀의 모니터가 점점 사라지는 추세이므로 페이지의 너비를 1200px이나 그 이상으로 지정하는 경우도 종종 있다. 유행에 민감한 젊은 사용자층은 1280px 이상인 해상도의 모니터를 사용하는 경우가 많아서 게임, 여성 의류, 액세서리 등 젊은 층이 많이 이용하는 사이트를 제작할 때는 너비를 1200px 이상으로 지정하기도 한다.

그림 [그림 11-3]과 같이 너비를 고정하여 사용하는 고정형 레이아웃에 대해 살펴보자.

2 고정형 레이아웃

고정형 레이아웃은 웹 페이지 레이아웃 요소의 너비를 픽셀 단위로 고정하여 사용하는 것을 말한다.

❶ 고정형 2단 레이아웃

먼저 다음 예제에서는 픽셀 단위를 이용하여 레이아웃 요소의 너비를 고정하는 2단 레이아웃에 대해 알아보자.

예제 11-2 고정형 2단 레이아웃	source/11/fixed_2col.html

```
01  <!DOCTYPE html>
02  <html>
03  <head>
04  <meta charset="utf-8">
05  <style>
06  * {
07      margin:0;
08      padding:0;
09  }
10  #wrap {
11      width:980px;
12      margin:0 auto;
13  }
14  header {
15      height:80px;
16      background-color:#cccccc;
```

```
17  }
18  aside {
19      width:200px;
20      height:300px;
21      float:left;
22      background-color:#ffff00;
23  }
24  main {
25      width:780px;
26      height:300px;
27      float:left;
28      background-color:#00ff00;
29  }
30  footer {
31      height:80px;
32      clear:both;
33      background-color:#cccccc;
34  }
35  </style>
36  </head>
37  <body>
38  <div id="wrap">
39    <header>
40      헤더 콘텐츠
41    </header>
42    <aside>
43      좌측 콘텐츠
44    </aside>
45    <main>
46      메인 콘텐츠
47    </main>
48    <footer>
49      푸터 콘텐츠
50    </footer>
51  </div>
52  </body>
53  </html>
```

▼ 실행 결과

그림 11-4 너비를 고정한 2단 레이아웃의 예

실행 결과 화면을 보면 상단에 헤더, 하단에 푸터가 있고 중앙에는 노란색과 초록색 박스가 2단으로 배치되어 있다. 마우스를 이용하여 화면의 크기를 줄이거나 늘리면 페이지의 너비가 고정되어 가운데 정렬이 되는 것을 확인할 수 있다.

▼ 소스코드 살펴보기

• 페이지 너비 고정 및 가운데 정렬

38행과 51행에서 아이디 wrap을 이용하여 전체 페이지의 요소를 감쌌다. 11행에서는 전체 페이지를 담은 박스(아이디 wrap)의 너비를 980px로 지정하고, 12행에서는 'margin:0 auto'로 전체 페이지가 가운데 정렬이 되게 했다. 'margin:0 auto'는 상단과 하단 마진을 0으로 하고 왼쪽과 오른쪽 마진을 자동으로(auto) 하여 해당 요소를 가운데 정렬하라는 의미이다.

• 2단 박스의 수평 배치

21행과 27행의 'float:left'에 의해 노란색과 초록색 박스가 수평 방향으로 나란히 배치되었다. 여기서 지정한 float 속성은 32행의 'clear:both'에 의해 해제된다.

TIP/ float 속성과 float 속성의 해제에 대해서는 10장 1절을 참조하기 바란다.

❷ 고정형 3단 레이아웃

다음으로 고정된 너비를 이용한 3단 레이아웃의 예를 살펴보자.

예제 11-3 고정형 3단 레이아웃   source/11/fixed_3col.html

```
01  <!DOCTYPE html>
02  <html>
03  <head>
04  <meta charset="utf-8">
```

```
05  <style>
06  * {
07      margin:0;
08      padding:0;
09  }
10  #wrap {
11      width:980px;
12      margin:0 auto;
13  }
14  header {
15      height:80px;
16      background-color:#cccccc;
17  }
18  aside#left {
19      width:200px;
20      height:300px;
21      float:left;
22      background-color:#ffff00;
23  }
24  aside#right {
25      width:180px;
26      height:300px;
27      float:left;
28      background-color:#00ffff;
29  }
30  main {
31      width:600px;
32      height:300px;
33      float:left;
34      background-color:#00ff00;
35  }
36  footer {
37      height:80px;
38      clear:both;
39      background-color:#cccccc;
40  }
41  </style>
42  </head>
43  <body>
44  <div id="wrap">
45    <header>
```

```
46      헤더 콘텐츠
47  </header>
48  <aside id="left">
49      좌측 콘텐츠
50  </aside>
51  <main>
52      메인 콘텐츠
53  </main>
54  <aside id="right">
55      우측 콘텐츠
56  </aside>
57  <footer>
58      푸터 콘텐츠
59  </footer>
60  </div>
61  </body>
62  </html>
```

▼ **실행 결과**

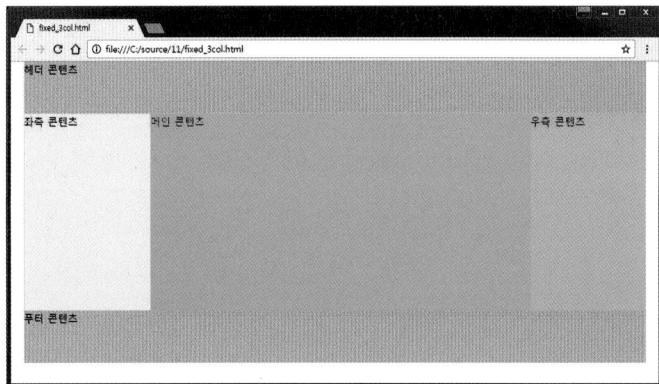

그림 11-5 너비를 고정한 3단 레이아웃의 예

▼ <u>소스코드 살펴보기</u>

• **단 박스 추가**

54~56행에 의해 페이지 오른쪽에 청록색 단이 추가되었다. 왼쪽의 노란색 박스와 구분하기 위해 48행에서 아이디
left를, 54행에서 아이디 right를 정의했다.

• **3단 박스의 수평 배치**

3단 박스를 왼쪽부터 수평 방향으로 배치하기 위해 21, 27, 33행에서 'float:left'를 사용했다.

❸ 부분 고정형 2단 레이아웃

상단의 헤더와 하단의 푸터는 가로 방향으로 꽉 차지만 그 안에 있는 콘텐츠는 중앙으로 배치된 웹 페이지를 종종 볼 수 있다. 이는 전체 웹 페이지의 너비를 고정하는 것이 아니라 요소의 일부만 너비를 고정하는 레이아웃 방법이다. 다음 예제를 통해 이를 살펴보자.

예제 11-4 부분 고정형 2단 레이아웃   source/11/part_fixed_2col.html

```
01 <!DOCTYPE html>
02 <html>
03 <head>
04 <meta charset="utf-8">
05 <style>
06 * {
07     margin:0;
08     padding:0;
09 }
10 header {
11     width:100%;
12     height:80px;
13     background-color:#0000ff;
14 }
15 header #header_content {
16     width:980px;
17     height:50px;
18     margin:0 auto;
19     background-color:#cccccc;
20 }
21 #main_box {
22     width:980px;
23     margin:0 auto;
24 }
25 #main_box aside {
26     width:200px;
27     height:300px;
28     float:left;
29     background-color:#ffff00;
30 }
31 #main_box main {
32     width:780px;
33     height:300px;
```

```
34      float:left;
35      background-color:#00ff00;
36  }
37  footer {
38      width:100%;
39      height:80px;
40      clear:both;
41      background-color:#0000ff;
42  }
43  footer #footer_content {
44      width:980px;
45      height:50px;
46      margin:0 auto;
47      background-color:#cccccc;
48  }
49  </style>
50  </head>
51  <body>
52  <header>
53    <div id="header_content">
54      헤더 콘텐츠
55    </div>
56  </header>
57  <section id="main_box">
58    <aside>
59      좌측 콘텐츠
60    </aside>
61    <main>
62      메인 콘텐츠
63    </main>
64  </section>
65  <footer>
66    <div id="footer_content">
67      푸터 콘텐츠
68    </div>
69  </footer>
70  </body>
71  </html>
```

▼ 실행 결과

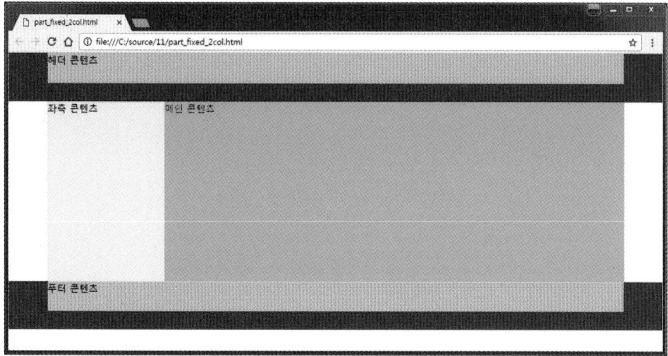

그림 11-6 요소의 일부만 너비를 고정한 부분 고정형 2단 레이아웃의 예

실행 결과 화면을 확대하거나 줄이면 상단과 하단의 파란색 박스는 가로 방향으로 꽉 차고 중앙의 노란색과 초록색 박스는 너비가 고정된 채 가운데 정렬이 된다.

▼ 소스코드 살펴보기

• 상단과 하단의 파란색 박스

상단과 하단의 파란색 박스를 가로 방향으로 꽉 채우기 위해 11행과 38행에서 width 속성을 100%로 지정했다. 이처럼 width 속성을 100%로 지정하면 모니터의 가로 해상도에 상관없이 해당 박스가 가로 방향으로 꽉 차게 된다.

• 상단과 하단의 회색 박스

상단과 하단의 파란색 박스 안에 회색 콘텐츠가 있다. 이렇게 만들기 위해 53행과 66행에서 각각 아이디 header_content와 footer_content를 사용하고 16~18행과 44~46행에서 두 박스를 배치했다.

③ 유동형 레이아웃

이번에는 웹 브라우저 창의 크기를 조절하면 레이아웃 요소의 너비가 변동되는 유동형 레이아웃에 대해 알아보자. 유동형 레이아웃에서는 기본적으로 요소의 너비를 지정하는 속성인 width에 퍼센트(%)나 이엠(em) 단위를 사용한다. 다음 예제에서는 이러한 유동형 레이아웃을 만들어보자.

TIP/ %와 em 단위에 대한 자세한 설명은 14장을 참조하기 바란다.

예제 **11-5** 유동형 레이아웃　　　　　source/11/flexible_2col.html

```
01  <!DOCTYPE html>
02  <html>
03  <head>
04  <meta charset="utf-8">
```

```
05  <style>
06  * {
07      margin:0;
08      padding:0;
09  }
10  header {
11      height:80px;
12      background-color:#cccccc;
13  }
14  aside {
15      width:25%;
16      height:300px;
17      float:left;
18      background-color:#ffff00;
19  }
20  main {
21      width:75%;
22      height:300px;
23      float:left;
24      background-color:#00ff00;
25  }
26  footer {
27      height:80px;
28      clear:both;
29      background-color:#cccccc;
30  }
31  </style>
32  </head>
33  <body>
34    <header>
35      헤더 콘텐츠
36    </header>
37    <aside>
38      좌측 콘텐츠
39    </aside>
40    <main>
41      메인 콘텐츠
42    </main>
43    <footer>
44      푸터 콘텐츠
45    </footer>
46  </body>
47  </html>
```

▼ 실행 결과

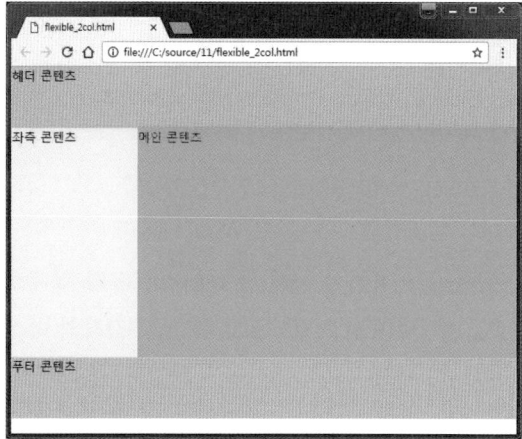

그림 11-7 유동형 레이아웃의 예

▼ 소스코드 살펴보기

15행과 21행에서 왼쪽 노란색 박스와 오른쪽 초록색 박스의 너비를 각각 25%, 75%로 지정했다. 이렇게 하면 브라우저 창의 크기가 변하더라도 비율에 맞게 박스의 크기가 자동으로 조절된다.

레이아웃 요소의 너비를 %로 설정하면 스마트폰과 같은 모바일 기기에서도 비율에 따라 해당 박스의 크기가 자동으로 조절될 것이다. 그러나 스마트폰과 같은 모바일 기기는 화면의 크기가 작기 때문에 콘텐츠의 크기도 작아져서 내용을 알아보기 어려운데, 이러한 문제는 반응형 웹 디자인 기술을 이용하여 극복할 수 있다. 반응형 웹 디자인은 하나의 웹 사이트를 개발할 때 PC나 스마트폰 등 어떠한 기기에서도 웹 페이지를 제대로 볼 수 있게 해주는 기술이다. 반응형 웹 디자인의 개념과 기본적인 사용법은 14장에서 다룰 것이다.

웹 페이지 구조 설계

HTML5의 레이아웃 관련 태그와 고정형 레이아웃을 이용하여 실제 웹 페이지 구조를 설계해 보자. 다음은 실습으로 만들 기업 사이트의 메인 페이지를 박스 형태로 분할한 뒤 각각의 박스에 레이아웃 관련 태그를 적절하게 할당한 것이다.

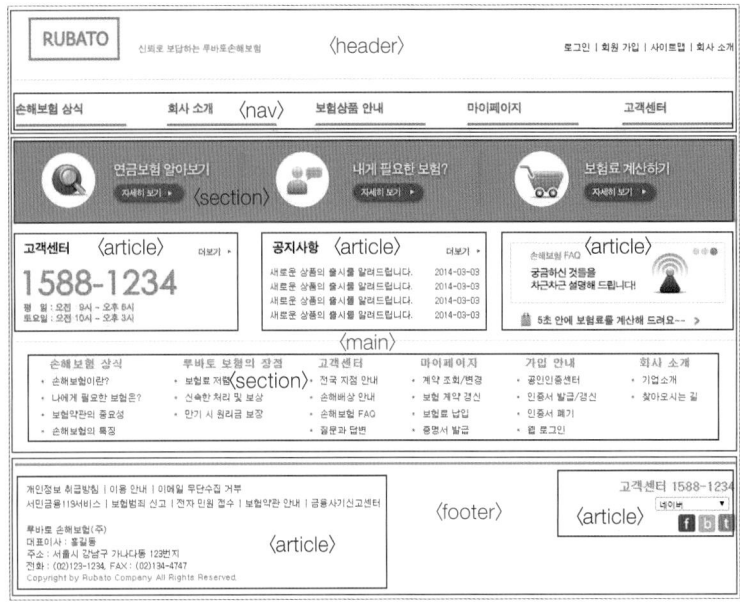

그림 11-8 웹 페이지를 분할한 뒤 레이아웃 태그를 적용한 예

[그림 11-8]의 웹 페이지는 크게 빨간색 박스 세 개로 구성되었다. 상단의 첫 번째 박스에는 상단 헤더를 의미하는 〈header〉 태그가 적용된다. 그리고 중앙의 큰 박스에는 메인 콘텐츠를 의미하는 〈main〉 태그를 사용하며, 하단에 있는 푸터에는 하단 푸터에 주로 쓰이는 〈footer〉 태그를 사용한다.

각각의 빨간색 박스 안에 있는 파란색 박스를 살펴보자. 맨 위에 있는 파란색 박스는 메인 메뉴를 포함하기 때문에 〈nav〉 태그를 사용한다. 그 아래에 있는 파란색 배너 세 개는 의미를 지닌 하나의 섹션으로 볼 수 있기 때문에 〈section〉 태그를 사용한다. 배너 섹션 아래의 고객센터, 공지사항, FAQ라는 콘텐츠에는 각각 〈article〉 태그를 사용하는데, 이처럼 〈article〉 태그는 독립적인 콘텐츠에 사용할 수 있다.

페이지 중앙 부분에 사이트맵이 있는데, 이것 역시 하나의 섹션으로 볼 수 있으므로 〈section〉 태그를 적용한다. 하단 푸터에 있는 파란색 박스 두 개에도 메인 콘텐츠의 고객센터, 공지사항, FAQ와 마찬가지로 〈article〉 태그를 사용할 수 있다.

웹 페이지를 나누고 태그를 적용할 때 원래 태그의 정의를 그대로 따를 필요는 없다. 그러나 W3C에서 권고하는 정의에 따라 태그를 사용하면 웹 표준에 맞게 웹 페이지를 제작할 수 있다. 이렇게 웹 페이지를 설계하고 제작하면 함께 일하는 웹 디자이너나 프로그래머가 소스코드를 보았을 때 페이지의 구조를 이해하기가 쉬워 제작 및 유지 · 보수 작업이 한결 수월해진다.

이어지는 절에서는 [그림 11-8]의 웹 페이지 레이아웃을 다음과 같이 세 부분으로 나누어 실습을 진행할 것이다.

- 페이지 상단의 빨간색 박스 : 상단 헤더 레이아웃
- 페이지 중앙의 빨간색 박스 : 메인 콘텐츠 레이아웃
- 페이지 하단의 빨간색 박스 : 하단 푸터 레이아웃

자, 그럼 차례대로 실습을 진행하면서 요소의 레이아웃 방법을 익혀보자.

상단 헤더 레이아웃

[그림 11-8]의 페이지 상단에 있는 빨간색 박스를 편의상 상단 헤더라고 부르자. 다음 예제에서는 앞서 설계한 구조에 맞게 이 상단 헤더를 제작한다.

예제 11-6 ⟨header⟩와 ⟨nav⟩ 태그로 상단 헤더 레이아웃 만들기   source/11/header.html

```
01  <!DOCTYPE html>
02  <html>
03  <head>
04  <meta charset="utf-8">
05  <link rel="stylesheet" type="text/css" href="common.css">
06  <title>루바토 손해보험</title>
07  <style>
08  #page {
09      width:980px;
10      margin:0 auto;
11  }
12  header #logo {
13      float:left;
14      margin:15px 0 0 20px;
15  }
16  header #moto {
17      float:left;
18      margin:45px 0 0 20px;
19  }
20  header #top_menu {
21      float:right;
22      margin:50px 0 0 0;
23  }
24  header #top_menu li {
25      display:inline;
26  }
27
28  .line {
```

```
29      margin-top:25px;
30      border-top:solid 1px #cccccc;
31  }
32
33  header nav ul {
34      margin-top:25px;
35  }
36  header nav li {
37      display:inline;
38  }
39  header nav li.item {
40      margin-left:40px;
41  }
42  </style>
43  </head>
44  <body>
45  <div id="page">
46    <header>
47      <img id="logo" src="img/logo.gif">
48      <img id="moto" src="img/moto.gif">
49      <ul id="top_menu">
50        <li>로그인 ¦ </li>
51        <li>회원 가입 ¦ </li>
52        <li>사이트맵 ¦ </li>
53        <li>회사 소개</li>
54      </ul>
55      <div class="clear"></div>
56      <div class="line"></div>
57
58      <nav>
59        <ul>
60          <li><img src="img/menu01.gif"></li>
61          <li class="item"><img src="img/menu02.gif"></li>
62          <li class="item"><img src="img/menu03.gif"></li>
63          <li class="item"><img src="img/menu04.gif"></li>
64          <li class="item"><img src="img/menu05.gif"></li>
65        </ul>
66      </nav>
67    </header>
68  </div> <!-- page -->
69  </body>
70  </html>
```

```css
01  * {
02      margin:0;
03      padding:0;
04  }
05  body {
06      font-family:"맑은 고딕", "돋움";
07      font-size:12px;
08      color:#444444;
09  }
10  ul {
11      list-style-type:none;
12  }
13  .clear {
14      clear:both;
15  }
```

▼ 실행 결과

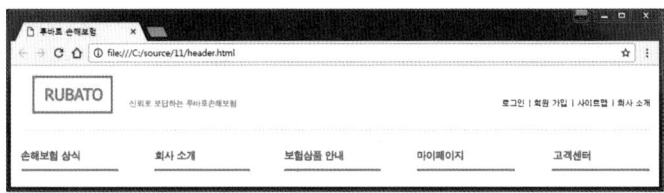

그림 11-9 〈header〉와 〈nav〉 태그로 상단 헤더 레이아웃 만들기

▼ 소스코드 살펴보기

• 외부 스타일 시트에 의한 CSS 삽입

5행에서 외부 스타일 시트 삽입 방법을 이용하여 CSS 파일인 'common.css'를 HTML 문서에 삽입했다.

• 전체 페이지 가운데 정렬

45～68행은 페이지의 모든 요소를 표시하는 부분이다. 이 부분을 45행에서 아이디 page로 지정하고 8～11행에서 이 부분의 너비를 980px, 가운데 정렬로 설정했다. 10행에서 상하 마진을 0, 좌우 마진을 auto로 지정했는데, 이처럼 좌우 마진을 auto로 지정하면 실행 결과 화면에서 보듯이 페이지가 가운데 정렬이 된다.

• 〈header〉 태그

46행과 67행에서 〈header〉 태그를 이용하여 전체 헤더를 감쌌다.

• 화면 왼쪽에 이미지 배치

13행과 17행의 'float:left'에 의해 로고(아이디 logo)와 모토(아이디 moto) 이미지가 화면 왼쪽에 배치되었다.

- **〈nav〉 태그**

  58행과 66행에서 〈nav〉 태그를 이용하여 페이지 하단에 있는 메인 메뉴 전체를 감쌌다. 이와 같이 〈nav〉 태그는 메뉴 요소를 나타낼 때 주로 사용한다.

- **화면 오른쪽에 상단 메뉴 배치**

  21행에서 'float:right'로 상단 메뉴(아이디 top_menu)를 화면 오른쪽에 배치했다.

- **상단 메뉴 항목의 수평 배치**

  25행에서 'display:inline'을 이용하여 50~53행의 〈li〉 태그 항목, 즉 상단 메뉴를 수평 방향으로 배치했다.

TIP / display 속성에 대한 자세한 설명은 8장 4절을 참조하기 바란다.

- **메인 메뉴 위에 가로선 그리기**

  28~31행과 56행에서 메인 메뉴 위에 옅은 회색의 가로선을 그렸다.

- **float 속성 해제**

  CSS 소스코드의 13~15행에서 정의한 클래스 clear를 예제 소스코드의 55행에서 사용했는데, 이는 55행 이전에 사용한 float 속성을 모두 해제한다는 의미이다.

TIP / float 속성의 해제에 대해서는 10장 1절을 참조하기 바란다.

- **메인 메뉴의 수평 배치**

  실행 결과 화면에서 보듯이 60~64행에서 기술된 메인 메뉴의 각 항목이 37행의 'display:inline'에 의해 수평 방향으로 배치되었다.

- **CSS 소스코드(common.css)**

  1~4행에서 페이지에 사용하는 태그의 마진과 패딩을 초기화하고, 5~9행에서 글자를 지정했다. 10~12행에서는 목록 태그(〈ul〉, 〈li〉)의 글머리를 삭제하고, 13~15행에서 클래스 clear를 이용하여 float 속성의 해제를 설정했다.

메인 콘텐츠 레이아웃

이 절에서는 [그림 11-8]의 가운데에 위치한 배너, 고객센터, 공지사항, FAQ, 사이트맵을 구성하는 메인 콘텐츠를 만들어본다.

1 배너 만들기-〈section〉태그

먼저 메인 콘텐츠의 상단에 위치한 세 개의 배너를 만드는 방법을 살펴보자. 이때 사용하는 〈section〉 태그는 특정 구획을 하나의 섹션으로 나타내준다.

예제 11-7 〈section〉 태그로 배너 만들기	source/11/banner.html

```
01 <!DOCTYPE html>
02 <html>
03 <head>
04 <meta charset="utf-8">
05 <link rel="stylesheet" type="text/css" href="common.css">
06 <title>루바토 손해보험</title>
07 <style>
08 #page {
09     width:980px;
10     margin:0 auto;
11 }
12
13 main {
14     margin-top:10px;
15 }
16
17 #banner {
18     height:110px;
19     background-color:#00a8ab;
20 }
21 #banner ul {
22     margin-top:5px;
```

```
23 }
24 #banner li {
25    display:inline;
26    margin-left:28px;
27 }
28 </style>
29 </head>
30 <body>
31 <div id="page">
32   <main>
33    <section id="banner">
34     <ul>
35      <li><img src="img/banner01.gif"></li>
36      <li><img src="img/banner_bar.gif"></li>
37      <li><img src="img/banner02.gif"></li>
38      <li><img src="img/banner_bar.gif"></li>
39      <li><img src="img/banner03.gif"></li>
40     </ul>
41    </section>
42   </main>
43 </div> <!-- page -->
44 </body>
45 </html>
```

▼ 실행 결과

그림 11-10 〈section〉 태그로 배너 만들기

▼ 소스코드 살펴보기

• 〈section〉 태그

세 개의 배너를 나타내기 위해 33~41행에서 〈section〉 태그를 사용했다. 〈section〉 태그는 페이지의 섹션에 사용하는 것으로, 배너는 페이지에서 한 구획을 담당하는 섹션이라고 볼 수 있다.

• 배너의 높이와 배경 색상 지정

18행과 19행에서 배너의 높이와 배경 색상을 지정했다. 이때 배너 이미지(banner01.gif~banner03.gif)에서 사용한 것과 동일한 색상인 #00a8ab를 배경 색상으로 지정했다.

- **배너의 수평 배치**

  25행에서 'display:inline'으로 35~39행의 배너 이미지를 수평 방향으로 배치했다.

2 고객센터, 공지사항, FAQ 만들기 – 〈article〉 태그

이번에는 메인 콘텐츠 중에서 배너 다음에 위치한 고객센터, 공지사항, FAQ를 만들어보자. 이 때 사용하는 〈article〉 태그는 독립적인 콘텐츠를 나타내준다.

예제 11-8 〈article〉 태그로 고객센터, 공지사항, FAQ 만들기 source/11/customer_notice_faq.html

```
<!— 생략 —>
05  <link rel="stylesheet" type="text/css" href="common.css">
06  <title>루바토 손해보험</title>
07  <style>
08  #page {
09      width:980px;
10      margin:0 auto;
11  }
12
13  #customer {
14      width:300px;
15      height:111px;
16      float:left;
17      margin-top:20px;
18  }
19  #customer .title {
20      margin-left:10px;
21      float:left;
22  }
23  #customer .more {
24      float:right;
25  }
26  #customer .phone {
27      margin-left:10px;
28  }
29
30  #notice {
31      width:300px;
32      height:111px;
33      float:left;
```

```
34          margin-top:20px;
35          margin-left:40px;
36      }
37  #notice .title {
38          margin-left:10px;
39          float:left;
40      }
41  #notice .more {
42          float:right;
43      }
44  #notice ul {
45          margin-top:12px;
46          color:#666666;
47      }
48  #notice li {
49          margin-top:5px;
50      }
51  #notice .subject {
52          float:left;
53          margin-left:10px;
54      }
55  #notice .date {
56          float:right;
57          margin-right:5px;
58      }
59
60  #faq {
61          width:300px;
62          height:111px;
63          float:left;
64          margin-top:20px;
65          margin-left:30px;
66      }
67
68  .line {
69          margin-top:25px;
70          border-top:solid 1px #cccccc;
71      }
72  </style>
73  </head>
74  <body>
```

```
75  <div id="page">
76   <main>
77    <article id="customer">
78     <img class="title" src="img/title_customer.gif">
79     <img class="more" src="img/more.gif">
80     <img class="phone" src="img/customer_phone.gif">
81    </article>
82
83    <article id="notice">
84     <img class="title" src="img/title_notice.gif">
85     <img class="more" src="img/more.gif">
86     <div class="clear"></div>
87     <ul>
88      <li>
89       <div class="subject">새로운 상품의 출시를 알려드립니다.</div>
90       <div class="date">2014-03-03</div>
91       <div class="clear"></div>
92      </li>
93      <li>
94       <div class="subject">새로운 상품의 출시를 알려드립니다.</div>
95       <div class="date">2014-03-03</div>
96       <div class="clear"></div>
97      </li>
98      <li>
99       <div class="subject">새로운 상품의 출시를 알려드립니다.</div>
100      <div class="date">2014-03-03</div>
101      <div class="clear"></div>
102     </li>
103     <li>
104      <div class="subject">새로운 상품의 출시를 알려드립니다.</div>
105      <div class="date">2014-03-03</div>
106      <div class="clear"></div>
107     </li>
108    </ul>
109   </article>
110
111   <article id="faq">
112    <img src="img/banner_faq.gif">
113   </article>
114   <div class="clear"></div>
115   <div class="line"></div>
```

```
116      </main>
117    </div> <!— page —>
118    </body>
119  </html>
```

▼ 실행 결과

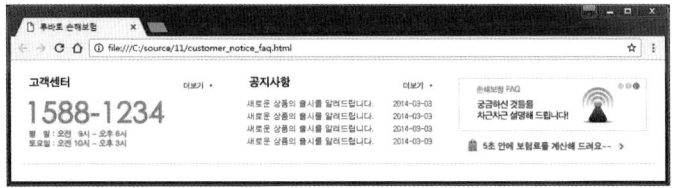

그림 11-11 〈article〉 태그로 고객센터, 공지사항, FAQ 만들기

▼ 소스코드 살펴보기

• 〈article〉 태그

고객센터, 공지사항, FAQ라는 콘텐츠를 나타내기 위해 77, 83, 111행에서 〈article〉 태그를 사용했다. 〈article〉 태그는 독립적인 콘텐츠를 표시할 때 사용한다.

• 콘텐츠 박스의 크기 설정

14행과 15행, 31행과 32행, 61행과 62행에서 각 콘텐츠 박스의 너비와 높이를 지정했다.

• 콘텐츠 박스의 수평 배치

16, 33, 63행의 'float:left'에 의해 각 콘텐츠 박스가 수평 방향으로 배치되었다.

• 글 제목 행 만들기

21행의 'float:left', 24행의 'float:right'에 의해 고객센터의 글 제목인 '고객센터(title_customer.gif)'와 '더보기 ▶ (more.gif)' 이미지가 박스 내의 좌측과 우측에 배치되었다. 마찬가지로 '공지사항(title_notice.gif)'과 '더보기 ▶ (more.gif)' 이미지도 39행의 'float:left', 42행의 'float:right'에 의해 배치되었다.

• 글 제목과 날짜 삽입

공지사항에 글 제목과 날짜를 삽입하기 위해 87~108행에서 목록 태그와 〈div〉 태그를 사용했다. 또한 52행의 'float:left', 56행의 'float:right'에 의해 글 제목과 날짜가 수평으로 배치되었다.

• float 속성의 해제

앞에서 사용한 float 속성을 해제하기 위해 5행에서 삽입한 외부 스타일 시트(common.css 파일)를 91, 96, 101, 106, 114행에서 클래스 clear를 불러와 사용했다.

• 하단의 회색 실선 그리기

68~71행에서 정의한 클래스 line을 115행에서 불러와 하단의 회색 실선을 그렸다.

3 사이트맵 만들기 - ⟨section⟩ 태그

다음 예제에서는 메인 콘텐츠 아래에 위치한 사이트맵을 만들어보자. 배너와 마찬가지로 사이트맵도 하나의 섹션으로 간주할 수 있으므로 ⟨section⟩ 태그를 사용한다.

예제 11-9	⟨section⟩ 태그로 사이트맵 만들기	source/11/sitemap.html

```
01 <!DOCTYPE html>
02 <html>
03 <head>
04 <meta charset="utf-8">
05 <link rel="stylesheet" type="text/css" href="common.css">
06 <title>루바토 손해보험</title>
07 <style>
08 #page {
09     width:980px;
10     margin:0 auto;
11 }
12
13 #sitemap {
14     padding:20px 0 0 15px;
15 }
16 #sitemap div {
17     height:140px;
18     float:left;
19     margin:0 15px 0 15px;
20 }
21 #sitemap h3{
22     font-size:15px;
23     color:#12b9b2;
24     margin-left:16px;
25 }
26 #sitemap ul{
27     color:#666666;
28 }
29 #sitemap li{
30     margin:5px 0 0 20px;
31     list-style-image:url("img/blue_dot.gif");
32 }
33 </style>
34 </head>
```

```
35  <body>
36  <div id="page">
37   <main>
38    <section id="sitemap">
39     <div>
40      <h3>손해보험 상식</h3>
41      <ul>
42       <li>손해보험이란?</li>
43       <li>나에게 필요한 보험은?</li>
44       <li>보험약관의 중요성</li>
45       <li>손해보험의 특징</li>
46      </ul>
47     </div>
48     <div>
49      <h3>루바토 보험의 장점</h3>
50      <ul>
51       <li>보험료 저렴</li>
52       <li>신속한 처리 및 보상</li>
53       <li>만기 시 원리금 보장</li>
54      </ul>
55     </div>
56     <div>
57      <h3>고객센터</h3>
58      <ul>
59       <li>전국 지점 안내</li>
60       <li>손해배상 안내</li>
61       <li>손해보험 FAQ</li>
62       <li>질문과 답변</li>
63      </ul>
64     </div>
65     <div>
66      <h3>마이페이지</h3>
67      <ul>
68       <li>계약 조회/변경</li>
69       <li>보험 계약 갱신</li>
70       <li>보험료 납입</li>
71       <li>증명서 발급</li>
72      </ul>
73     </div>
74     <div>
```

```
75          <h3>가입 안내</h3>
76          <ul>
77            <li>공인인증센터</li>
78            <li>인증서 발급/갱신</li>
79            <li>인증서 폐기</li>
80            <li>웹 로그인</li>
81          </ul>
82        </div>
83        <div>
84          <h3>회사 소개</h3>
85          <ul>
86            <li>기업 소개</li>
87            <li>찾아오시는 길</li>
88          </ul>
89        </div>
90      </section>
91      <div class="clear"></div>
92    </main>
93  </div> <!-- page -->
94  </body>
95  </html>
```

▼ 실행 결과

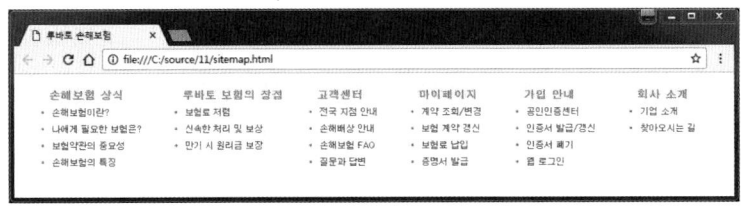

그림 11-12 〈section〉 태그로 사이트맵 만들기

▼ 소스코드 살펴보기

• 〈section〉 태그

38행과 90행에서 〈section〉 태그를 사용하여 사이트맵 전체를 감쌌다. 사이트맵은 페이지 내에서 하나의 섹션으로 간주할 수 있기 때문에 〈section〉 태그를 사용한 것이다.

• 사이트맵의 구성

사이트맵은 여섯 개의 콘텐츠로 구성되어 있다. 먼저 첫 번째 콘텐츠 박스에 해당하는 39~47행을 살펴보면, 박스를 삽입하기 위해 39행에서 〈div〉 태그를 사용했다. 그 안에 글 제목인 '손해보험 상식'을 삽입하기 위해 〈h3〉 태그를 사용했으며, 사이트맵 목록은 〈ul〉과 〈li〉 태그로 지정했다. 같은 방식으로 48~89행에서 나머지 다섯 개 콘텐츠를 표현했다.

• 박스의 수평 배치

18행의 'float:left'로 여섯 개 박스를 수평 방향으로 배치했다.

• 항목의 글머리 표시

31행에서 list-style-image 속성으로 사이트맵을 이루는 각 항목 앞의 글머리 이미지(blue_dot.gif)를 표시했다.

여기서 잠깐

웹 페이지에서 텍스트 나타내기

웹 페이지에서 텍스트를 나타내려면 컴퓨터에 기본으로 설치되어 있는 글꼴만 사용해야 한다. 컴퓨터에 기본으로 설치된 글꼴은 지극히 제한적인데, 한글의 경우에는 맑은 고딕, 돋움, 굴림, 바탕 등의 글꼴만 사용할 수 있다. 이러한 기본 글꼴 외의 것을 사용하려면 다른 사이트에서도 글꼴을 지원하는 웹 폰트를 사용해야 한다.

원하는 글꼴을 자유롭게 사용할 수 있는 또 다른 방법은 글자 자체를 이미지로 처리하는 것이다. 즉 포토샵과 같은 그래픽 툴을 이용하여 글자를 원하는 글꼴로 디자인한 다음 이미지를 잘라서 사용하는 것이다. 이렇게 하면 해당 글자는 텍스트가 아닌 이미지가 되어 글꼴 지원 여부에 전혀 영향을 받지 않는다. [그림 11–11]에서 '고객센터'와 '더보기 ▶'를 이미지로 나타낸 것이 그 예이다.

하단 푸터 레이아웃

마지막으로 웹 페이지 맨 아래에 위치한 하단 푸터 레이아웃을 제작하는 방법을 살펴보자.

예제 11-10 〈footer〉 태그로 하단 푸터 레이아웃 만들기   source/11/footer.html

```
01  <!DOCTYPE html>
02  <html>
03  <head>
04  <meta charset="utf-8">
05  <link rel="stylesheet" type="text/css" href="common.css">
06  <title>루바토 손해보험</title>
07  <style>
08  #page {
09      width:980px;
10      margin:0 auto;
11  }
12
13  footer {
14      padding:20px 0 0 15px;
15      border-top:solid 3px #06b5b8;
16      color:#666666;
17  }
18  footer #address {
19      float:left;
20  }
21  footer #link {
22      float:right;
23  }
24  footer #footer_menu li {
25      margin-top:5px;
26  }
27  footer #company_info {
28      margin-top:20px;
29  }
```

```
30  footer #company_info li {
31      margin-top:2px;
32  }
33  footer #copyright {
34      margin-top:10px;
35      font-size:11px;
36      color:#888888;
37  }
38  footer #link h3 {
39      font-size:16px;
40      color:#06b5b8;
41  }
42  footer #link select {
43      margin:5px 0 0 50px;
44      width:100px;
45      height:18px;
46      font-size:11px;
47  }
48  footer #icons {
49      margin-top:5px;
50      text-align:right;
51  }
52  </style>
53  </head>
54  <body>
55  <div id="page">
56   <footer>
57    <article id="address">
58     <ul id="footer_menu">
59      <li>개인정보 취급방침 ｜ 이용 안내 ｜ 이메일 무단수집 거부</li>
60      <li>서민금융119서비스 ｜ 보험범죄 신고 ｜ 전자 민원 접수 ｜ 보험약관 안내 ｜ 금융사기신고
          센터</li>
61     </ul>
62     <ul id="company_info">
63      <li>루바토 손해보험(주)</li>
64      <li>대표이사 : 홍길동</li>
65      <li>주소 : 서울시 강남구 가나다동 123번지
66      <li>전화 : (02)123-1234, FAX : (02)134-4747
67      <li id="copyright">Copyright by Rubato Company All Rights Reserved.
68     </ul>
69    </article>
```

```
70    <article id="link">
71      <h3>고객센터 1588-1234</h3>
72      <select>
73        <option>네이버</option>
74        <option>다음</option>
75        <option>구글</option>
76      </select>
77      <div id="icons">
78        <img src="img/f.gif">
79        <img src="img/b.gif">
80        <img src="img/t.gif">
81      </div>
82    </article>
83    </footer>
84  </div> <!-- page -->
85  </body>
86  </html>
```

▼ 실행 결과

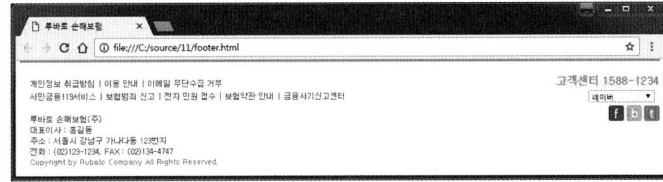

그림 11-13 〈footer〉 태그로 하단 푸터 레이아웃 만들기

▼ <u>소스코드 살펴보기</u>

• **〈footer〉 태그**

56행과 83행에서 〈footer〉 태그를 사용하여 하단 푸터 전체를 감쌌다. 이처럼 〈footer〉 태그는 하단 푸터를 나타낼 때 사용한다.

• **〈article〉 태그**

57행과 70행에서 〈article〉 태그를 사용하여 왼쪽 콘텐츠(아이디 address)와 오른쪽 콘텐츠(아이디 link)를 나타냈다. 이처럼 〈article〉 태그는 독립적인 콘텐츠를 나타낼 때 사용한다.

• **각 콘텐츠의 수평 배치**

19행의 'float:left'와 22행의 'float:right'에 의해 각 콘텐츠가 수평 방향으로 왼쪽과 오른쪽에 배치되었다.

• **상단에 파란색 선 그리기**

15행에서 'border-top:solid 3px #06b5b8'로 하단 푸터의 상단에 파란색 선을 그려넣었다.

레이아웃 관련 태그로
서브 페이지 만들기

source/mp/company_sub_.html

실행 결과

그림 11-14 서브 페이지

[그림 11-8]의 기업 사이트 메인 페이지에 대응하는 서브 페이지를 만들어보자. 서브 페이지의 상단과 하단 부분은 메인 페이지와 동일하므로 중앙의 빨간색 박스로 표시한 부분만 다음 소스코드를 참고하여 작성한다.

HTML 소스코드

```
<!-- 생략 -->
<main>
  <aside>
    <h3><img src="img/title_product_intro.gif"></h3>
    <ul>
      <li class="selected"><div class="col1">연금/저축</div>
        <div class="col2">▶</div>
```

```html
        <div class="clear"></div>
      </li>
      <li><div class="col1">운전자/상해</div>
        <div class="col2">▶</div>
        <div class="clear"></div>
      </li>
      <li><div class="col1">여행/레저</div>
        <div class="col2">▶</div>
        <div class="clear"></div>
      </li>
      <li><div class="col1">건강/어린이</div>
        <div class="col2">▶</div>
        <div class="clear"></div>
      </li>
      <li class="end"><div class="col1">화재/자동차</div>
        <div class="col2">▶</div>
        <div class="clear"></div>
      </li>
    </ul>
    <div id="customer">
      <img src="img/customer_tel.gif">
    </div>
</aside>
<section>
    <div><img src="img/title_pension.gif"></div>
    <div id="sub_img"><img src="img/sub_img.jpg"></div>
    <div class="product">
      <h3>(무)실버행복저축보험 </h3>
      <div class="btns">
        <img src="img/btn_favorite.gif">
        <img src="img/btn_recommend.gif">
      </div>
      <div class="clear"></div>
      <ul>
        <li>○ 보험의 보장 기능을 강화한 저축성 상품</li>
        <li>○ 맞춤 보장과 만기 시 고수익을 동시에 충족</li>
        <li>※ 보험료 2년 치 선납 가능</li>
      </ul>
    </div>
    <div class="product">
      <h3>(무)한아름화재저축보험 </h3>
```

```html
      <div class="btns">
        <img src="img/btn_favorite.gif">
        <img src="img/btn_recommend.gif">
      </div>
      <div class="clear"></div>
      <ul>
        <li>○ 화재로 인한 손해 보상 및 목돈 마련 가능 상품</li>
        <li>○ 화재로 인한 벌금 및 배상 책임까지 보장</li>
        <li>※ 보험료 2년 치 선납 가능</li>
      </ul>
    </div>
  </section>
  <div class="clear"></div>
</main>
<!-- 생략 -->
```

CSS 소스코드

```css
* {
    margin:0;
    padding:0; }
body {
    font-family:"맑은 고딕", "돋움";
    font-size:12px;
    color:#444444; }
ul {
    list-style-type:none; }
.clear {
    clear:both; }
#page {
    width:980px;
    margin:0 auto; }
/* 생략 */
```

정답은 다음 쪽에서 확인 ☞

● 정답

```
<!-- 생략 -->
<style>
aside {
    width:180px;
    float:left;
    margin-top:30px;
}
aside h3 {
    margin:5px;
    border-bottom:solid 3px #0dc2c5;
}
aside .col1 {
    float:left;
    font-size:15px;
}
aside .col2 {
    float:right;
    font-size:6px;
}
aside ul {
    margin:15px 5px 5px 5px;
}
aside li {
    padding:12px;
    border-bottom:solid 1px #cccccc;
}
aside li.selected {
    border:0;
    background-color:#0dc2c5;
    color:#ffffff;
}
aside li.end {
    border-bottom:solid 3px #cccccc;
}
aside #customer {
    margin:30px 0 0 8px;
}
section {
    width:772px;
```

```css
        height:470px;
        float:left;
        margin-left:26px;
        margin-top:30px;
    }
    section #sub_img {
        margin-top:5px;
    }
    section .product {
        width:761px;
        height:70px;
        margin-top:20px;
        padding:15px 5px 5px 5px;
        border-top:solid 2px #0dc2c5;
    }
    section .product h3 {
        float:left;
    }
    section .product .btns {
        float:left;
        margin-left:20px;
    }
    section .product ul {
        margin-top:10px;
    }
    section .product li {
        margin:3px;
    }
</style>
<!-- 생략 -->
```

01 HTML5 레이아웃

HTML5에 추가된 레이아웃 태그는 〈header〉, 〈footer〉, 〈article〉, 〈section〉, 〈aside〉, 〈nav〉, 〈main〉 등이다.

02 〈header〉 태그

웹 페이지 상단에 위치하는 로고나 메뉴 등을 나타낼 때 주로 사용한다.

03 〈aside〉 태그

웹 페이지의 왼쪽이나 오른쪽에 메뉴, 배너 등의 콘텐츠를 나타낼 때 사용한다.

04 〈nav〉 태그

웹 페이지의 내비게이션이라 할 수 있는 메뉴를 나타낼 때 사용한다.

05 〈main〉 태그

웹 페이지의 메인 콘텐츠를 나타낼 때 사용한다. W3C에서는 〈main〉 태그를 페이지에서 한 번만 사용할 것을 권고한다.

06 〈section〉 태그

웹 페이지의 구획이라 할 수 있는 섹션을 나타낼 때 사용한다.

07 〈footer〉 태그

웹 페이지 하단에 저작권 정보, 주소, 연락처, 사이트맵 등을 나타낼 때 사용한다.

08 고정형 레이아웃

웹 페이지 레이아웃 요소의 너비를 픽셀 단위로 고정하여 사용하는 것을 말한다.

09 유동형 레이아웃

웹 브라우저 창의 크기를 조절하면 레이아웃 요소의 너비가 변동되는 레이아웃을 말한다. 요소의 너비를 지정하는 속성인 width에 퍼센트(%)나 이엠(em) 단위를 사용한다.

연습문제

01 HTML5에 추가된 레이아웃 태그를 나열하고 각각에 대해 설명하시오.

02 고정형 레이아웃과 유동형 레이아웃의 차이점과 각각에 사용되는 단위에 대해 설명하시오.

03 다음은 보험 회사의 사이트맵을 나타내는 웹 페이지이다. 아래 소스코드의 빈칸을 채워 완성한 뒤 실행하시오.

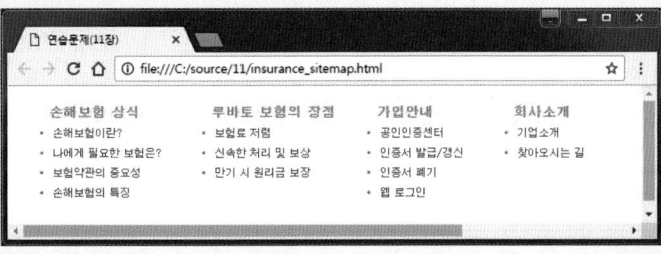

source/11/insurance_sitemap.txt

```
<!-- 생략 -->
<style>
* {
    margin:0;
    padding:0; }
body {
    _____:"맑은 고딕", "돋움";
    font-size:12px;
    color:#444444; }
ul {
    _____:none; }
#page {
    width:980px;
    _____:0 auto; }          /* 전체 페이지 중앙 정렬 */
#sitemap {
    padding:20px 0 0 15px; }
#sitemap div {
    height:140px;
    _____;
    margin:0 15px 0 15px; }
```

```
#sitemap h3{
    font-size:15px;
    _____:#12b9b2;
    margin-left:16px; }
#sitemap ul{
    color:#666666; }
#sitemap li{
    margin:5px 0 0 20px;
    _____:url("img/blue_dot.gif"); }
</style></head>
<body>
<div id="page">
  <_____ id="sitemap">
    <div>
      <h3>손해보험 상식</h3>
      <ul>
        <li>손해보험이란?</li><li>나에게 필요한 보험은?</li>
        <li>보험약관의 중요성</li><li>손해보험의 특징</li>
      </ul></div>
    <div>
      <h3>루바토 보험의 장점</h3>
      <ul>
        <li>보험료 저렴</li><li>신속한 처리 및 보상</li><li>만기 시 원리금 보장</li>
      </ul></div>
    <div>
      <h3>가입안내</h3>
      <ul>
        <li>공인인증센터</li><li>인증서 발급/갱신</li>
        <li>인증서 폐기</li><li>웹 로그인</li>
      </ul></div>
    <div>
      <h3>회사소개</h3>
      <ul>
        <li>기업소개</li><li>찾아오시는 길</li>
      </ul></div>
  </section>
</div> <!-- page -->
</body>
</html>
```

CHAPTER 12

커뮤니티 사이트 제작

커뮤니티 사이트의 구조 설계

커뮤니티 사이트는 게시판을 위주로 정보를 제공하고 사용자들이 서로 소통하는 것이 주된 목적이다. 이는 카페와 같은 회원제 커뮤니티, 일반 기업 사이트, 온라인 강의 사이트, 온라인 갤러리 사이트 등에 활용할 수 있다.

이 장에서 만들어볼 커뮤니티 사이트의 구조는 메인 페이지와 게시판의 다양한 페이지로 이루어져 있다. 실습에 필요한 폴더와 파일은 다음 표와 같다.

표 12-1 실습에 필요한 폴더와 파일

파일 또는 폴더명	설명	비고
img	각 페이지에서 사용하는 이미지를 모두 저장하는 폴더	
css	CSS 파일을 저장하는 폴더	
index.html	메인 페이지의 HTML 문서	[그림 12-1]
board_list.html	게시판 글 목록 보기 페이지의 HTML 문서	[그림 12-2]
board_write.html	게시판 글쓰기 페이지의 HTML 문서	[그림 12-3]
board_view.html	게시판 글 내용 보기 페이지의 HTML 문서	[그림 12-4]

1 메인 페이지의 구성

메인 페이지를 제작하려면 먼저 블록 단위로 나누어서 정의한 다음 블록별로 하나씩 만들어가야 한다. 블록은 페이지에서의 물리적인 위치와 유사한 콘텐츠를 통합하는 형태로 분할할 수 있다.

그림 12-1 커뮤니티 사이트의 메인 페이지

여기서 제작할 커뮤니티 사이트의 메인 페이지는 다음 표와 같이 네 개의 블록으로 나눌 수 있다.

표 12-2 메인 페이지의 구성

블록	세부 내용	절
상단 헤더	로고, 상단 메뉴, 메인 메뉴	2.2절
왼쪽 콘텐츠	로그인, 방명록	2.3절
메인 콘텐츠	공지사항, 자유 게시판, YOUTUBE 동영상, 포토갤러리	2.4절
하단 푸터	로고, 주소 및 연락처, SNS 아이콘	2.5절

첫 번째 항목인 상단 헤더는 메인 페이지 상단에 위치한 로고, 상단 메뉴(HOME, LOGIN, JOIN, NOTICE), 메인 메뉴(자유 게시판, 기타 연주, 공동 구매, 연주회 안내, 회원 게시판)로 구성된다. 두 번째 항목인 왼쪽 콘텐츠는 메인 페이지 왼쪽 열에 있는 로그인, 방명록을 말한다. 세 번째 항목인 메인 콘텐츠는 메인 페이지 중앙에 있는 메인 이미지, 공지사항, 자유 게시판, YOUTUBE 동영상, 포토갤러리로 구성되고, 마지막 항목인 하단 푸터는 메인 페이지 하단

에 있는 로고, 주소 및 연락처, SNS 아이콘 등을 말한다.

2 게시판 페이지의 구성

커뮤니티 사이트의 게시판은 일반적으로 글 목록 보기, 글쓰기, 글 내용 보기의 세 가지 게시판 페이지로 이루어진다.

그림 12-2 글 목록 보기 페이지

글 목록 보기 페이지는 메인 페이지 상단에 있는 메인 메뉴 중 [자유 게시판]을 클릭하면 이동하는 페이지를 말한다. 글 목록 보기 페이지에서 오른쪽 하단에 있는 〈글쓰기〉 버튼을 클릭하면 다음과 같이 글쓰기 페이지로 이동한다.

그림 12-3 글쓰기 페이지

글 목록 보기 페이지의 가운데에 있는 '제목'에서 '까스통님의 선물인 …'을 클릭하면 다음과 같은 글 내용 보기 페이지로 이동한다.

그림 12-4 글 내용 보기 페이지

글 목록 보기 페이지, 글쓰기 페이지, 글 내용 보기 페이지를 보면 왼쪽의 로그인, 서브 메뉴, 배너 등은 동일하게 나타나는 공통 부분이다. 그리고 상단 헤더, 하단 푸터, 로그인 콘텐츠 부분은 메인 페이지와 동일하다. 따라서 메인 페이지를 먼저 실습한 뒤 게시판 페이지를 작업할 때는 이 부분에 대한 설명을 생략할 것이다.

자, 그럼 지금부터 커뮤니티 사이트의 메인 페이지와 게시판 페이지(글 목록 보기, 글쓰기, 글 내용 보기)를 차근차근 만들어보자.

메인 페이지 제작

① 공통 CSS 파일

메인 페이지를 이루는 각 블록의 제작 실습을 진행하기 전에 먼저 사이트의 모든 페이지에 공통으로 적용되는 '공통 CSS 파일'을 살펴보자.

예제 12-1 사이트 전체에 적용되는 공통 CSS 파일   source/12/css/common.css

```
01 * {
02     margin:0;
03     padding:0;
04 }
05 body {
06     font-family:"맑은 고딕", "돋움";
07     font-size:12px;
08     color:#444444;
09 }
10 ul {
11     list-style-type:none;
12 }
13 .clear {
14     clear:both;
15 }
16 #wrap {
17     width:970px;
18     margin:0 auto;
19 }
```

▼ 소스코드 살펴보기

• **마진과 패딩의 초기화**

　1~4행에서 페이지의 모든 요소에 대해 마진과 패딩을 0으로 초기화했다.

• **글자의 기본 글꼴, 크기, 색상 설정**

　5~9행에서 전체 페이지에 사용하는 글자의 기본 글꼴, 크기, 색상을 지정했다.

- **목록의 글머리 삭제**

  10~12행에서 목록 태그인 〈ul〉과 〈li〉 태그의 각 항목에 붙는 글머리를 삭제했다.

- **float 속성 해제**

  13~15행에서 클래스 clear를 이용하여 앞에서 사용한 float 속성을 해제했다.

TIP / clear 속성을 이용한 float 속성의 해제에 대한 자세한 설명은 10장 1절을 참조하기 바란다.

- **전체 페이지 가운데 정렬**

  16~19행에서 아이디 wrap에 대해 전체 페이지의 너비를 970px로 지정하여 전체 페이지가 가운데 정렬이 되게 했다.

TIP / 아이디 wrap을 이용한 페이지의 가운데 정렬에 대한 자세한 설명은 11장 2절을 참조하기 바란다.

2 상단 헤더

다음으로 메인 페이지 위쪽에 위치한 상단 헤더를 만들어보자.

예제 12-2   상단 헤더 만들기   source/12/index.html

```
01  <!DOCTYPE html>
02  <html>
03  <head>
04  <meta charset="utf-8">
05  <title>클래식기타 커뮤니티</title>
06  <link rel="stylesheet" type="text/css" href="css/common.css">
07  <link rel="stylesheet" type="text/css" href="css/header.css">
08  <link rel="stylesheet" type="text/css" href="css/footer.css">
09  <link rel="stylesheet" type="text/css" href="css/main.css">
10  </head>
11  <body>
12  <div id="wrap">
13  <header>
14    <a href="index.html"><img id="logo" src="img/logo.png"></a>
15  <nav id="top_menu">
16    HOME | LOGIN | JOIN | NOTICE
17  </nav>
18  <nav id="main_menu">
19    <ul>
20      <li><a href="board_list.html">자유 게시판</a></li>
21      <li><a href="#">기타 연주</a></li>
22      <li><a href="#">공동 구매</a></li>
```

```
23      <li><a href="#">연주회 안내</a></li>
24      <li><a href="#">회원 게시판</a></li>
25    </ul>
26  </nav>
27  </header> <!-- header -->
<!-- 생략 -->
188 </div> <!-- wrap -->
189 </body>
190 </html>
```

CSS 소스코드   source/12/css/header.css

```
01  /* 상단 헤더 */
02  header {
03      height:100px;
04      position:relative;
05  }
06  header #logo {
07      position:absolute;
08      top:10px;
09      left:20px;
10  }
11  header #top_menu {
12      position:absolute;
13      top:10px;
14      left:770px;
15  }
16  header #main_menu {
17      width:757px;
18      height:38px;
19      background-image:url("../img/main_menu_bg.png");
20      background-repeat:no-repeat;
21      position:absolute;
22      top:40px;
23      left:210px;
24  }
25  header #main_menu li {
26      display:inline-block;
27      margin:12px 30px 0 50px;
28      font-size:13px;
```

```
29  }
30  header #main_menu a:link {
31      text-decoration:none;
32      color:#ffffff;
33  }
34  header #main_menu a:hover {
35      text-decoration:none;
36      color:#ffffff;
37  }
38  header #main_menu a:visited {
39      text-decoration:none;
40      color:#ffffff;
41  }
42  header #main_menu a:active {
43      text-decoration:none;
44      color:#ffffff;
45  }
```

▼ 실행 결과

그림 12-5 메인 페이지의 상단 헤더 만들기

▼ <u>소스코드 살펴보기</u>

• CSS 파일 삽입

6행에서 공통 CSS 파일인 'common.css'를 문서에 삽입하고, 7행에서는 상단 헤더에 대한 CSS 파일인 'header. css'를, 8행에서는 하단 푸터에 해당하는 CSS 파일인 'footer.css'를 삽입했다. 그리고 9행에서는 메인 CSS 파일 인 'main.css'를 삽입했는데, 이는 메인 페이지의 왼쪽 콘텐츠와 메인 콘텐츠에 해당하는 CSS 파일이다.

TIP/ 외부 스타일시트 파일을 삽입하는 방법에 대한 자세한 설명은 5장 1절을 참조하기 바란다.

• 헤더의 구성

13~27행에 의해 실행 결과 화면에 상단 헤더가 나타났다. 이는 14행의 로고 이미지(아이디 logo), 15~17행의 상 단 메뉴(아이디 top_menu), 18~26행의 메인 메뉴(아이디 main_menu)의 세 콘텐츠로 구성되었다.

• CSS 소스코드 : 부모 박스에 position 속성 설정

CSS 소스코드의 4행에서 부모 박스인 header의 position 속성을 'relative'로 지정했다. 이와 같이 부모 박스의 position 속성을 'relative'로 지정하면 자식 박스인 로고 이미지, 상단 메뉴, 메인 메뉴가 이 부모 박스를 기준으로 이동한다.

TIP/ position 속성의 relative와 absolute에 대한 자세한 설명은 10장 3절을 참조하기 바란다.

- **CSS 소스코드 : 이미지와 메뉴 배치**

  CSS 소스코드의 7~9행에서 로고 이미지(아이디 logo)의 position 속성을 'absolute'로 지정하고 상단에서 10px, 왼쪽에서 20px 떨어지게 배치했다. 또한 12~14행에서 상단 메뉴(아이디 top_menu)의 position 속성을 'absolute'로 지정하고 상단에서 10px, 왼쪽에서 770px 떨어지게 배치했다. 마지막으로 21~23행에서는 메인 메뉴(아이디 main_menu)의 position 속성을 'absolute'로 지정하고 상단에서 40px, 왼쪽에서 210px 떨어지게 배치했다.

- **CSS 소스코드 : 메인 메뉴에 배경 이미지 삽입**

  CSS 소스코드의 17~20행에서 메인 메뉴 박스의 너비와 높이를 설정한 다음 배경 이미지를 삽입했다.

TIP/ 배경 이미지의 삽입에 대한 자세한 설명은 7장 2절을 참조하기 바란다.

- **메인 메뉴의 각 항목 배치**

  19~25행에서 만든 메인 메뉴의 각 항목(자유 게시판, 기타 연구, 공동 구매, 연주회 안내, 회원 게시판)을 CSS 소스코드 26행에서 'inline-block'으로 설정하고, 27행에서는 마진으로 배치를 지정했다.

TIP/ display 속성의 inline-block에 대한 자세한 설명은 8장 4절을 참조하기 바란다.

- **메인 메뉴의 링크**

  20~24행에 있는 메인 메뉴의 각 항목은 〈a〉 태그에 의해 링크가 걸려 있다. href 속성에서 사용한 #는 임시 링크를 의미한다. 임시 링크는 링크 걸린 페이지가 아직 준비되지 않았을 때 임시로 링크를 걸어놓기 위해 사용한다.

- **CSS 소스코드 : 링크 글자 꾸미기**

  CSS 소스코드의 30~45행에서 메인 메뉴에 링크된 글자를 꾸몄다.

TIP/ 링크된 글자에 CSS를 설정하는 방법에 대한 자세한 설명은 5장 4절을 참조하기 바란다.
TIP/ CSS 소스코드 19행의 배경 이미지 파일 경로에 쓰인 '../'는 상위 폴더를 의미한다. 상위 폴더에 대한 자세한 설명은 3장 2절을 참조하기 바란다.

3 왼쪽 콘텐츠 – 로그인과 방명록

메인 페이지의 왼쪽 콘텐츠는 로그인과 방명록으로 구성되어 있다. 로그인과 방명록 부분을 차례대로 만들어본다.

❶ 로그인 부분 만들기

다음 예제에서는 메인 페이지의 왼쪽 콘텐츠 중 로그인 부분을 만드는 방법을 알아보자.

```
<!-- 생략 -->
09 <link rel="stylesheet" type="text/css" href="css/main.css">
<!-- 생략 -->
28 <aside>
29   <article id="login_box">
30     <img id="login_title" src="img/ttl_login.png">
31     <div id="input_button">
32     <ul id="login_input">
33       <li><input type="text"></li>
34       <li><input type="password"></li>
35     </ul>
36     <img id="login_btn" src="img/btn_login.gif">
37     </div>
38     <div class="clear"></div>
39     <div id="join_search">
40       <img src="img/btn_join.gif">
41       <img src="img/btn_search.gif">
42     </div>
43   </article>
<!-- 생략 -->
68 </aside>
<!-- 생략 -->
```

CSS 소스코드   source/12/css/main.css

```
01 /* 왼쪽 콘텐츠 */
02 aside {
03     width:190px;
04     float:left;
05 }
06 /* 로그인 */
07 aside #login_box {
08     width:186px;
09     height:120px;
10     border:solid 1px #dddddd;
11     border-radius:10px;
12     background-color:#f3f3f3;
13 }
```

```
14  aside #login_title {
15      margin:10px 0 0 10px;
16  }
17  aside #input_button {
18      margin:10px 0 0 10px;
19  }
20  aside #login_input {
21      float:left;
22  }
23  aside #login_btn {
24      float:left;
25      margin:3px 0 0 5px;
26  }
27  aside #login_input input {
28      width:100px;
29      height:20px;
30      border:solid 1px #dddddd;
31  }
32  aside #login_input li {
33      margin-top:2px;
34  }
35  aside #join_search {
36      margin:10px 0 0 5px;
37  }
/* 생략 */
```

▼ 실행 결과

그림 12-6 메인 페이지 왼쪽 콘텐츠의 로그인 부분 만들기

▼ 소스코드 살펴보기

• 〈aside〉 태그

28~68행의 〈aside〉 태그에 의해 메인 페이지의 왼쪽 콘텐츠가 실행 결과 화면에 나타났다.

- **〈article〉 태그**

  29~43행의 〈article〉 태그에 의해 왼쪽 콘텐츠 중에서 전체 로그인 박스가 나타났다.

- **CSS 소스코드 : 로그인 박스 설정**

  CSS 소스코드의 7~13행에서 모서리가 둥근 사각형 로그인 박스(아이디 login_box)의 너비와 높이, 경계선, 모서리의 둥근 정도, 배경 색상 등을 지정했다.

- **CSS 소스코드 : 입력 창과 로그인 버튼 배치**

  CSS 소스코드 21행과 24행의 'float: left'에 의해 입력 창(아이디 login_input)과 로그인 버튼(아이디 login_btn)이 수평 방향으로 배치되었다.

❷ 방명록 부분 만들기

이어서 메인 페이지 왼쪽 콘텐츠의 방명록 부분을 만들어보자.

예제 12-4 방명록 부분 만들기	source/12/index.html

```
<!— 생략 —>
09 <link rel="stylesheet" type="text/css" href="css/main.css">
<!— 생략 —>
28 <aside>
<!— 생략 —>
45   <article id="guestbook">
46     <div id="guestbook_title">
47       <img src="img/ttl_memo.gif">
48     </div>
49     <ul>
50       <li>안녕하세요!</li>
51       <li>안녕하세요!</li>
52       <li>안녕하세요!</li>
53       <li>안녕하세요!</li>
54     </ul>
55   </article>
<!— 생략 —>
68 </aside>
<!— 생략 —>
```

CSS 소스코드	source/12/css/main.css

```
/* 생략 */
41 /* 방명록 */
```

```
42  aside #guestbook {
43      width:189px;
44      height:135px;
45      margin-top:15px;
46      background-color:#eeeeee;
47      border:solid 1px #cccccc;
48      border-radius:10px;
49      box-shadow:2px 2px 5px #dddddd;
50  }
51  aside #guestbook_title {
52      width:165px;
53      padding:10px 0 0 5px;
54      margin:0 0 0 8px;
55      border-bottom:solid 1px #cccccc;
56  }
57  aside #guestbook ul {
58      margin:10px 0 0 40px;
59  }
60  aside #guestbook li {
61      margin-top:5px;
62      list-style-image:url("../img/icon_blue.gif");
63  }
/* 생략 */
```

▼ 실행 결과

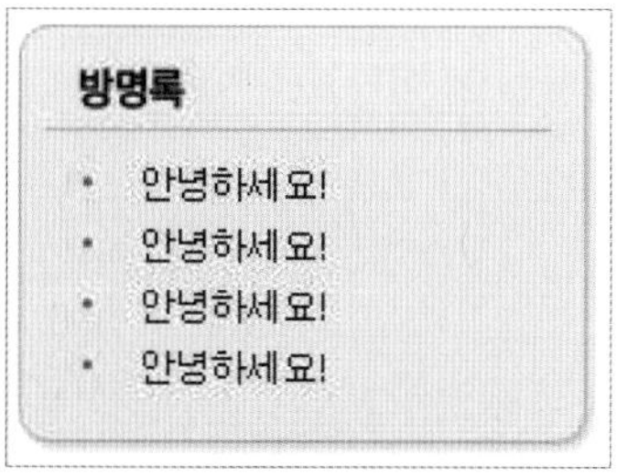

그림 12-7 메인 페이지 왼쪽 콘텐츠의 방명록 부분 만들기

▼ 소스코드 살펴보기

• 〈article〉 태그

　45~55행의 〈article〉 태그에 의해 방명록 부분이 실행 결과 화면에 나타났다.

• CSS 소스코드 : 방명록 박스 설정

　CSS 소스코드의 42~50행에서 모서리가 둥근 사각형의 방명록 박스(아이디 guestbook)에 대해 설정했다. 즉 박스의 너비와 높이, 상단 마진, 배경 색상, 경계선, 모서리의 둥근 정도, 박스 그림자 등을 지정했다.

- **제목 꾸미기**

  제목인 '방명록'은 텍스트가 아니라 46~48행에서 삽입한 이미지로 나타났다. 제목 아래의 가로선은 CSS 소스코드의 55행에서 그린 것이다.

- **글 목록과 글머리 이미지 삽입**

  49~54에 의해 '방명록' 제목 아래의 글 목록이 나타났다. CSS 소스코드의 62행에서 각 항목 앞에 있는 글머리 이미지를 삽입했다.

4 메인 콘텐츠

메인 페이지의 중앙에 있는 메인 콘텐츠는 메인 이미지, 공지사항/자유 게시판/YOUTUBE 동영상 콘텐츠와 포토갤러리 콘텐츠로 이루어져 있다. 각 콘텐츠의 제작 방법을 살펴보자.

❶ 공지사항/자유 게시판/YOUTUBE 동영상 콘텐츠 부분 만들기

다음 예제에서 공지사항/자유 게시판/YOUTUBE 동영상 콘텐츠 부분을 만들어보자.

예제 12-5	공지사항/자유 게시판/YOUTUBE 동영상 콘텐츠 부분 만들기	source/12/index.html

```
<!— 생략 —>
09  <link rel="stylesheet" type="text/css" href="css/main.css">
<!— 생략 —>
70  <section id="main">
71    <img src="img/main_img.png">
72    <section id="notice_free_youtube">
73      <article id="notice">      <!— 공지사항 —>
74        <div class="latest_title">
75          <img class="latest_img" src="img/latest1.gif">
76          <img class="more" src="img/more.gif">
77          <div class="clear"></div>
78        </div>
79        <div class="latest_content">
80          <img class="image" src="img/book_pen.gif">
81          <ul class="list">
82            <li>
83              <div class="subject">루바토 개편과 사이트 이용...</div>
84              <div class="date">2017-09-20</div>
85              <div class="clear"></div>
86            </li>
```

```
87      <li>
88        <div class="subject">루바토 개편과 사이트 이용...</div>
89        <div class="date">2017-09-20</div>
90        <div class="clear"></div>
91      </li>
92      <li>
93        <div class="subject">루바토 개편과 사이트 이용...</div>
94        <div class="date">2017-09-20</div>
95        <div class="clear"></div>
96      </li>
97      <li>
98        <div class="subject">루바토 개편과 사이트 이용...</div>
99        <div class="date">2017-09-20</div>
100       <div class="clear"></div>
101     </li>
102    </ul>
103   </div>
104 </article>
105 <article id="free">        <!--자유 게시판 -->
106   <div class="latest_title">
107     <img class="latest_img" src="img/latest2.gif">
108     <img class="more" src="img/more.gif">
109     <div class="clear"></div>
110   </div>
111   <div class="latest_content">
112     <img class="image" src="img/book_pen.gif">
113     <ul class="list">
114       <li>
115         <div class="subject">까스통님의 선물인 보드카...</div>
116         <div class="date">2017-09-20</div>
117         <div class="clear"></div>
118       </li>
119       <li>
120         <div class="subject">까스통님의 선물인 보드카...</div>
121         <div class="date">2017-09-20</div>
122         <div class="clear"></div>
123       </li>
124       <li>
125         <div class="subject">까스통님의 선물인 보드카...</div>
126         <div class="date">2017-09-20</div>
127         <div class="clear"></div>
```

```
128          </li>
129          <li>
130            <div class="subject">까스통님의 선물인 보드카...</div>
131            <div class="date">2017-09-20</div>
132            <div class="clear"></div>
133          </li>
134        </ul>
135      </div>
136    </article>
137    <article id="youtube">          <!--YOUTUBE 동영상 -->
138      <div class="latest_title">
139        <img class="latest_img" src="img/latest3.gif">
140        <img class="more" src="img/more.gif">
141        <div class="clear"></div>
142      </div>
143      <img id="youtube_img" src="img/bach.jpg">
144    </article>
145  </section> <!-- notice_free_youtube -->
<!-- 생략 -->
172 </section> <!-- section main -->
<!-- 생략 -->
```

CSS 소스코드   source/12/css/main.css

```
/* 생략 */
74   /* 우측 메인 콘텐츠 */
75   section#main {
76      width:758px;
77      float:right;
78      /* border:solid 1px #ff0000; */
79   }
80   /* 공지사항, 자유 게시판, YOUTUBE를 포함하는 박스 */
81   section#main #notice_free_youtube {
82      height:250px;
83      position:relative;
84      margin-top:10px;
85      /* border:solid 1px #ff0000; */
86   }
87   /* 공지사항 박스 */
88   section#main #notice {
```

```css
89        width:360px;
90        position:absolute;
91        /*border:solid 1px #0000ff; */
92    }
93    /* 최근 게시물 제목 */
94    section#main .latest_title {
95        padding-bottom:3px;
96        border-bottom:solid 1px #cccccc;
97    }
98    section#main .latest_title img.latest_img {
99        float:left;
100   }
101   section#main .latest_title img.more {
102       float:right;
103   }
104   /* 최근 게시물 이미지와 목록 */
105   section#main .latest_content .image {
106       float:left;
107       margin:10px 0 0 20px;
108   }
109   section#main .latest_content .list {
110       float:right;
111       /* border:solid 1px #ff0000; */
112   }
113   section#main .latest_content li {
114       padding:10px 0 10px 0;
115       /*border:solid 1px #ff0000; */
116   }
117   section#main .latest_content .list div {
118       float:left;
119   }
120   section#main .latest_content .list .subject {
121       width:170px;
122   }
123   /* 자유 게시판 박스 */
124   section#main #free {
125       width:360px;
126       position:absolute;
127       top:120px;
128       /*border:solid 1px #0000ff; */
129   }
```

```
130    /* YOUTUBE 동영상 박스 */
131    section#main #youtube {
132        width:365px;
133        height:250px;
134        position:absolute;
135        left:380px;
136        /* border:solid 1px #0000ff; */
137    }
138    section#main #youtube_img {
139        margin:10px 0 0 45px;
140    }
/* 생략 */
```

▼ 실행 결과

그림 12-8 메인 콘텐츠의 공지사항/자유 게시판/YOUTUBE 동영상 콘텐츠 부분 만들기

▼ 소스코드 살펴보기

• 메인 콘텐츠

70~172행에서 〈section〉 태그를 사용하여 메인 페이지 중앙의 메인 콘텐츠(공지사항, 자유 게시판, YOUTUBE 동영상, 포토갤러리)를 나타냈다. 메인 콘텐츠 부분을 지칭하기 위해 70행에서 아이디 main을 사용했다.

• 메인 이미지 삽입

71행에서 메인 콘텐츠 상단에 메인 이미지(main_img.png)를 삽입했다.

• CSS 소스코드 : 메인 콘텐츠 배치

CSS 소스코드의 75~79행에서 메인 콘텐츠를 너비 758px로 오른쪽에 배치했다.

• 공지사항/자유 게시판/YOUTUBE 동영상 콘텐츠 박스

72~145행에서 〈section〉 태그와 아이디 notice_free_youtube로 공지사항/자유 게시판/YOUTUBE 동영상 박스를 정의했다.

- **CSS 소스코드 : 아이디 notice_free_youtube의 position 속성 설정**

  CSS 소스코드의 83행에서 아이디 notice_free_youtube의 position 속성을 'relative'로 지정했다. 이 박스는 공지사항(아이디 notice), 자유 게시판(아이디 free), YOUTUBE 동영상(아이디 youtube) 콘텐츠 박스를 포함하는 부모 박스가 된다.

- **공지사항 박스**

  73~104행에서 〈article〉 태그와 아이디 notice를 사용하여 메인 콘텐츠 왼쪽 상단의 공지사항 박스를 만들었다. 그리고 CSS 소스코드의 90행에서 'position:absolute'로 이 박스를 배치했다.

- **CSS 소스코드 : '공지사항' 제목과 'more' 이미지 배치**

  CSS 소스코드 99행의 'float:left'와 102행의 'float:right'에 의해 '공지사항' 제목을 나타내는 이미지(latest1.gif)와 'more' 이미지(more.gif)가 각각 배치되었다. 여기서 사용된 클래스 latest_img와 클래스 more는 자유 게시판과 YOUTUBE 동영상의 제목 부분을 작성하는 데에도 쓰인다.

- **공지사항의 이미지와 글 목록 배치**

  공지사항 왼쪽의 이미지(book_pen.gif)는 80행에서, 글 목록(클래스 list)은 81~102행에서 삽입했다. 그리고 CSS 소스코드 106행과 110행에서 각각 공지사항 이미지와 글 목록을 배치했다.

- **공지사항의 글 제목과 날짜 배치**

  CSS 소스코드 118행의 'float:left'에 의해 공지사항의 글 제목(루바토 개편과 사이트 이용...)과 날짜(2017-09-20)가 배치되었다.

- **자유 게시판**

  공지사항 아래에 있는 자유 게시판 콘텐츠 부분은 공지사항과 거의 유사한 방식으로 만들어지므로 설명을 생략한다.

- **YOUTUBE 동영상**

  YOUTUBE 동영상의 제목 이미지(latest3.gif)와 'more' 이미지(more.gif)도 공지사항과 마찬가지 방식으로 처리되었다. 143행에서 동영상을 나타내는 이미지(bach.jpg)를 삽입했다.

❷ 포토갤러리 콘텐츠 부분 만들기

이어서 메인 콘텐츠의 포토갤러리 콘텐츠 부분을 만들어보자.

예제 12-6 포토갤러리 콘텐츠 부분 만들기   source/12/index.html

```
<!-- 생략 -->
09  <link rel="stylesheet" type="text/css" href="css/main.css">
<!-- 생략 -->
70  <section id="main">
<!-- 생략 -->
147    <section id="gallery">
```

```
148    <img src="img/latest4.gif">
149    <div id="gallery_box">
150      <div id="gallery_list">
151        <div class="items">
152          <ul>
153            <li><img src="img/img1.jpg"></li>
154            <li>기타 페스티벌 4중주</li>
155          </ul>
156        </div>
157        <div class="items">
158          <ul>
159            <li><img src="img/img1.jpg"></li>
160            <li>기타 페스티벌 4중주</li>
161          </ul>
162        </div>
163        <div class="items">
164          <ul>
165            <li><img src="img/img1.jpg"></li>
166            <li>기타 페스티벌 4중주</li>
167          </ul>
168        </div>
169      </div> <!-- galley_list -->
170    </div> <!-- gallery_box -->
171  </section> <!-- gallery -->
172 </section> <!-- section main -->
<!-- 생략 -->
```

CSS 소스코드   source/12/css/main.css

```
/* 생략 */
141  /* 포토갤러리 */
142  section#main #gallery_box {
143      width:749px;
144      height:204px;
145      margin:10px 0 0 5px;
146      border:solid 1px #cccccc;
147      border-radius:10px;
148      box-shadow:2px 2px 5px #dddddd;
149  }
150  section #gallery_list {
```

```
151    padding:25px 0 0 18px;
152 }
153 section .items {
154    float:left;
155    text-align:center;
156    margin-left:35px;
157 }
158 section .items li {
159    margin-top:3px;
160 }
```

▼ 실행 결과

그림 12-9 메인 콘텐츠의 포토갤러리 콘텐츠 부분 만들기

▼ 소스코드 살펴보기

• 포토갤러리 제목 이미지 삽입

148행에서 포토갤러리 제목 이미지(latest4.gif)를 삽입했다.

• 포토갤러리 박스

149~170행에서 모서리가 둥근 사각형의 포토갤러리 박스(아이디 gallery_box)를 삽입했다. 그리고 CSS 소스코드의 142~149행에서 포토갤러리 박스의 너비, 높이, 마진, 경계선, 모서리의 둥근 정도, 그림자 등을 지정했다.

• 포토갤러리의 이미지 목록

포토갤러리에 있는 세 개의 이미지 목록은 각각 151~156행, 157~162행, 163~168행에서 정의되었다. 이때 사용한 클래스는 items이다. 각 이미지 목록은 CSS 소스코드 154행의 'float:left'에 의해 배치되었다.

5 하단 푸터

메인 페이지의 마지막 부분인 하단 푸터를 만들어보자. 메인 페이지 맨 밑에 있는 하단 푸터는 로고, 주소 및 연락처, SNS 아이콘으로 구성되어 있다.

예제 12-7 하단 푸터 만들기   source/12/index.html

```
<!-- 생략 -->
08  <link rel="stylesheet" type="text/css" href="css/footer.css">
<!-- 생략 -->
175 <footer>
176   <img id="footer_logo" src="img/footer_logo.gif">
177   <ul id="address">
178     <li>서울시 강남구 삼성동 1234 우 : 123-1234</li>
179     <li>TEL : 031-123-1234  Email : email@domain.com</li>
180     <li>COPYRIGHT (C) 루바토 ALL RIGHTS RESERVED</li>
181   </ul>
182   <ul id="footer_sns">
183     <li><img src="img/facebook.gif"></li>
184     <li><img src="img/blog.gif"></li>
185     <li><img src="img/twitter.gif"></li>
186   </ul>
187 </footer> <!-- footer -->
<!-- 생략 -->
```

CSS 소스코드   source/12/css/footer.css

```
01  /* 하단 푸터 */
02  footer {
03      height:100px;
04      margin-top:30px;
05      border-top:solid 1px #bbbbbb;
06  }
07  footer #footer_logo {
08      float:left;
09      margin:5px 0 0 210px;
10  }
11  footer #address {
12      float:left;
13      margin:20px 0 0 50px;
14  }
```

```
15  footer #footer_sns {
16      float:right;
17      margin:20px 10px 0 0;
18  }
19  footer #footer_sns li {
20      display:inline;
21  }
```

▼ 실행 결과

그림 12-10 메인 페이지의 하단 푸터 만들기

▼ 소스코드 살펴보기

• 푸터 박스와 회색 선

175~187행의 〈footer〉 태그에 의해 하단 푸터 전체를 감싸는 푸터 박스가 생성되었다. 푸터 위에 있는 회색 선은
CSS 소스코드의 5행에서 그린 것이다.

• CSS 소스코드 : 로고, 주소 및 연락처, SNS 아이콘 박스 배치

CSS 소스코드 8행의 'float:left', 12행의 'float:left', 16행의 'float:right'에 의해 하단 푸터 왼쪽의 로고, 가운데의
주소 및 연락처, 오른쪽의 SNS 아이콘 박스가 각각 배치되었다.

• SNS 아이콘

182~186행에서 〈ul〉과 〈li〉 태그를 사용하여 하단 푸터 오른쪽의 SNS 아이콘 이미지 목록을 나타냈다. 그리고
CSS 소스코드 20행의 'display:inline'으로 아이콘을 수평 방향으로 정렬했다.

게시판의 글 목록 보기 페이지 제작

이 절에서는 게시판의 글 목록 보기 페이지를 제작하는 방법을 익혀보자.

1 글 목록 보기 페이지의 외부 CSS 파일

먼저 글 목록 보기 페이지에서 사용할 외부 CSS 파일에 대해 알아보자. 글 목록 보기 페이지에서 외부 CSS 파일을 불러오는 부분은 다음 예제와 같다.

예제 12-8 글 목록 보기 페이지의 CSS 파일 불러오기	source/12/board_list.html

```
01  <!DOCTYPE html>
02  <html>
03  <head>
04  <meta charset="utf-8">
05  <title>클래식기타 커뮤니티</title>
06    <link rel="stylesheet" type="text/css" href="css/common.css">
07    <link rel="stylesheet" type="text/css" href="css/header.css">
08    <link rel="stylesheet" type="text/css" href="css/footer.css">
09    <link rel="stylesheet" type="text/css" href="css/board_left.css">
10    <link rel="stylesheet" type="text/css" href="css/board_list_main.css">
11  </head>
<!-- 생략 -->
```

▼ 소스코드 살펴보기

• 공통 CSS 파일

　6행에서 전체 사이트의 공통 CSS 파일인 'common.css'를 불러왔다. 이 파일은 앞에서 메인 페이지를 만들 때 사용한 파일과 동일한 것이다.

• 상단 헤더의 CSS 파일과 하단 푸터의 CSS 파일

　7행과 8행에서 각각 상단 헤더의 CSS 파일(header.css)과 하단 푸터의 CSS 파일(footer.css)을 불러왔다. 이 두 파일도 메인 페이지의 상단 헤더와 하단 푸터를 만들 때 사용한 파일과 동일한 것이다.

- **게시판 왼쪽 콘텐츠의 CSS 파일**

  9행에서 게시판 페이지의 왼쪽 콘텐츠(로그인, 서브 메뉴, 배너)에서 사용하는 CSS 파일(board_left.css)을 불러왔다. 'board_left.css' 파일은 4절에서 자세히 살펴볼 것이다.

- **글 목록 보기 페이지의 메인 콘텐츠 CSS 파일**

  글 목록 보기 페이지 오른쪽의 메인 콘텐츠를 나타내기 위해 10행에서 'board_list_main.css' 파일을 불러왔다. 이 파일 또한 4절에서 자세히 설명할 것이다.

2 서브 메뉴와 배너

게시판 페이지의 왼쪽에 공통으로 나타나는 서브 메뉴와 배너를 제작하는 방법을 살펴보자.

❶ 서브 메뉴 만들기

게시판 페이지 왼쪽의 구성 요소 중에서 먼저 서브 메뉴를 만들어보자.

예제 12-9 서브 메뉴 만들기   source/12/board_list.html

```
<!— 생략 —>
09 <link rel="stylesheet" type="text/css" href="css/board_left.css">
<!— 생략 —>
45  <nav id="sub_menu">
46    <ul>
47      <li><a href="board_list.html">+ 자유 게시판</a></li>
48      <li><a href="#">+ 방명록</a></li>
49      <li><a href="#">+ 공지사항</a></li>
50      <li><a href="#">+ 등업 요청</a></li>
51      <li><a href="#">+ 포토갤러리</a></li>
52    </ul>
53  </nav>
<!— 생략 —>
```

CSS 소스코드   source/12/css/board_left.css

```
/* 생략 */
41  /* 서브 메뉴 */
42  aside #sub_menu {
43      width:186px;
44      height:320px;
45      margin-top:15px;
```

```
46    background-image:url("../img/sub_menu_bg.png");
47    background-repeat:no-repeat;
48    /* border:solid 1px #ff0000; */
49 }
50 aside #sub_menu ul {
51    padding:80px 0 0 30px;
52 }
53 aside #sub_menu li {
54    margin:10px 0 0 0;
55 }
56 aside #sub_menu a:link {
57    text-decoration:none;
58    font-size:14px;
59    color:#444444;
60 }
61 aside #sub_menu a:hover {
62    text-decoration:none;
63    font-size:14px;
64    color:#0000ff;
65    font-weight:bold;
66 }
67 aside #sub_menu a:visited {
68    text-decoration:none;
69    font-size:14px;
70    color:#444444;
71 }
72 aside #sub_menu a:active {
73    text-decoration:none;
74    font-size:14px;
75    color:#444444;
76 }
/* 생략 */
```

▼ 실행 결과

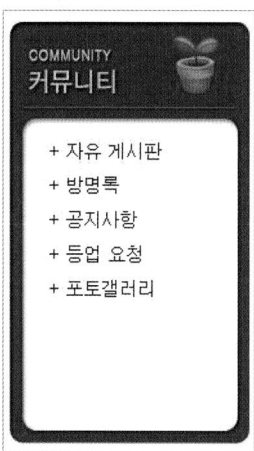

그림 12-11 게시판 페이지 왼쪽의 서브 메뉴 만들기

▼ 소스코드 살펴보기

• **서브 메뉴와 링크**

게시판 페이지 왼쪽의 서브 메뉴는 다섯 개 항목으로 이루어져 있는데, 이 서브 메뉴는 45~53행에서 〈nav〉 태그와 목록 태그로 정의되었다. 각각의 메뉴 항목은 〈a〉 태그에 의해 임시 링크(#) 또는 해당 페이지로 링크가 걸려 있다. 실행 결과 화면에서 첫 번째 메뉴인 '+ 자유 게시판'을 클릭하면 47행의 〈a〉 태그에 의해 자유 게시판의 글 목록 보기 페이지인 'board_list.html'로 이동하게 된다.

• **서브 메뉴 박스의 정의**

45행에서 아이디 sub_menu로 서브 메뉴 박스를 정의했다.

• **CSS 소스코드 : 서브 메뉴 박스 설정과 배경 이미지 삽입**

CSS 소스코드의 42~49행에서 서브 메뉴 박스(아이디 sub_menu)를 설정했다. 43~45행에서 박스의 너비, 높이, 상단 마진을 지정하고 46, 47행에서 배경 이미지(sub_menu_bg.png)를 삽입했다. 이때 배경 이미지의 경로에 사용한 '../'는 상위 폴더를 의미한다.

• **CSS 소스코드 : 링크 텍스트 꾸미기**

서브 메뉴의 각 항목에는 링크가 걸려 있는데, CSS 소스코드의 56~76행에서 이 링크 텍스트에 대해 설정했다.

TIP/ 링크가 걸린 텍스트를 꾸미는 방법에 대한 자세한 설명은 5장 4절을 참조하기 바란다.

❷ 배너 만들기

다음으로 앞에서 만든 서브 메뉴 아래에 있는 배너를 만들어보자.

```
<!— 생략 —>
09  <link rel="stylesheet" type="text/css" href="css/board_left.css">
<!— 생략 —>
54    <article id="sub_banner">
55      <ul>
56        <li><img src="img/banner1.png"></li>
57        <li><img src="img/banner2.png"></li>
58        <li><img src="img/banner3.png"></li>
59      </ul>
60    </article>
<!— 생략 —>
```

CSS 소스코드　　　　　　　　　　　source/12/css/board_left.css

```
/* 생략 */
77  /* 배너 */
78  aside #sub_banner {
79      width:186px;
80      height:156px;
81      margin:15px 0 0 0;
82      border:solid 1px #cccccc;
83      border-radius:10px;
84  }
85  aside #sub_banner ul {
86      padding:6px 0 0 4px;
87  }
88  aside #sub_banner ul img {
89      display:block;
90  }
```

▼ 실행 결과

그림 12-12 게시판 페이지 왼쪽의 배너 만들기

▼ 소스코드 살펴보기

• **배너 박스**

모서리가 둥근 사각형의 배너 박스는 54행에서 아이디 sub_banner로 정의되었다. 그리고 CSS 소스코드 78~84행에서 박스의 너비, 높이, 상단 마진, 경계선, 모서리의 둥근 정도를 지정했다.

• **배너 이미지 삽입**

55~59행에서 목록 태그를 사용하여 세 개의 배너 이미지를 삽입했다. 이때 배너 이미지 사이의 공백을 없애기 위해 CSS 소스코드의 89행에서 〈img〉 태그의 display 속성을 'block'으로 지정했다.

여기서 잠깐

〈img〉 태그의 display 속성으로 디스플레이 방식 지정하기

배너의 CSS 소스코드 89행에서 〈img〉 태그에 적용한 'display:block'을 사용하지 않으면 수직 방향의 배너 이미지 사이에 공간이 생겨서 이미지의 간격이 벌어지게 된다. 〈img〉 태그는 겉으로 보기에는 〈div〉 태그처럼 블록 방식인 듯하지만 기본적으로 인라인 방식이다. 인라인 방식으로 이미지를 배열하면 이미지 사이에 공간이 생기는 현상이 발생하는데, 이를 방지하려면 'display:block' 명령을 사용하여 〈img〉 태그의 디스플레이 방식을 블록으로 변경해야 한다.

---

3 메인 콘텐츠

다음 예제를 통해 게시판의 메인 콘텐츠인 글 목록 보기 페이지를 제작하는 방법을 살펴보자.

예제 12-11 글 목록 보기 페이지 만들기   source/12/board_list.html

```
<!-- 생략 -->
10  <link rel="stylesheet" type="text/css" href="css/board_list_main.css">
<!-- 생략 -->
63  <section id="main">
64    <img src="img/comm.gif">
65    <h2 id="board_title">자유 게시판 </h2>
66    <div id="total_search">
67      <div id="total">▷ 총 5개의 게시물이 있습니다.</div>
68      <div id="search">
69        <div id="select_img"><img src="img/select_search.gif"></div>
70        <div id="search_select">
71          <select>
72            <option>제목</option>
73            <option>내용</option>
74            <option>글쓴이</option>
```

```
75        </select>
76      </div>
77      <div id="search_input"><input type="text"></div>
78      <div id"search_btn"><img src="img/search_button.gif"></div>
79    </div>
80  </div>
81  <table>
82    <tr>
83      <th>번호</th>
84      <th>제목</th>
85      <th>글쓴이</th>
86      <th>일시</th>
87      <th>조회수</th>
88    </tr>
89    <tr>
90      <td class="col1">1</td>
91      <td class="col2">
92        <a href="board_view.html">까스통님의 선물인 보드카가 정말 독하네요!!!</a>
93      </td>
94      <td class="col3">루바토</td>
95      <td class="col4">2017-09-20</td>
96      <td class="col5">15</td>
97    </tr>
98    <tr>
99      <td class="col1">2</td>
100     <td class="col2">
101       <a href="board_view.html">까스통님의 선물인 보드카가 정말 독하네요!!!</a>
102     </td>
103     <td class="col3">루바토</td>
104     <td class="col4">2017-09-20</td>
105     <td class="col5">15</td>
106   </tr>
107   <tr>
108     <td class="col1">3</td>
109     <td class="col2">
110       <a href="board_view.html">까스통님의 선물인 보드카가 정말 독하네요!!!</a>
111     </td>
112     <td class="col3">루바토</td>
113     <td class="col4">2017-09-20</td>
114     <td class="col5">15</td>
115   </tr>
```

```
116    </table>
117    <div id="buttons">
118      <div class="col1">◀ 이전 1 다음 ▶</div>
119      <div class="col2">
120        <img src="img/list.png">
121        <a href="board_write.html"><img src="img/write.png"></a>
122      </div>
123    </div>
124  </section> <!-- section main -->
<!-- 생략 -->
```

```
01  /* 우측 메인 콘텐츠 */
02  section#main {
03      width:758px;
04      float:right;
05      /* border:solid 1px #ff0000; */
06  }
07  section#main h2#board_title {
08      margin-top:20px;
09      padding:0 0 5px 0;
10      border-bottom:solid 1px #bbbbbb;
11  }
12  section#main #total_search {
13      height:35px;
14      position:relative;
15      /* border:solid 1px #ff0000; */
16  }
17  section#main #total {
18      position:absolute;
19      top:10px;
20  }
21  section#main #search {
22      position:absolute;
23      left:460px;
24  }
25  section#main #search #select_img {
26      position:absolute;
27      top:9px;
```

```
28    }
29    section#main #search #search_select {
30        position:absolute;
31        top:5px;
32        left:60px;
33    }
34    section#main #search #search_input {
35        position:absolute;
36        top:7px;
37        left:130px;
38    }
39    section#main #search #search_input input {
40        width:100px;
41    }
42    section#main #search #search_btn {
43        position:absolute;
44        top:6px;
45        left:240px;
46    }
47    section#main table {
48        border-collapse:collapse;
49        margin:0 auto;
50        width:100%;
51    }
52    section#main tr {
53        height:30px;
54    }
55    section#main th {
56        border-top:solid 2px #aaaaaa;
57        background-color:#eeeeee;
58    }
59    section#main td {
60        border-bottom:solid 1px #dddddd;
61    }
62    section#main td.col1 {
63        width:60px;
64        text-align:center;
65    }
66    section#main td.col2 {
67    }
68    section#main td.col3 {
```

```
69      width:60px;
70      text-align:center;
71   }
72   section#main td.col4 {
73      width:80px;
74      text-align:center;
75   }
76   section#main td.col5 {
77      width:60px;
78      text-align:center;
79   }
80   section#main td a:link {
81      text-decoration:none;
82      color:#444444;
83   }
84   section#main td a:hover {
85      text-decoration:none;
86      color:#444444;
87   }
88   section#main td a:visited {
89      text-decoration:none;
90      color:#444444;
91   }
92   section#main td a:active {
93      text-decoration:none;
94      color:#444444;
95   }
96   section #buttons {
97      margin-top:20px;
98   }
99   section #buttons .col1 {
100     float:left;
101     margin-left:300px;
102  }
103  section #buttons .col2 {
104     float:right;
105     margin-right:10px;
106  }
```

▼ 실행 결과

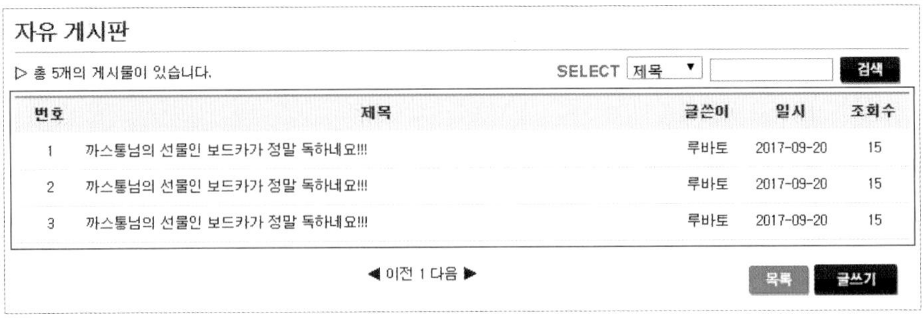

자유 게시판

▷ 총 5개의 게시물이 있습니다.　　　　　　　　　　SELECT 제목 ▼ 　　　　 검색

번호	제목	글쓴이	일시	조회수
1	까스통님의 선물인 보드카가 정말 독하네요!!!	루바토	2017-09-20	15
2	까스통님의 선물인 보드카가 정말 독하네요!!!	루바토	2017-09-20	15
3	까스통님의 선물인 보드카가 정말 독하네요!!!	루바토	2017-09-20	15

◀ 이전 1 다음 ▶　　　　　　　　　　목록　글쓰기

그림 12-13 메인 콘텐츠의 글 목록 보기 페이지 만들기

▼ 소스코드 살펴보기

• 전체 게시물 및 검색

실행 결과 화면 상단에서 '자유 게시판' 제목 아래의 '▷ 총 5개의 게시물이 있습니다.'부터 '검색' 부분은 66~80행에서 삽입되었다. 이 부분의 각 요소는 CSS 소스코드의 14, 18, 19, 22, 23, 26, 27, 30~32행의 position, top, left 속성에 의해 배치되었다.

• 글 목록 콘텐츠

실행 결과 화면에 빨간색 박스로 표시된 부분은 글 목록 콘텐츠로, 81~116행의 〈table〉, 〈tr〉, 〈th〉, 〈td〉 태그에 의해 정의되었다.

• CSS 소스코드 : 글 목록 콘텐츠의 테이블 설정

CSS 소스코드의 47~51행에서 글 목록 콘텐츠의 〈table〉 태그에 대해 CSS를 설정했다. 이때 49행의 'margin:0 auto'로 테이블을 가운데 정렬했다.

• CSS 소스코드 : 테이블의 제목 행과 배경 색상 설정

CSS 소스코드의 56, 57행에서 제목 행인 '번호, 제목, 글쓴이, 일시, 조회수'의 상단 경계선과 배경 색상을 지정했다.

• CSS 소스코드 : 열 너비 설정

글 목록 콘텐츠의 테이블에 다섯 개의 열이 있으며, CSS 소스코드의 63행(1번 열), 69행(3번 열), 73행(4번 열), 77행(5번 열)에서 각 열의 너비를 지정했다. 여기서 2번 열(클래스 col2)의 너비는 지정하지 않았는데, 이처럼 한 열의 너비를 지정하지 않으면 브라우저가 자동으로 그 열의 너비를 설정한다.

• 글 제목의 링크 꾸미기

92, 101, 110행에서 〈a〉 태그를 사용하여 글 내용 보기 페이지인 board_view.html로 링크를 걸었다. 따라서 글 제목인 '까스통님의 선물인 …'을 클릭하면 글 내용 보기 페이지로 이동한다. 또한 CSS 소스코드의 80~95행에서 링크 텍스트를 꾸몄다.

게시판의 글쓰기 페이지 제작

글쓰기 페이지는 글쓰기 콘텐츠 부분을 제외하면 글 목록 보기 페이지와 동일하다. 이 절에서는 글쓰기 콘텐츠 부분을 만드는 방법만 살펴본다.

예제 12-12	글쓰기 콘텐츠 부분 만들기	source/12/board_write.html

```
<!-- 생략 -->
10 <link rel="stylesheet" type="text/css" href="css/board_write_main.css">
<!-- 생략 -->
65  <h2 id="board_title">자유 게시판 </h2>
66  <div id="write_title"><h2>글쓰기</h2></div>
67  <table>
68   <tr id="name">
69    <td class="col1">이름</td>
70    <td class="col2"><input type="text"></td>
71   </tr>
72   <tr id="subject">
73    <td class="col1">제목</td>
74    <td class="col2"><input type="text"></td>
75   </tr>
76   <tr id="content">
77    <td class="col1">내용</td>
78    <td class="col2"><textarea></textarea></td>
79   </tr>
80   <tr id="upload">
81    <td class="col1">업로드 파일</td>
82    <td class="col2"><input type="text"> <input type="file"></td>
83   </tr>
84  </table>
85  <div id="buttons">
86   <a href="#"><img src="img/ok.png"></a>
87   <a href="board_list.html"><img src="img/list.png"></a>
88  </div>
<!-- 생략 -->
```

```
/* 생략 */
07  section#main h2#board_title {
08      margin-top:20px;
09      padding:0 0 5px 0;
10      /* border-bottom:solid 1px #bbbbbb; */
11  }
12  section#main #write_title {
13      text-align:center;
14      margin:10px 0 0 0;
15      padding:5px;
16      background-color:#eeeeee;
17      border-top:solid 2px #bbbbbb;
18      border-bottom:solid 1px #bbbbbb;
19  }
20  section#main table {
21      border-collapse:collapse;
22      margin:0 auto;
23      width:100%;
24  }
25  section#main td {
26      border-bottom:solid 1px #dddddd;
27      padding:10px;
28  }
29  section#main td.col1 {
30      width:150px;
31      text-align:center;
32      border-right:solid 1px #cccccc;
33  }
34  section#main td.col2 {
35      padding:5px 0 0 10px;
36  }
37  section#main #name input {
38      width:100px;
39      height:16px;
40      border:solid 1px #00ba2e;
41  }
42  section#main #subject input {
43      width:550px;
44      height:16px;
45  }
```

```
46  section#main #content textarea {
47      width:550px;
48      height:200px;
49      margin:5px 5px 5px 0;
50  }
51  section#main #buttons {
52      text-align:right;
53      margin:10px 10px 0 0;
54  }
```

▼ 실행 결과

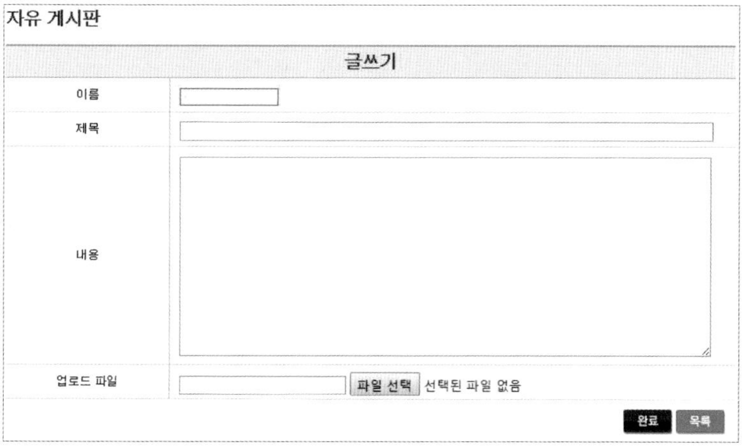

자유 게시판		
글쓰기		
이름		
제목		
내용		
업로드 파일	파일 선택 선택된 파일 없음	
	완료 목록	

그림 12-14 글쓰기 페이지의 글쓰기 콘텐츠 부분 만들기

▼ 소스코드 살펴보기

• CSS 소스코드 : 제목 설정

CSS 소스코드의 12~19행에서 회색 박스로 된 '글쓰기' 제목을 꾸몄다. 16행에서 배경 색상을 옅은 회색으로 지정하고 17, 18행에서 '글쓰기' 제목 위아래에 있는 회색 선을 그렸다.

• 글쓰기 폼 양식

글쓰기 콘텐츠에는 글쓰기 폼 양식이 있는데, 이는 67~84행의 ⟨table⟩, ⟨tr⟩, ⟨td⟩ 태그에 의해 정의되었다.

• CSS 소스코드 : 글쓰기 폼 양식 테이블 꾸미기

CSS 소스코드의 20~36행에서 글쓰기 폼 양식을 감싸는 테이블을 꾸몄다.

• CSS 소스코드 : 글쓰기 폼 양식 꾸미기

CSS 소스코드의 37~50행에서 글쓰기 폼 양식을 꾸몄다.

TIP/ CSS로 테이블 꾸미기에 대한 자세한 설명은 9장 1절을, CSS로 폼 양식 꾸미기에 대한 자세한 설명은 9장 3절과 4절을 참조하기 바란다.

게시판의 글 내용 보기 페이지 제작

게시판의 글 내용 보기 페이지는 글쓰기 페이지와 마찬가지로 글 내용 보기 콘텐츠 부분을 제외하고는 글 목록 보기 페이지와 동일하다. 다음 예제에서 글 내용 보기 콘텐츠 부분을 만들어보자.

예제 12-13 글 내용 보기 콘텐츠 부분 만들기　　　　　　source/12/board_view.html

```
<!— 생략 —>
10 <link rel="stylesheet" type="text/css" href="css/board_write_main.css">
<!— 생략 —>
65   <h2 id="board_title">자유 게시판 </h2>
66   <div id="view_title_box">
67     <span>까스통님의 선물인 보드카가 정말 독하네요!!!</span>
68     <span id="info">루바토 | 조회 : 208 | 2016-04-28 (09:20)</span>
69   </div>
70   <p id="view_content">
71     까스통님 고맙습니다. <br>
72     까스통님 고맙습니다. <br>
73     까스통님 고맙습니다. <br>
74     까스통님 고맙습니다. <br>
75     까스통님 고맙습니다. <br>
76   </p>
77   <div id="comment_box">
78     <img id="title_comment" src="img/title_comment.gif">
79     <textarea></textarea>
80     <img id="ok_ripple" src="img/ok_ripple.gif">
81   </div>
82   <div id="buttons">
83     <a href="#"><img src="img/delete.png"></a>
84     <a href="board_list.html"><img src="img/list.png"></a>
85     <a href="board_write.html"><img src="img/write.png"></a>
86   </div>
<!— 생략 —>
```

```
/* 생략 */
07  section#main h2#board_title {
08      margin-top:20px;
09      padding:0 0 5px 0;
10  }
11  section#main #view_title_box {
12      margin:10px 0 0 0;
13      padding:10px;
14      border-top:solid 2px #aaaaaa;
15      background-color:#eeeeee;
16  }
17  section#main #view_title_box #info {
18      margin:0 0 0 270px;
19  }
20  section#main #view_content {
21      padding:20px 10px 10px 10px;
22      line-height:150%;
23  }
24  section#main #comment_box {
25      height:112px;
26      position:relative;
27      background-color:#efefef;
28      border-top:solid 1px #cccccc;
29  }
30  section#main #comment_box #title_comment {
31      position:absolute;
32      top:15px;
33      left:15px;
34  }
35  section#main #comment_box textarea {
36      width:515px;
37      height:78px;
38      position:absolute;
39      top:15px;
40      left:145px;
41  }
42  section#main #comment_box #ok_ripple {
43      position:absolute;
44      top:15px;
```

```
45        left:670px;
46    }
47 section #buttons {
48        text-align:right;
49        margin:20px 0 0 0;
50    }
```

▼ 실행 결과

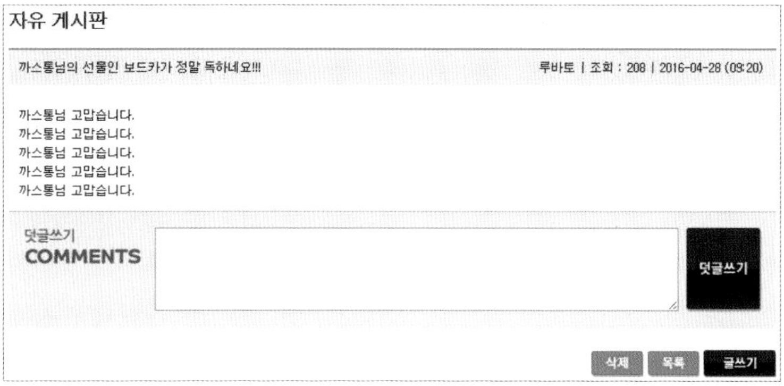

그림 12-15 글 내용 보기 페이지의 글 내용 보기 콘텐츠 부분 만들기

▼ 소스코드 살펴보기

• **제목 박스 설정**

실행 결과 화면의 상단에 글 내용 보기의 제목을 포함하는 회색 박스가 있는데, 이는 66~69행의 아이디 view_title_box에 의해 정의된 것이다. 그리고 CSS 소스코드의 11~19행에서 이 제목 박스와 박스 안의 요소를 설정했다.

• **CSS 소스코드 : 글 내용의 패딩과 줄 간격 설정**

CSS 소스코드의 20~23행에서 다섯 줄로 된 글 내용(까스통님 고맙습니다.)의 패딩과 줄 간격을 지정했다.

• **CSS 소스코드 : 덧글 박스 설정**

실행 결과 화면 하단에 나타난 회색 덧글 박스의 높이, 배경 색상, 상단 경계선은 각각 CSS 소스코드의 25, 27, 28행에서 지정했다.

• **CSS 소스코드 : 덧글 박스 안의 요소 배치**

CSS 소스코드의 26, 31, 38, 43행에서 덧글 박스 안에 있는 제목 이미지(title_comment.gif), 다중 입력 창, 버튼 이미지를 배치했다.

TIP/ position 속성을 이용한 레이아웃 작업에 대한 자세한 설명은 10장 3절을 참조하기 바란다.

01 커뮤니티 사이트

커뮤니티 사이트의 주된 목적은 게시판을 통해 정보를 제공하고 사용자들이 서로 소통하도록 하는 것이다. 커뮤니티 사이트는 카페와 같은 회원제 커뮤니티, 일반 기업 사이트, 온라인 강의 사이트, 온라인 갤러리 사이트 등에 활용할 수 있다.

02 메인 페이지

커뮤니티 사이트의 메인 페이지는 일반적으로 상단 헤더, 왼쪽 콘텐츠, 메인 콘텐츠, 하단 푸터로 구성된다.

03 게시판 페이지

커뮤니티 사이트의 게시판 페이지는 일반적으로 글 목록 보기, 글쓰기, 글 내용 보기의 세 가지 게시판 페이지로 구성된다.

04 공통 CSS 파일

공통 CSS 파일을 이용하여 마진과 패딩의 초기화, 글자의 기본 글꼴 · 크기 · 색상 설정, 목록의 글머리 삭제, float 속성 해제, 전체 페이지의 정렬 지정 등을 할 수 있다.

05 상단 헤더

커뮤니티 사이트의 상단 헤더는 로고, 상단 메뉴, 메인 메뉴의 세 가지 콘텐츠로 구성된다.

06 왼쪽 콘텐츠

커뮤니티 사이트 메인 페이지의 왼쪽 콘텐츠는 로그인과 방명록으로 구성된다.

07 메인 콘텐츠

커뮤니티 사이트의 메인 페이지 중앙에 있는 메인 콘텐츠는 메인 이미지, 공지사항/자유 게시판/YOUTUBE 동영상 콘텐츠와 포토갤러리 콘텐츠로 구성된다.

08 하단 푸터

커뮤니티 사이트의 메인 페이지 맨 밑에 위치한 하단 푸터는 로고, 주소 및 연락처, SNS 아이콘으로 구성된다.

IT COOKBOOK

01 다음은 커뮤니티 사이트의 메인 콘텐츠 중에서 '포토갤러리'를 나타내는 웹 페이지이다. 아래 소스코드
의 빈칸을 채워 완성한 뒤 실행하시오.

source/12/gallery.txt

```
<!-- 생략 -->
<style>
body {
    font-family:"맑은 고딕", "돋움";
    font-size:12px;
    color:#444444; }
ul {
    _____:none; }
#gallery_box {
    width:749px;
    height:195px;
    margin:10px 0 0 5px;
    border:solid 1px #cccccc;
    _____:10px;
    _____:2px 2px 5px #dddddd;
    padding:20px 0 0 10px; }
.items {
    float:left;
    _____ :center; }
.items li {
    margin-top:3px; }
</style>
<!-- 생략 -->
```

CHAPTER 13

쇼핑몰 사이트 제작

학습목표

- 쇼핑몰의 메인 페이지 제작법을 익힌다.
- 쇼핑몰의 상세 페이지 제작법을 익힌다.
- 쇼핑몰의 장바구니 페이지 제작법을 익힌다.

쇼핑몰 사이트의 구조 설계

쇼핑몰 사이트는 이용자인 고객에게 상품을 소개하여 구매를 유도하는 것을 목적으로 하며, 기본적으로 상품 상세 페이지, 장바구니, 주문·배송 조회, 고객 문의 게시판 등을 갖추고 있다. 이 장에서는 쇼핑몰의 메인 페이지와 상품을 소개하는 상세 페이지, 구매와 관련된 장바구니 페이지를 만들어볼 것이다. 실습에 필요한 폴더와 파일은 다음 표와 같다.

표 13-1 실습에 필요한 폴더와 파일

파일 또는 폴더명	설명	비고
img	각 페이지에서 사용하는 이미지를 모두 저장하는 폴더	
css	CSS 파일을 저장하는 폴더	
index.html	메인 페이지의 HTML 문서	[그림 13-1]
detail.html	상세 페이지의 HTML 문서	[그림 13-2]
cart.html	장바구니 페이지의 HTML 문서	[그림 13-3]

1 메인 페이지의 구성

이 장에서 제작할 쇼핑몰 사이트의 메인 페이지는 [그림 13-1]과 같다. 그림에서 보듯이 쇼핑몰 사이트의 메인 페이지는 상단 헤더, 카테고리/공지사항/이벤트, 스페셜 숍, 신규 상품, 하단 푸터의 다섯 부분으로 나눌 수 있다. 이 중에서 전반부인 상단 헤더, 카테고리/공지사항/이벤트, 스페셜 숍을 만드는 방법은 2절 '메인 페이지 제작 I'에서 설명하고, 후반부인 신규 상품과 하단 푸터는 3절 '메인 페이지 제작 II'에서 다룰 것이다.

그림 13-1 쇼핑몰 사이트의 메인 페이지

2 상세 페이지의 구성

쇼핑몰 사이트의 상세 페이지에서는 상품의 판매 가격, 제조사, 특징, 수량, 상세 설명과 같은
정보를 제공한다. 상단 헤더와 하단 푸터는 메인 페이지와 동일하므로 설명을 생략한다.

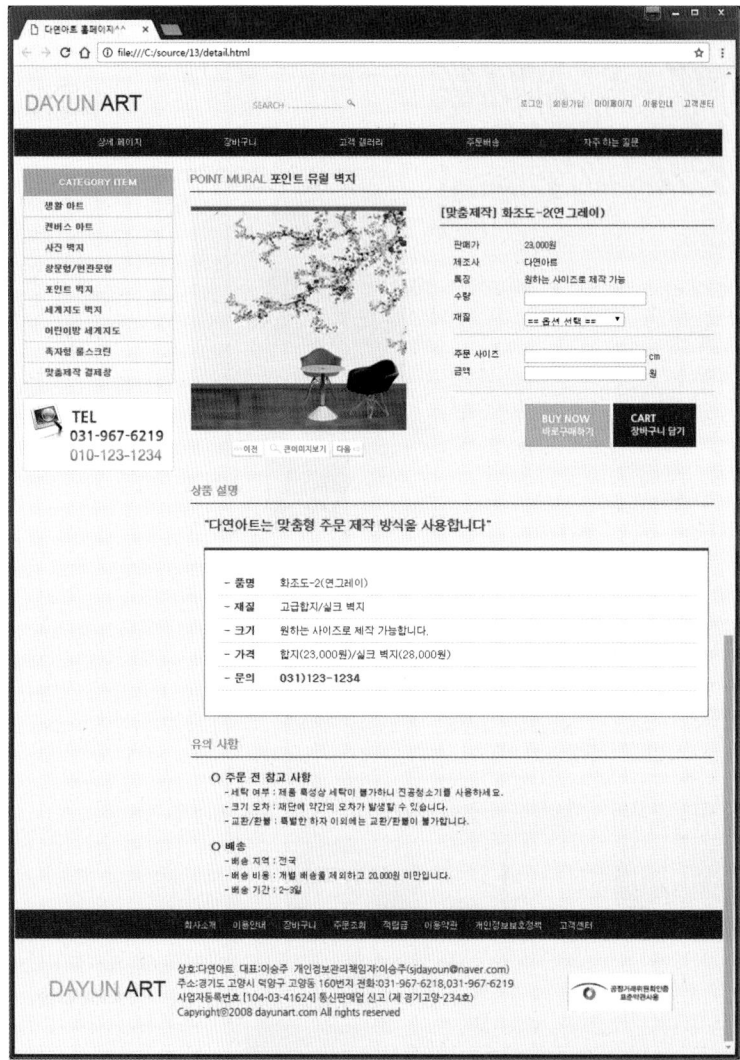

그림 13-2 쇼핑몰 사이트의 상세 페이지

쇼핑몰 사이트의 상세 페이지 제작 방법은 4절 '상세 페이지 제작'에서 자세히 설명할 것이다.

3 장바구니 페이지의 구성

쇼핑몰 사이트의 장바구니 페이지에서는 상품의 판매 가격, 수량, 적립금, 배송비 등의 정보를
제공한다. 장바구니 페이지의 상단 헤더와 하단 푸터 역시 메인 페이지와 동일하므로 따로 설

명하지 않겠다.

그림 13-3 쇼핑몰 사이트의 장바구니 페이지

장바구니 페이지를 만드는 방법은 5절 '장바구니 페이지 제작'에서 자세하게 다룰 것이다.

그럼 이제부터 쇼핑몰 사이트의 메인 페이지와 상세 페이지, 장바구니 페이지를 하나씩 만들어 보자.

메인 페이지 제작 I

쇼핑몰 사이트의 메인 페이지 제작은 편의상 전반부와 후반부로 나누어 진행할 것이다. 이 절에서는 메인 페이지의 전반부를 만드는데, 여기에는 맨 위의 상단 헤더, 중앙의 카테고리/공지사항/이벤트, 아래쪽의 스페셜 숍이 포함된다.

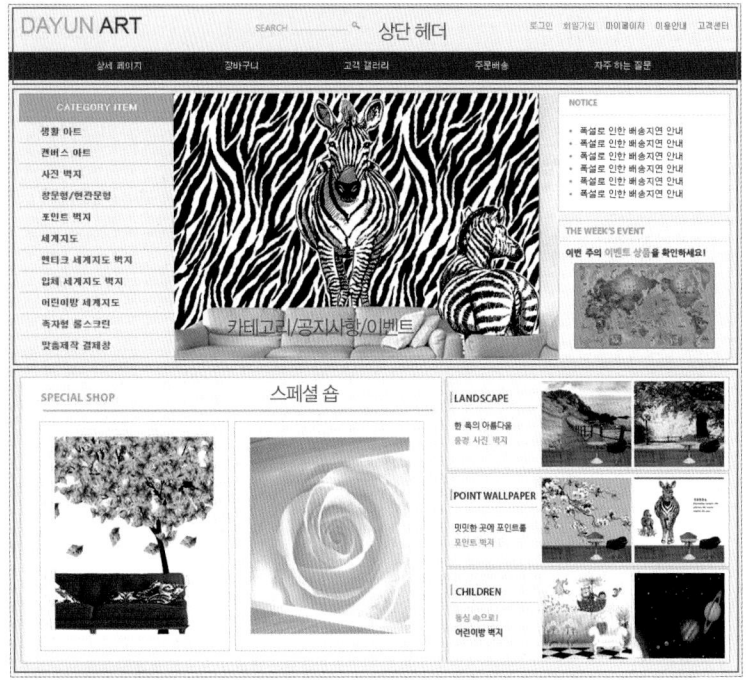

그림 13-4 메인 페이지 전반부의 구조

1 상단 헤더

먼저 메인 페이지의 맨 위에 있는 상단 헤더를 만들어보자. 상단 헤더는 메인 페이지뿐만 아니라 상세 페이지, 장바구니 페이지 등 쇼핑몰 사이트에 공통으로 들어가므로 여기서 한 번만 설명하고 상세 페이지와 장바구니 페이지를 제작할 때는 설명을 생략하겠다.

```
01 <!DOCTYPE html>
02 <html>
03 <head>
04 <meta charset="utf-8">
05 <title>다연아트 홈페이지~~</title>
06 <link rel="stylesheet" type="text/css" href="css/common.css">
07 <link rel="stylesheet" type="text/css" href="css/main.css">
08 </head>
09 <body>
10 <header>
11   <section id="top">
12     <a id="logo" href="index.html"><img src="img/logo.gif"></a>
13     <div id="search">
14       <div id="search_title">SEARCH</div>
15       <div id="search_form"><input type="text"></div>
16       <div id="search_button"><img src="img/btn_search.gif"></div>
17     </div>
18     <nav id="top_menu">
19       <ul>
20         <li class="green"><a href="#">로그인</a></li>
21         <li class="green"><a href="#">회원가입</a></li>
22         <li><a href="#">마이페이지</a></li>
23         <li><a href="#">이용안내</a></li>
24         <li><a href="#">고객센터</a></li>
25       </ul>
26     </nav> <!-- top_menu -->
27     <div class="clear"></div>
28   </section> <!-- section top -->
29   <nav id="main_menu">
30     <ul>
31       <li><a href="detail.html">상세 페이지</a></li>
32       <li><a href="cart.html">장바구니</a></li>
33       <li><a href="#">고객 갤러리</a></li>
34       <li><a href="#">주문배송</a></li>
35       <li><a href="#">자주 하는 질문</a></li>
36     </ul>
37   </nav>
38 </header>
<!-- 생략 -->
```

```
01  * {
02      margin:0;
03      padding:0;
04  }
05  body {
06      font-family:"맑은 고딕", "돋움";
07      font-size:12px;
08      color:#444444;
09      background-color:#f2f0f0;
10  }
11  ul {
12      list-style-type:none;
13  }
14  a:link, a:visited, a:hover, a:active {
15      text-decoration:none;
16      color:#444444;
17  }
18  .clear {
19      clear:both;
20  }
21  /* ———— 헤더 ———— */
22  header {
23      height:128px;
24  }
25  header #top {
26      width:990px;
27      margin:0 auto;
28  /* border:solid 1px #0000ff; */
29  }
30  header #logo {
31      float:left;
32      margin:30px 0 0;
33  /* border:solid 1px #000000; */
34  }
35  /* 검색 */
36  header #search {
37      float:left;
38      font-family:"Sans-serif";
39      font-size:12px;
```

```
40      color:#96c11f;
41      margin:40px 0 0 150px;
42  /* border:solid 1px #000000; */
43  }
44  header #search #search_title {
45      float:left;
46      margin-top:6px;
47  }
48  header #search #search_form {
49      float:left;
50  }
51  header #search #search_form input {
52      width:80px;
53      height:16px;
54      border:0;
55      background-color:#f2f0f0;
56      border-bottom:solid 1px #cccccc;
57      margin-left:5px;
58  }
59  header #search #search_button {
60      float:left;
61      margin:3px 0 0 3px;
62  }
63  /* 상단 메뉴 */
64  header #top_menu {
65      float:right;
66      margin-top:45px;
67  /* border:solid 1px #000000; */
68  }
69  header #top_menu a:link {
70      font-size:11px;
71      color:#888888;
72  }
73  header #top_menu a:visited {
74      font-size:11px;
75      color:#888888;
76  }
77  header #top_menu a:hover {
78      font-size:11px;
79      color:#888888;
80  }
```

```
81    header #top_menu a:active {
82        font-size:11px;
83        color:#888888;
84    }
85    header #top_menu li.green a:link {
86        color:#96c11f;
87    }
88    header #top_menu li.green a:visited {
89        color:#96c11f;
90    }
91    header #top_menu li.green a:hover {
92        color:#96c11f;
93    }
94    header #top_menu li.green a:active {
95        color:#96c11f;
96    }
97    header #top_menu li {
98        display:inline;
99        margin-left:10px;
100   }
101   /* 메인 메뉴 */
102   header #main_menu {
103       height:38px;
104       margin-top:15px;
105       background-color:#4e4c4d;
106   /* border:solid 1px #0000ff; */
107   }
108   header #main_menu ul {
109       width:990px;
110       margin:auto;
111   /* border:solid 1px #ff0000; */
112       padding-top:12px;
113       text-align:center;
114   }
115   header #main_menu li {
116       display:inline;
117       margin:0 57px;
118   }
119   header #main_menu a:link {
120       color:#ffffff;
121   }
```

```
122  header #main_menu a:visited {
123      color:#ffffff;
124  }
125  header #main_menu a:hover {
126      color:#ffffff;
127  }
128  header #main_menu a:active {
129      color:#ffffff;
130  }
/* 생략 */
```

▼ 실행 결과

그림 13-5 상단 헤더 만들기

▼ 소스코드 살펴보기

• 상단 헤더의 HTML

상단 헤더를 만들기 위해 10~38행에서 〈header〉 태그를 사용했다. 상단 헤더에서 로고, 검색, 상단 메뉴는 11~28행의 아이디 top에 의해 표현되고, 메인 메뉴는 29~37행의 아이디 main_menu에 의해 표현되었다.

• CSS 파일 삽입

6행에서 'common.css' 파일을 삽입하여 상단 헤더에 CSS가 적용되었다. 'common.css' 파일은 쇼핑몰 사이트의 각 페이지에 공통으로 들어가는 상단 헤더와 하단 푸터에 CSS를 적용할 때 사용한다.

• CSS 소스코드 : 마진과 패딩의 초기화

CSS 소스코드의 1~4행에서 페이지의 모든 요소에 대해 마진과 패딩을 0으로 초기화했다.

• CSS 소스코드 : 글자의 글꼴, 크기, 색상, 배경 색상 설정

CSS 소스코드의 5~10행에서 전체 페이지에 사용하는 글자의 글꼴, 크기, 색상과 배경 색상을 지정했다.

• CSS 소스코드 : 링크 텍스트 꾸미기

CSS 소스코드의 14~17행에서 전체 페이지 링크 텍스트의 밑줄을 없애고 글자 색상은 짙은 회색으로 지정했다.

• CSS 소스코드 : 아이디 top의 CSS 설정

CSS 소스코드의 26, 27행에서 아이디 top에 대해 CSS 설정을 했다. 박스의 너비를 990px로 지정하고 가운데 정렬이 되게 했다.

• CSS 소스코드 : 아이디 logo, search, top_menu의 배치

CSS 소스코드의 31, 37, 65행에서 float 속성을 사용하여 상단 헤더의 로고(아이디 logo), 검색(아이디 search),

상단 메뉴(아이디 top_menu)를 배치했다.

- **CSS 소스코드 : 검색 요소의 배치**

  CSS 소스코드의 45, 49, 60행에서 상단 헤더의 검색 요소인 이름(아이디 search_title), 검색 폼(아이디 search_form), 검색 버튼(아이디 search_button)을 배치했다.

- **CSS 소스코드 : 메뉴의 링크 텍스트 꾸미기**

  CSS 소스코드의 69~96에서 상단 헤더의 오른쪽에 있는 상단 메뉴의 링크 텍스트를 꾸미고, 119~130행에서 메인 메뉴의 링크 텍스트를 꾸몄다.

2 카테고리/공지사항/이벤트

다음으로 상단 헤더 아래에 있는 카테고리/공지사항/이벤트 부분을 만들어보자.

예제 13-2 카테고리/공지사항/이벤트 부분 만들기   source/13/index.html

```
<!-- 생략 -->
39  <section id="main">
40    <section id="cat1">
41      <div id="cat_title">
42        CATEGORY ITEM
43      </div>
44      <ul>
45        <li>생활 아트</li>
46        <li>캔버스 아트</li>
47        <li>사진 벽지</li>
48        <li>창문형/현관문형</li>
49        <li>포인트 벽지</li>
50        <li>세계지도</li>
51        <li>앤티크 세계지도 벽지</li>
52        <li>입체 세계지도 벽지</li>
53        <li>어린이방 세계지도</li>
54        <li>족자형 롤스크린</li>
55        <li>맞춤제작 결제창</li>
56      </ul>
57    </section> <!-- section cat1 -->
58    <section id="cat2">
59      <img src="img/main_img.gif">
60    </section> <!-- section cat2 -->
61    <section id="cat3">
62      <div id="latest_notice">
```

```
63          <ul>
64              <li> 폭설로 인한 배송지연 안내 </li>
65              <li> 폭설로 인한 배송지연 안내 </li>
66              <li> 폭설로 인한 배송지연 안내 </li>
67              <li> 폭설로 인한 배송지연 안내 </li>
68              <li> 폭설로 인한 배송지연 안내 </li>
69              <li> 폭설로 인한 배송지연 안내 </li>
70          </ul>
71      </div>
72      <div id="week_event">
73          <img src="img/week_event_img.gif">
74      </div>
75   </section> <!-- section cat3 -->
<!-- 생략 -->
175  </section> <!-- section main -->
<!-- 생략 -->
```

CSS 소스코드

source/13/css/main.css

```
01  /* 메인 콘텐츠 */
02  section#main {
03      width:990px;
04      margin:auto;
05  }
06  /* 좌측 카테고리 + 메인 이미지 + 공지사항/주간 이벤트 */
07  section#cat1 {
08      width:215px;
09      float:left;
10      margin-top:15px;
11      font-weight:bold;
12  }
13  section#cat1 #cat_title {
14      padding:12px;
15      background-color:#96c11f;
16      color:#ffffff;
17      text-align:center;
18  }
19  section#cat1 li {
20      color:#666666;
21      padding:7px 0 7px 30px;
```

```
22      border-bottom:solid 1px #cccccc;
23  }
24  section#cat2 {
25      float:left;
26      margin-top:15px;
27  }
28  section#cat3 {
29      width:236px;
30      float:left;
31      margin-top:15px;
32  }
33  section#cat3 #latest_notice {
34      width:239px;
35      height:161px;
36      background-image:url("../img/latest_notice.gif");
37      background-repeat:no-repeat;
38  }
39  section#cat3 #latest_notice ul {
40      padding:42px 0 0 30px;
41      list-style-image:url("../img/blue_dot.gif");
42  }
43  section#cat3 #week_event {
44      width:239px;
45      height:191px;
46      margin-top:11px;
47      background-image:url("../img/week_event.gif");
48      background-repeat:no-repeat;
49  }
50  section#cat3 #week_event img {
51      margin:58px 0 0 22px;
52  }
/* 생략 */
```

▼ 실행 결과

그림 13-6 메인 페이지의 카테고리/공지사항/이벤트 부분 만들기

▼ 소스코드 살펴보기

• 각 섹션 정의

실행 결과 화면 왼쪽의 카테고리 섹션은 40행의 아이디 cat1에 의해 정의되었다. 이 섹션은 다시 41행의 아이디 cat_title로 정의되는 카테고리 제목과 44~56행의 목록 태그에 의한 카테고리 목록 부분으로 나누어진다. 그리고 화면 가운데의 메인 이미지 섹션은 58행의 아이디 cat2에 의해 정의되고, 오른쪽의 공지사항/이벤트 섹션은 61행의 아이디 cat3에 의해 정의되었다.

• CSS 소스코드 : 각 섹션의 배치

CSS 소스코드의 9, 25, 30행에서 float 속성을 사용하여 카테고리(아이디 cat1), 메인 이미지(아이디 cat2), 공지사항/이벤트(아이디 cat3) 섹션을 수평 방향으로 배치했다.

• CSS 소스코드 : 글 목록의 글머리 삽입

CSS 소스코드의 41행에서 공지사항의 글 목록 앞에 있는 글머리에 이미지를 삽입했다.

• CSS 소스코드 : 배경 이미지 삽입

CSS 소스코드의 47, 48행에서 이벤트 박스의 배경 이미지를 반복하지 않고 한 번만 삽입했다.

3 스페셜 숍/배너

다음 예제에서는 메인 페이지 전반부 중 맨 아래에 있는 스페셜 숍과 배너 부분 제작법을 살펴보자.

예제 13-3	스페셜 숍/배너 부분 만들기	source/13/index.html

```
<!-- 생략 -->
78   <section id="special_shop">
79     <ul>
```

```
80        <li><img src="img/special_img1.gif"></li>
81        <li><img src="img/special_img2.gif"></li>
82      </ul>
83    </section> <!-- section special_shop -->
84    <section id="special_banner">
85      <div id="banner1">
86        <ul>
87          <li><img src="img/landscape_img1.gif"></li>
88          <li><img src="img/landscape_img2.gif"></li>
89        </ul>
90      </div>
91      <div id="banner2">
92        <ul>
93          <li><img src="img/point_wallpaper_img1.gif"></li>
94          <li><img src="img/point_wallpaper_img2.gif"></li>
95        </ul>
96      </div>
97      <div id="banner3">
98        <ul>
99          <li><img src="img/children_img1.gif"></li>
100         <li><img src="img/children_img2.gif"></li>
101       </ul>
102     </div>
103   </section> <!-- section special_banner -->
<!-- 생략 -->
```

CSS 소스코드   source/13/css/main.css

```
/* 생략 */
53   /* 스페셜 숍(special shop) */
54   section#special_shop {
55       width:592px;
56       height:389px;
57       margin-top:20px;
58       float:left;
59       background-image:url("../img/special_shop.gif");
60       background-repeat:no-repeat;
61   }
62   section#special_shop ul {
63       margin:60px 0 0 25px;
```

```
 64  }
 65  section#special_shop li {
 66      display:inline;
 67      margin:0 2px;
 68  }
 69  section#special_shop img {
 70      padding:20px;
 71      border:solid 1px #cccccc;
 72  }
 73  section#special_banner {
 74      float:left;
 75      margin:19px 0 0 5px;
 76  }
 77  section#special_banner div {
 78      width:392px;
 79      height:129px;
 80      margin-top:1px;
 81  }
 82  /* 스페셜 숍 우측의 배너 3개 */
 83  section#special_banner #banner1 {
 84      background-image:url("../img/landscape.gif");
 85      background-repeat:no-repeat;
 86  }
 87  section#special_banner #banner2 {
 88      background-image:url("../img/point_wallpaper.gif");
 89      background-repeat:no-repeat;
 90  }
 91  section#special_banner #banner3 {
 92      background-image:url("../img/children.gif");
 93      background-repeat:no-repeat;
 94  }
 95  section#special_banner ul {
 96      padding:6px 0 0 132px;
 97  }
 98  section#special_banner li {
 99      display:inline;
100  }
/* 생략 */
```

▼ 실행 결과

그림 13-7 메인 페이지의 스페셜 숍/배너 부분 만들기

▼ 소스코드 살펴보기

• 스페셜 숍 섹션

실행 결과 화면 왼쪽의 스페셜 숍 섹션은 78행의 아이디 special_shop에 의해 정의되고, 79~82행의 목록 태그에 의해 표현되었다.

• 배너 섹션

오른쪽의 배너 섹션은 84행의 아이디 special_banner에 의해 정의되었다. 또한 배너 섹션을 이루는 세 개의 배너는 85행의 아이디 banner1, 91행의 아이디 banner2, 97행의 아이디 banner3에 의해 각각 정의되었다.

• CSS 소스코드 : 스페셜 숍과 배너의 배치

CSS 소스코드의 58행과 74행에서 float 속성을 사용하여 스페셜 숍(아이디 special_shop)과 배너(아이디 special_banner)를 수평 방향으로 배치했다.

• CSS 소스코드 : 배경 이미지 삽입

CSS 소스코드의 59, 60행에서 스페셜 숍의 배경 이미지를 삽입하고, 배너 섹션을 이루는 세 배너의 배경 이미지는 각각 84, 85행, 88, 89행, 92, 93행에서 삽입했다.

메인 페이지 제작 II

메인 페이지의 전반부 제작을 마쳤으니 이제 후반부를 작업할 차례이다. 메인 페이지 후반부는 신규 상품을 소개하는 섹션과 하단 푸터로 이루어져 있다.

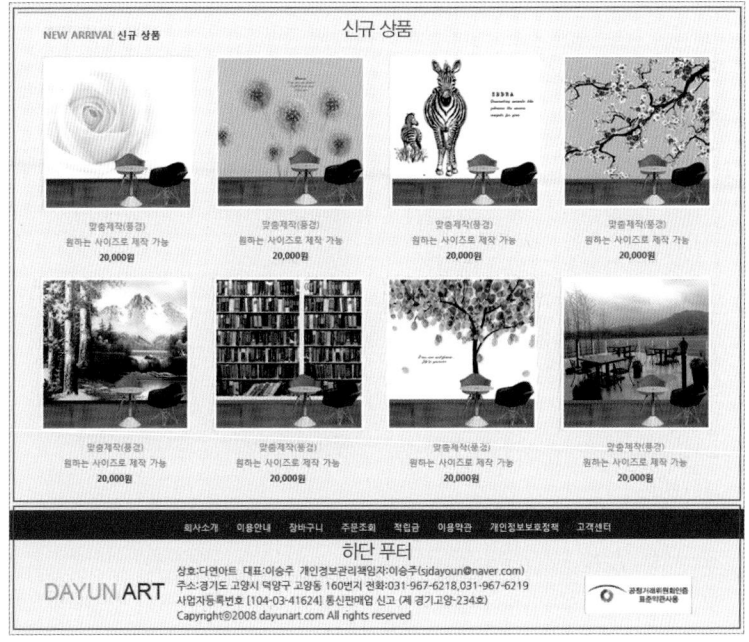

그림 13-8 메인 페이지 후반부의 구조

1 신규 상품

먼저 메인 페이지 후반부의 상단에 위치한 신규 상품 부분을 만들어보자.

예제 13-4 신규 상품 부분 만들기   source/13/index.html

```
<!-- 생략 -->
106  <section id="new">
107    <h3><span>NEW ARRIVAL</span> 신규 상품</h3>
108    <div class="item">
```

```
109     <ul>
110       <li><img src="img/new_01.jpg"></li>
111       <li class="subject">맞춤제작(풍경)</li>
112       <li class="comment">원하는 사이즈로 제작 가능</li>
113       <li class="price">20,000원</li>
114     </ul>
115   </div>
116   <div class="item">
117     <ul>
118       <li><img src="img/new_02.jpg"></li>
119       <li class="subject">맞춤제작(풍경)</li>
120       <li class="comment">원하는 사이즈로 제작 가능</li>
121       <li class="price">20,000원</li>
122     </ul>
123   </div>
124   <div class="item">
125     <ul>
126       <li><img src="img/new_03.jpg"></li>
127       <li class="subject">맞춤제작(풍경)</li>
128       <li class="comment">원하는 사이즈로 제작 가능</li>
129       <li class="price">20,000원</li>
130     </ul>
131   </div>
132   <div class="item">
133     <ul>
134       <li><img src="img/new_04.jpg"></li>
135       <li class="subject">맞춤제작(풍경)</li>
136       <li class="comment">원하는 사이즈로 제작 가능</li>
137       <li class="price">20,000원</li>
138     </ul>
139   </div>
140   <div class="clear"></div>
141   <div class="item">
142     <ul>
143       <li><img src="img/new_05.jpg"></li>
144       <li class="subject">맞춤제작(풍경)</li>
145       <li class="comment">원하는 사이즈로 제작 가능</li>
146       <li class="price">20,000원</li>
147     </ul>
148   </div>
149   <div class="item">
```

```
150      <ul>
151        <li><img src="img/new_06.jpg"></li>
152        <li class="subject">맞춤제작(풍경)</li>
153        <li class="comment">원하는 사이즈로 제작 가능</li>
154        <li class="price">20,000원</li>
155      </ul>
156    </div>
157    <div class="item">
158      <ul>
159        <li><img src="img/new_07.jpg"></li>
160        <li class="subject">맞춤제작(풍경)</li>
161        <li class="comment">원하는 사이즈로 제작 가능</li>
162        <li class="price">20,000원</li>
163      </ul>
164    </div>
165    <div class="item">
166      <ul>
167        <li><img src="img/new_08.jpg"></li>
168        <li class="subject">맞춤제작(풍경)</li>
169        <li class="comment">원하는 사이즈로 제작 가능</li>
170        <li class="price">20,000원</li>
171      </ul>
172    </div>
173  </section> <!-- section new -->
<!-- 생략 -->
```

CSS 소스코드   source/13/css/main.css

```css
/* 생략 */
101  /* 신규 상품 */
102  section#new {
103      height:650px;
104      margin-top:20px;
105      border-top:solid 2px #9bc32a;
106  }
107  section#new h3 {
108      margin:20px 0 0 35px;
109  }
110  section#new h3 span{
111      color:#80a727;
```

```
112  }
113  section#new .item{
114      float:left;
115      text-align:center;
116      margin:20px 0 0 32px;
117  }
118  section#new .item .subject{
119      margin-top:10px;
120      color:#80a727;
121  }
122  section#new .item .comment{
123      margin-top:5px;
124      color:#888888;
125  }
126  section#new .item .price{
127      margin-top:5px;
128      font-weight:bold;
129  }
```

▼ 실행 결과

그림 13-9 메인 페이지의 신규 상품 부분 만들기

▼ 소스코드 살펴보기

· 신규 상품 섹션 정의

신규 상품 섹션은 106행의 아이디 new로 정의되었다. 이 섹션은 클래스 item과 목록 태그로 정의된 여덟 개의 상품 목록으로 이루어졌으며, 상품 목록의 제목, 설명, 가격은 각각 클래스 subject, 클래스 comment, 클래스 price

로 정의되었다. 그리고 이를 모두 포함하는 각 상품 목록은 108~115행, 116~123행, 124~131행, 132~139행, 141~148행, 149~156행, 157~164행, 165~172행에서 정의되었다.

- **CSS 소스코드 : 신규 상품 박스 꾸미기**

  CSS 소스코드의 102~106행에서 신규 상품 박스를 나타내는 아이디 new에 대해 박스의 높이, 상단 마진, 상단 경계선을 지정했다.

- **CSS 소스코드 : 상품 목록 배치와 꾸미기**

  CSS 소스코드의 114행에서 'float:left'로 지정하여 여덟 개 상품 목록을 수평 방향으로 배치했다. 119, 120행, 123, 124행, 127, 128행에서는 여덟 개 상품 목록의 상단 마진, 글자 색상과 두께 등을 지정했다.

2 하단 푸터

다음으로 메인 페이지의 가장 아래쪽에 있는 하단 푸터를 만들어보자.

예제 13-5 하단 푸터 만들기   source/13/index.html

```
<!— 생략 —>
176 <footer>
177   <section id="footer_menu_box">
178     <nav id="footer_menu">
179       <ul>
180         <li><a href="#">회사소개</a></li>
181         <li><a href="#">이용안내</a></li>
182         <li><a href="#">장바구니</a></li>
183         <li><a href="#">주문조회</a></li>
184         <li><a href="#">적립금</a></li>
185         <li><a href="#">이용약관</a></li>
186         <li><a href="#">개인정보보호정책</a></li>
187         <li><a href="#">고객센터</a></li>
188       </ul>
189     </nav>
190   </section> <!— section footer_menu_box —>
191   <section id="footer_box">
192     <div id="footer_logo">
193       <img src="img/footer_logo.gif">
194     </div>
195     <div id="address">
196       <img src="img/address.gif">
197     </div>
198     <div id="footer_banner">
```

```
199    <img src="img/footer_banner_01.gif">
200    </div>
201  </section> <!-- section footer_box -->
202 </footer>
203 </body>
204 </html>
```

```
/* 생략 */
131  /* ——————— 푸터 ——————— */
132  footer {
133      height:200px;
134      margin-top:20px;
135  }
136  footer #footer_menu_box {
137      height:40px;
138      background-color:#4e4c4d;
139  }
140  footer #footer_menu {
141      width:990px;
142      margin:0 auto;
143      padding-top:15px;
144  }
145  footer #footer_menu ul {
146      margin-left:210px;
147  }
148  footer #footer_menu li {
149      display:inline;
150      margin-left:20px;
151  }
152  footer #footer_menu a:link {
153      color:#ffffff;
154  }
155  footer #footer_menu a:hover {
156      color:#ffffff;
157  }
158  footer #footer_menu a:visited {
159      color:#ffffff;
160  }
```

```
161  footer #footer_menu a:active {
162      color:#ffffff;
163  }
164  footer #footer_box {
165      width:990px;
166      margin:auto;
167  }
168  footer #footer_box div {
169      float:left;
170  }
171  footer #footer_box #footer_logo {
172      margin:50px 0 0 30px;
173  }
174  footer #footer_box #address {
175      margin:25px 0 0 10px;
176  }
177  footer #footer_box #footer_banner {
178      margin:50px 0 0 70px;
179  }
```

▼ 실행 결과

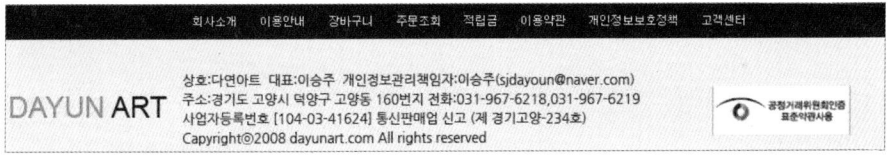

그림 13-10 하단 푸터 만들기

▼ 소스코드 살펴보기

• 메뉴 박스

하단 푸터 상단의 짙은 회색 메뉴 박스는 177행의 아이디 footer_menu_box에 의해 정의되었다. 그리고 CSS 소스코드의 136~139행에서 이 메뉴 박스의 높이와 배경 색상을 지정했다.

• 메뉴

하단 푸터의 메뉴 박스 안에 있는 각각의 메뉴는 178~189행의 아이디 footer_menu와 목록 태그에 의해 정의되었다. 그리고 CSS 소스코드의 141~142행에서 아이디 footer_menu를 가운데에 배치했다.

• CSS 소스코드 : 로고, 주소 및 연락처, 배너의 배치

CSS 소스코드의 169행에서 하단 푸터 아래쪽의 로고, 주소 및 연락처, 배너를 수평 방향으로 배치했다.

SECTION 04 상세 페이지 제작

이 절에서는 쇼핑몰 사이트에서 판매하는 상품의 가격, 제조사, 특징, 수량, 세부 설명 등의 정보를 담은 상세 페이지를 만들어보자.

그림 13-11 상세 페이지의 구조

상세 페이지의 상단 헤더와 하단 푸터는 메인 페이지와 동일하므로 왼쪽 콘텐츠와 오른쪽 콘텐츠를 만드는 과정만 살펴보겠다.

1 왼쪽 콘텐츠 – 카테고리

다음 예제에서는 상세 페이지의 왼쪽 콘텐츠를 이루는 카테고리 부분을 만들어보자.

예제 13-6 카테고리 부분 만들기   source/13/detail.html

```
<!-- 생략 -->
07 <link rel="stylesheet" type="text/css" href="css/detail.css">
<!-- 생략 -->
39 <section id="main">
40   <aside id="left">
41     <div id="cat_title">
42       CATEGORY ITEM
43     </div>
44     <ul>
45       <li>생활 아트</li>
46       <li>캔버스 아트</li>
47       <li>사진 벽지</li>
48       <li>창문형/현관문형</li>
49       <li>포인트 벽지</li>
50       <li>세계지도 벽지</li>
51       <li>어린이방 세계지도</li>
52       <li>족자형 롤스크린</li>
53       <li>맞춤제작 결제창</li>
54     </ul>
55     <div id="customer">
56       <img src="img/customer.png">
57     </div>
58   </aside> <!-- aside left -->
<!-- 생략 -->
```

CSS 소스코드   source/13/css/detail.css

```
/* 생략 */
06 /* 왼쪽 콘텐츠 */
07 aside#left {
08     width:215px;
09     float:left;
10     margin-top:15px;
11     font-weight:bold;
12 }
```

```
13  aside#left #cat_title {
14      padding:12px;
15      background-color:#96c11f;
16      color:#ffffff;
17      text-align:center;
18  }
19  aside#left li {
20      color:#666666;
21      padding:7px 0 7px 30px;
22      border-left:solid 1px #cccccc;
23      border-right:solid 1px #cccccc;
24      border-bottom:solid 1px #cccccc;
25  }
26  aside#left #customer {
27      width:213px;
28      height:100px;
29      margin-top:20px;
30      border:solid 1px #cccccc;
31      background-color:#ffffff;
32  }
33  aside#left #customer img {
34      margin:5px 0 0 5px;
35  }
/* 생략 */
```

▼ 실행 결과

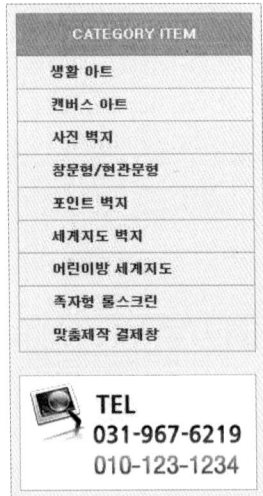

그림 13-12 상세 페이지의 카테고리 부분 만들기

▼ 소스코드 살펴보기

• **카테고리 배치**

상세 페이지의 왼쪽 콘텐츠는 40행의 아이디 left에 의해 정의되었고, CSS 소스코드의 9행에서 수평 방향으로 배치했다.

• **카테고리 목록 설정**

왼쪽 콘텐츠의 카테고리 목록은 44~54행의 목록 태그에 의해 정의되었고, CSS 소스코드의 19~25행에서 글자 색상, 패딩, 경계선 등을 설정했다.

② 오른쪽 콘텐츠 – 상품 구매 정보

이어서 상세 페이지의 오른쪽 콘텐츠에서 상품 구매 정보 부분을 만들어보자.

예제 13-7 상품 구매 정보 부분 만들기   source/13/detail.html

```html
<!-- 생략 -->
07  <link rel="stylesheet" type="text/css" href="css/detail.css">
<!-- 생략 -->
59  <section id="right">
60    <section id="summary">
61      <h3><span>POINT MURAL</span> 포인트 뮤럴 벽지</h3>
62      <section id="summary1">
63        <div class="image">
64          <img src="img/product_img.gif">
65        </div>
66        <div class="buttons">
67          <img src="img/btn_pre.gif">
68          <img src="img/btn_show_big.gif">
69          <img src="img/btn_next.gif">
70        </div>
71      </section> <!-- section summary1 -->
72      <section id="summary2">
73        <h3>[맞춤제작] 화조도-2(연그레이)</h3>
74        <div class="item">
75          <ul>
76            <li>
77              <div class="col1">판매가</div>
78              <div class="col2">23,000원</div>
79              <div class="clear"></div>
80            </li>
```

```
81          <li>
82            <div class="col1">제조사</div>
83            <div class="col2">다연아트</div>
84            <div class="clear"></div>
85          </li>
86          <li>
87            <div class="col1">특징</div>
88            <div class="col2">원하는 사이즈로 제작 가능</div>
89            <div class="clear"></div>
90          </li>
91          <li>
92            <div class="col1">수량</div>
93            <div class="col2"><input type="text"></div>
94            <div class="clear"></div>
95          </li>
96          <li>
97            <div class="col1">재질</div>
98            <div class="col2">
99              <select>
100               <option>== 옵션 선택 ==</option>
101               <option>고급합지(23,000원)</option>
102               <option>실크 벽지(28,000원)</option>
103             </select>
104           </div>
105           <div class="clear"></div>
106         </li>
107       </ul>
108     </div> <!-- item -->
109     <ul class="size">
110       <li>
111         <div class="col1">주문 사이즈</div>
112         <div class="col2">
113           <input type="text"> cm
114         </div>
115         <div class="clear"></div>
116       </li>
117       <li>
118         <div class="col1">금액</div>
119         <div class="col2">
120           <input type="text"> 원
121         </div>
```

```
122        <div class="clear"></div>
123      </li>
124     </ul> <!-- size -->
125     <ul class="buttons">
126        <li><img src="img/btn_buy_now.gif"></li>
127        <li><img src="img/btn_cart.gif"></li>
128     </ul>
129    </section> <!-- section summary2 -->
130    <div class="clear"></div>
131   </section> <!-- section summary -->
<!-- 생략 -->
```

CSS 소스코드   source/13/css/detail.css

```
/* 생략 */
36  /* 우측 콘텐츠 */
37  section#right {
38     width:750px;
39     float:right;
40     margin-top:20px;
41  }
42  /* 상품 구매 정보(상품 제목, 판매가, 제조사, 가격 등) */
43  section#right #summary h3 {
44     font-size:16px;
45     padding-bottom:8px;
46     border-bottom:solid 1px #444444;
47  }
48  section#right #summary h3 span {
49     color:#80a727;
50  }
51  section#right #summary1 {
52     float:left;
53     margin-top:20px;
54  }
55  section#right #summary1 .buttons {
56     text-align:center;
57     margin-top:10px;
58  }
59  section#right #summary2 {
60     width:390px;
```

```
61     float:right;
62     margin-top:20px;
63  }
64  section#right #summary2 .item {
65     margin:20px 0 0 20px;
66     padding-bottom:10px;
67     border-bottom:solid 1px #cccccc;
68  }
69  section#right #summary2 .item li {
70     margin:10px 0 0 0;
71  }
72  section#right #summary2 .col1 {
73     width:100px;
74     float:left;
75  }
76  section#right #summary2 .col2 {
77     width:200px;
78     float:left;
79  }
80  section#right #summary2 .size {
81     margin:20px 0 0 20px;
82     padding-bottom:10px;
83     border-bottom:solid 1px #cccccc;
84  }
85  section#right #summary2 .size li {
86     margin:5px 0;
87  }
88  section#right #summary2 .buttons {
89     margin:15px 0 0 120px;
90  }
91  section#right #summary2 .buttons li {
92     display:inline;
93  }
/* 생략 */
```

▼ 실행 결과

그림 13-13 상세 페이지의 상품 구매 정보 부분 만들기

▼ 소스코드 살펴보기

• 오른쪽 콘텐츠 박스의 배치

상세 페이지의 오른쪽 콘텐츠 박스는 59행의 아이디 right에 의해 정의되었다. 그리고 CSS 소스코드의 39행에서 'float:right'로 지정하여 이 박스를 수평 방향으로 배치했다.

• 상품 이미지와 버튼의 배치

실행 결과 화면을 보면 상품 이미지와 그 아래에 세 개의 버튼이 있다. 상품 이미지와 버튼을 포함하는 박스는 62행의 아이디 summary1에 의해 정의되었고, CSS 소스코드의 52행에서 'float:left'로 지정하여 배치했다.

• 상품 구매 정보 박스의 배치

상품 이미지 오른쪽에 있는 '[맞춤제작] 화조도-2(연그레이)', '판매가', '제조사' 등의 상품 구매 정보 박스는 72행의 아이디 summary2에 의해 정의되었고, CSS 소스코드의 61행에서 'float:right'로 지정하여 배치했다.

③ 오른쪽 콘텐츠 – 상품 설명

다음 예제에서는 상세 페이지의 상품 구매 정보 아래에 있는 상품 설명 부분을 만들어보자.

예제 13-8 상품 설명 부분 만들기   source/13/detail.html

```
<!— 생략 —>
07  <link rel="stylesheet" type="text/css" href="css/detail.css">
<!— 생략 —>
132  <section id="explanation">
```

```
133     <h3>상품 설명</h3>
134     <h2>"다연아트는 맞춤형 주문 제작 방식을 사용합니다"</h2>
135     <div id="explanation_box" >
136       <ul>
137         <li>
138           <div class="col1">- 품명</div>
139           <div class="col2">화조도-2(연그레이)</div>
140           <div class="clear"></div>
141         </li>
142         <li>
143           <div class="col1">- 재질</div>
144           <div class="col2">고급합지/실크 벽지</div>
145           <div class="clear"></div>
146         </li>
147         <li>
148           <div class="col1">- 크기</div>
149           <div class="col2">원하는 사이즈로 제작 가능합니다.</div>
150           <div class="clear"></div>
151         </li>
152         <li>
153           <div class="col1">- 가격</div>
154           <div class="col2">합지(23,000원)/실크 벽지(28,000원)</div>
155           <div class="clear"></div>
156         </li>
157         <li>
158           <div class="col1">- 문의</div>
159           <div class="col2"><span>031)123-1234</span></div>
160           <div class="clear"></div>
161         </li>
162       </ul>
163     </div> <!-- explanation_box -->
164   </section> <!-- section explanation -->
<!-- 생략 -->
```

CSS 소스코드   source/13/css/detail.css

```
/* 생략 */
94   /* 상품 설명 */
95   section#right #explanation h3 {
96       font-size:16px;
```

```
97      padding-bottom:8px;
98      margin-top:30px;
99      border-bottom:solid 1px #444444;
100     color:#80a727;
101  }
102  section#right #explanation h2 {
103     margin:20px 0 0 20px;
104  }
105  section#right #explanation_box {
106     width:720px;
107     height:230px;
108     margin:20px 0 0 20px;
109     border:solid 1px #666666;
110     border-top:solid 4px #666666;
111     background-color:#ffffff;
112  }
113  section#right #explanation_box ul {
114     padding:30px 0 0 20px;
115     font-size:14px;
116  }
117  section#right #explanation_box li {
118     width:670px;
119     padding:8px;
120     border-bottom:solid 1px #cccccc;
121  }
122  section#right #explanation_box .col1 {
123     float:left;
124     width:80px;
125     font-weight:bold;
126  }
127  section#right #explanation_box .col2 {
128     float:left;
129  }
130  section#right #explanation_box .col2 span {
131     color:#0000ff;
132     font-weight:bold;
133  }
/* 생략 */
```

▼ 실행 결과

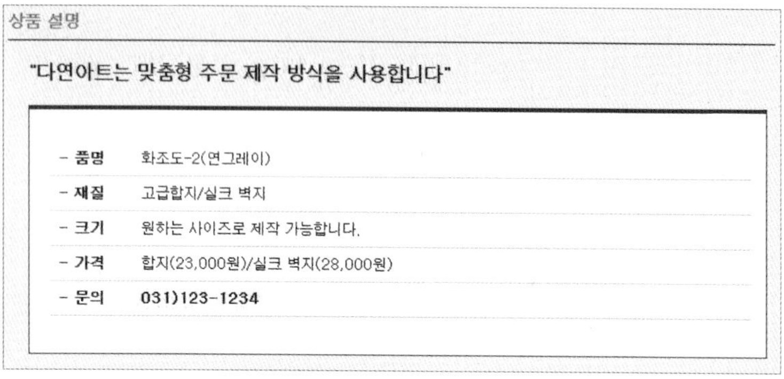

상품 설명

"다연아트는 맞춤형 주문 제작 방식을 사용합니다"

– 품명	화조도-2(연그레이)
– 재질	고급합지/실크 벽지
– 크기	원하는 사이즈로 제작 가능합니다.
– 가격	합지(23,000원)/실크 벽지(28,000원)
– 문의	**031)123-1234**

그림 13-14 상세 페이지의 상품 설명 부분 만들기

▼ 소스코드 살펴보기

• 전체 박스 정의

상품 설명 부분 전체를 감싸는 박스는 132행의 아이디 explanation으로 정의되었다.

• 상품 설명 박스 정의하고 꾸미기

실행 결과 화면을 보면 아이디 explanation으로 정의된 전체 박스 안에 사각형 박스가 또 있다. 이것은 상품 설명 박스로 135행의 아이디 explanation_box에 의해 정의되었으며, CSS 소스코드의 105~112행에서 이 박스의 너비, 높이, 마진, 경계선, 배경 색상 등을 지정했다.

• 상품 설명 목록 설정

상품 설명 박스 안에 있는 '품명', '재질', '크기', '가격', '문의' 등의 항목은 136~162행의 목록 태그와 ⟨div⟩ 태그에 의해 정의되었다. CSS 소스코드의 120행에서는 각 항목의 아래에 가로선이 나타나게 했다. 또한 CSS 소스코드의 123행과 128행에서 float 속성을 사용하여 각 항목의 제목과 내용을 수평 방향으로 배치했다.

4 유의 사항

다음 예제에서는 상세 페이지의 오른쪽 콘텐츠 중 유의 사항 부분을 만드는 과정을 살펴보자.

예제 13-9 유의 사항 부분 만들기	source/13/detail.html

```
<!— 생략 —>
07  <link rel="stylesheet" type="text/css" href="css/detail.css">
<!— 생략 —>
165  <section id="required">
166   <h3>유의 사항</h3>
167   <dl>
168    <dt> ○ 주문 전 참고 사항</dt>
```

```
169        <dd>- 세탁 여부 : 제품 특성상 세탁이 불가하니 진공청소기를 사용하세요.</dd>
170        <dd>- 크기 오차 : 재단에 약간의 오차가 발생할 수 있습니다.</dd>
171        <dd>- 교환/환불 : 특별한 하자 이외에는 교환/환불이 불가합니다.</dd>
172      </dl>
173      <dl>
174        <dt> ○ 배송 </dt>
175        <dd>- 배송 지역 : 전국</dd>
176        <dd>- 배송 비용 : 개별 배송을 제외하고 20,000원 미만입니다.</dd>
177        <dd>- 배송 기간 : 2~3일</dd>
178      </dl>
179    </section> <!-- section required -->
<!-- 생략 -->
```

```
/* 생략 */
134  /* 유의 사항 */
135  section#right #required h3 {
136      font-size:16px;
137      padding-bottom:8px;
138      margin-top:30px;
139      border-bottom:solid 1px #444444;
140      color:#80a727;
141  }
142  section#right #required dl {
143      margin:20px 0 0 30px;
144  }
145  section#right #required dt {
146      font-size:14px;
147      font-weight:bold;
148      margin-top:20px;
149  }
150  section#right #required dd {
151      font-size:13px;
152      margin:5px 0 0 20px;
153  }
```

▼ 실행 결과

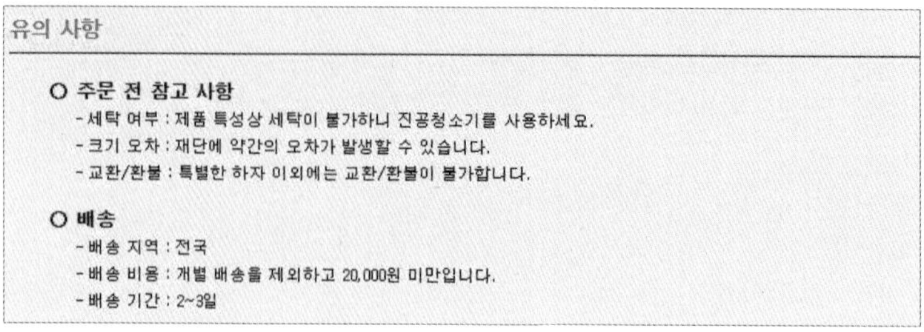

유의 사항

○ 주문 전 참고 사항
 - 세탁 여부 : 제품 특성상 세탁이 불가하니 진공청소기를 사용하세요.
 - 크기 오차 : 재단에 약간의 오차가 발생할 수 있습니다.
 - 교환/환불 : 특별한 하자 이외에는 교환/환불이 불가합니다.

○ 배송
 - 배송 지역 : 전국
 - 배송 비용 : 개별 배송을 제외하고 20,000원 미만입니다.
 - 배송 기간 : 2~3일

그림 13-15 상세 페이지의 유의 사항 부분 만들기

▼ <u>소스코드 살펴보기</u>

• 목록 정의하고 꾸미기

상세 페이지의 유의 사항 부분은 167~178행에서 정의 목록 태그인 〈dl〉, 〈dt〉, 〈dd〉에 의해 정의되었다. 그리고
CSS 소스코드의 142~153행에서 목록의 글자를 꾸미고 마진을 설정했다.

SECTION 05 장바구니 페이지 제작

쇼핑몰 사이트 제작 과정의 마지막 단계로 장바구니 페이지를 만들어보자. 상세 페이지와 동일한 부분은 제외하고 메인 콘텐츠 부분만 살펴볼 것이다.

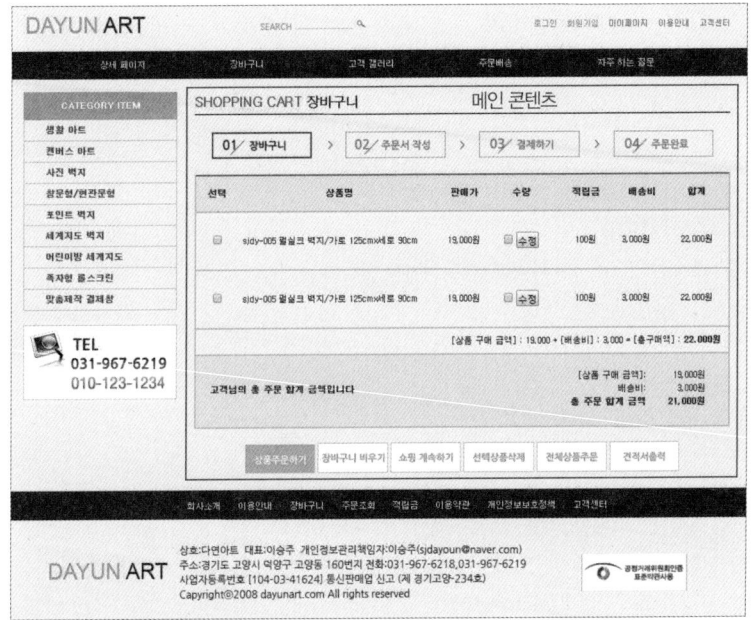

그림 13-16 장바구니 페이지의 구조

다음 예제를 통해 장바구니 페이지의 메인 콘텐츠 제작 과정을 알아보자.

예제 13-10 **메인 콘텐츠 만들기**　　　　　　　　　　　source/13/cart.html

```
<!— 생략 —>
07  <link rel="stylesheet" type="text/css" href="css/cart.css">
<!— 생략 —>
60    <section id="right">
61      <h2 id="cart_title">
62        <span>SHOPPING CART</span> 장바구니
63      </h2>
```

```
64    <div id="process">
65     <img src="img/process.png">
66    </div>
67
68    <table>
69     <tr class="title">
70      <th>선택</th>
71      <th>상품명</th>
72      <th>판매가</th>
73      <th>수량</th>
74      <th>적립금</th>
75      <th>배송비</th>
76      <th>합계</th>
77     </tr>
78     <tr class="items">
79      <td class="col1"><input type="checkbox"></td>
80      <td class="col2">
81       sjdy-005 펄실크 벽지/가로 125cmx세로 90cm
82      </td>
83      <td class="col3">19,000원</td>
84      <td class="col4">
85       <input type="checkbox">
86       <button>수정</button>
87      </td>
88      <td class="col5">100원</td>
89      <td class="col6">3,000원</td>
90      <td class="col7">22,000원</td>
91     </tr>
92     <tr class="items">
93      <td class="col1"><input type="checkbox"></td>
94      <td class="col2">
95       sjdy-005 펄실크 벽지/가로 125cmx세로 90cm
96      </td>
97      <td class="col3">19,000원</td>
98      <td class="col4">
99       <input type="checkbox">
100       <button>수정</button>
101      </td>
102      <td class="col5">100원</td>
103      <td class="col6">3,000원</td>
104      <td class="col7">22,000원</td>
```

```
105        </tr>
106        <tr class="total_price">
107          <td colspan="7" >
108            [상품 구매 금액] : 19.000 + [배송비] : 3,000 = [총구매액] : <span>22.000원</span>
109          </td>
110        </tr>
111        <tr class="order_status_box">
112          <td colspan="7">
113            <div class="order_status">
114              <p><span>고객님의 총 주문 합계 금액입니다</span></p>
115              <div>
116                <ul>
117                  <li class="col1">[상품 구매 금액]:</li>
118                  <li class="col2">19,000원</li>
119                </ul>
120                <ul>
121                  <li class="col1">배송비:</li>
122                  <li class="col2">3,000원</li>
123                </ul>
124                <ul>
125                  <li class="col1"><span>총 주문 합계 금액</span></li>
126                  <li class="col2"><span>21,000원</span></li>
127                </ul>
128              </div>
129            </div> <!-- order_status -->
130          </td>
131        </tr>
132      </table>
133      <ul id="order_buttons">
134        <li><img src="img/order_button1.gif"></li>
135        <li><img src="img/order_button2.gif"></li>
136        <li><img src="img/order_button3.gif"></li>
137        <li><img src="img/order_button4.gif"></li>
138        <li><img src="img/order_button5.gif"></li>
139        <li><img src="img/order_button6.gif"></li>
140      </ul>
141    </section> <!-- section right -->
<!-- 생략 -->
```

```
/* 생략 */
36   /* 우측 콘텐츠 */
37   section#right {
38       width:750px;
39       float:right;
40       margin-top:20px;
41   }
42   /* 장바구니 */
43   section#right h2#cart_title {
44       padding:0 0 5px 0;
45       border-bottom:solid 1px #000000;
46   }
47   section#right h2#cart_title span {
48       color:#688912;
49   }
50   section#right #process {
51       margin:15px 0 0 10px;
52   }
53   section#right table {
54       width:100%;
55       margin:10px 0 0 0;
56       border-collapse:collapse;
57       border-top:solid 2px #688912;
58       border-left:solid 2px #cccccc;
59       border-right:solid 2px #cccccc;
60       border-bottom:solid 2px #cccccc;
61   }
62   section#right tr.title {
63       height:50px;
64       background-color:#e9e8e9;
65   }
66   section#right th {
67       padding:10px;
68       border-bottom:solid 2px #cccccc;
69   }
70   section#right tr.items {
71       height:80px;
72       border-bottom:solid 2px #cccccc;
73   }
```

```
74  section#right tr.items td {
75      padding:5px;
76      border-bottom:solid 2px #cccccc;
77  }
78  section#right tr.items .col1 {
79      width:50px;
80      text-align:center;
81  }
82  section#right tr.items .col2 {
83
84  }
85  section#right tr.items .col3 {
86      width:60px;
87      text-align:center;
88  }
89  section#right tr.items .col4 {
90      width:80px;
91      text-align:center;
92  }
93  section#right tr.items .col5 {
94      width:80px;
95      text-align:center;
96  }
97  section#right tr.items .col5 {
98      width:80px;
99      text-align:center;
100 }
101 section#right tr.items .col7 {
102     width:80px;
103     text-align:center;
104 }
105 section#right tr.total_price {
106     height:25px;
107 }
108 section#right tr.total_price td {
109     text-align:right;
110     padding:10px;
111 }
112 section#right tr.order_status_box {
113     height:100px;
114     background-color:#e9e8e9;
```

```
115      border-top:solid 2px #cccccc;
116  }
117  section#right .order_status_box td {
118      vertical-align:top;
119  }
120  section#right .order_status {
121      position:relative;
122  }
123  section#right .order_status p {
124      position:absolute;
125      top:40px;
126      left:20px;
127  }
128  section#right .order_status div {
129      position:absolute;
130      top:20px;
131      left:480px;
132  }
133  section#right .order_status li {
134      display:inline-block;
135      margin:2px 0;
136  }
137  section#right .order_status .col1 {
138      width:150px;
139      text-align:right;
140  }
141  section#right .order_status .col2 {
142      width:80px;
143      text-align:right;
144  }
145  section#right table span {
146      font-weight:bold;
147  }
148  section#right #order_buttons {
149      margin:20px 0 0 0;
150      text-align:center;
151  }
152  section#right #order_buttons li {
153      display:inline;
154  }
```

▼ 실행 결과

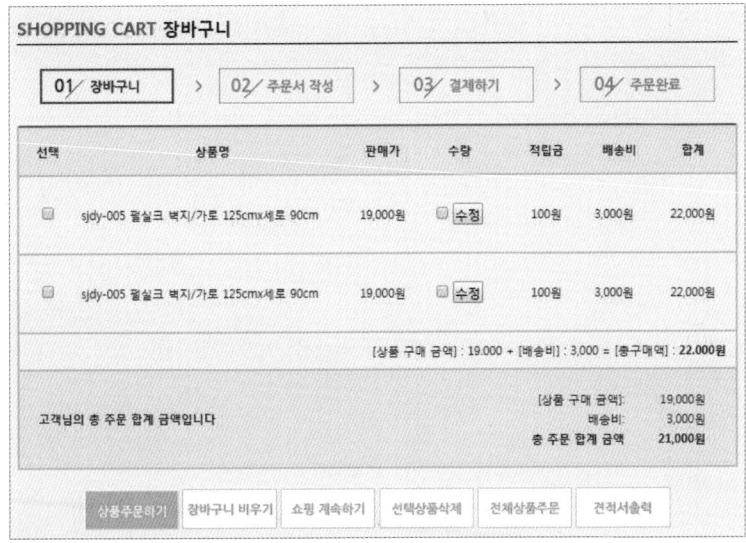

그림 13-17 장바구니 페이지의 메인 콘텐츠 만들기

▼ 소스코드 살펴보기

• 장바구니 목록 정의

장바구니 페이지의 메인 콘텐츠에서 중앙에 있는 장바구니 목록은 68~132행의 〈table〉, 〈tr〉, 〈td〉 태그에 의해 정의되었다.

• 버튼 목록 정의

메인 콘텐츠의 아래쪽에 있는 여섯 개의 버튼은 133~140행의 목록 태그와 아이디 order_buttons에 의해 정의되었다.

• CSS 소스코드 : 장바구니 목록 꾸미기

CSS 소스코드의 56~60, 68, 72, 76행에서 장바구니 목록에 경계선을 그려넣었다.

• 장바구니 목록 열의 너비 설정

CSS 소스코드의 79, 86, 90, 94, 98, 102행에서 장바구니 목록을 이루는 일곱 개 열의 너비를 지정했다. 이때 '상품명' 열의 너비는 지정하지 않았는데, 이처럼 너비를 지정하지 않은 열은 브라우저가 자동으로 그 열의 너비를 설정하므로 열의 너비를 맞추기가 한결 쉽다.

• 주문 합계 항목의 배치

장바구니 목록의 주문 합계를 나타내는 박스는 113행의 클래스 order_status로 정의되었다. 그리고 CSS 소스코드의 123~127행과 128~132행에서 이 박스 안의 각 항목을 배치했다.

01 쇼핑몰 사이트

쇼핑몰 사이트의 목적은 고객에게 상품을 소개하여 구매를 유도하는 것이다. 쇼핑몰 사이트는 기본적으로 상품 상세 페이지, 장바구니, 주문 · 배송 조회, 고객 문의 게시판 등을 갖추고 있다.

02 메인 페이지

쇼핑몰 사이트의 메인 페이지는 상단 헤더, 카테고리/공지사항/이벤트, 스페셜 샵, 신규 상품, 하단 푸터의 다섯 부분으로 나눌 수 있다.

03 상세 페이지와 장바구니 페이지

쇼핑몰 사이트의 상세 페이지와 장바구니 페이지는 구성이 비슷하며 상품의 판매 가격, 제조사, 특징, 수량, 상세 설명 등의 정보를 제공한다.

01 다음은 쇼핑몰 사이트의 메인 페이지 중에서 스페셜 숍과 배너를 나타내는 웹 페이지이다. 아래 소스코드의 빈칸을 채워 완성한 뒤 실행하시오.

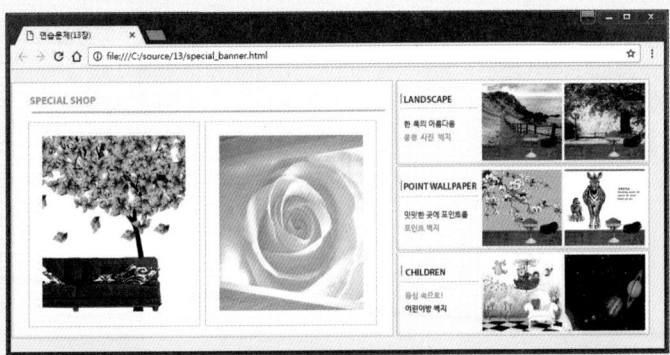

source/13/special_banner.txt

```
<!— 생략 —>
<style>
/* 생략 */
section#special_shop {
    width:592px; height:389px; margin-top:20px;
    float:_____;
    _____:url("img/special_shop.gif");
    _____:no-repeat; }
section#special_shop ul {
    margin:60px 0 0 25px; }
section#special_shop li {
    _____:inline; margin:0 2px; }
section#special_shop img {
    padding:20px; _____:solid 1px #cccccc; }
section#special_banner {
    _____:left; margin:19px 0 0 5px; }
section#special_banner div {
    width:392px; height:129px; margin-top:1px; }
/* 스페셜 숍 오른쪽의 배너 3개 */
section#special_banner #banner1 {
    background-image:_____("img/landscape.gif");
    background-repeat:no-repeat; }
section#special_banner #banner2 {
```

```
    background-image:_____("img/point_wallpaper.gif");
    background-repeat:no-repeat; }
section#special_banner #banner3 {
    background-image:_____("img/children.gif");
    background-repeat:no-repeat; }
section#special_banner ul {
    padding:6px 0 0 132px; }
section#special_banner li {
    _____:inline; }
</style>
<!— 생략 —>
```

CHAPTER 14

반응형 웹 디자인

학습목표

- 반응형 웹 디자인의 동작 원리를 이해한다.

- 가변 그리드 기법을 이해하고 레이아웃에 적용하는 방법을 익힌다.

- 미디어 쿼리의 문법을 이해하고 웹 페이지 제작에 적용하는 방법을 익힌다.

- 가변 그리드 레이아웃과 미디어 쿼리를 이용하여 반응형 웹 페이지를 제작하는 방법을 익힌다.

반응형 웹 디자인 요소

1 반응형 웹 디자인의 개념

반응형 웹 디자인(responsive web design)이란 웹 페이지가 데스크톱, 랩톱, 태블릿, 스마트폰 등 다양한 기기의 화면에서 제대로 보이게 하는 기술을 말한다. 반응형 웹 디자인 요소를 적용하지 않고 고정 레이아웃으로 데스크톱에 맞춰서 개발한 웹 페이지를 스마트폰과 같이 화면이 작은 기기로 본다면 이미지가 작고 글자가 깨져서 이용하기 어려울 것이다.

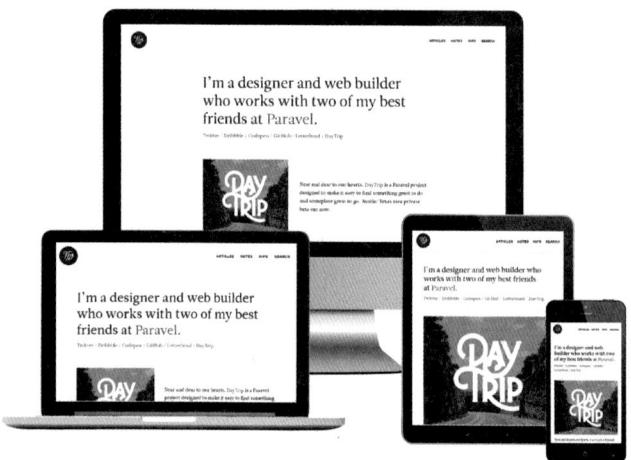

그림 14-1 반응형 웹 디자인이 적용된 사이트의 예(http://trentwalton.com)

웹 디자이너이자 개발자인 이선 마코트(Ethan Marcotte)가 처음 도입한 반응형 웹 디자인은 사용자의 다양한 해상도 화면에서도 콘텐츠가 잘 보이도록 CSS와 HTML을 이용하여 콘텐츠의 크기를 조절하고 요소의 레이아웃 형태를 변경하는 기술이다. 반응형 웹 디자인에서는 특히 CSS의 역할이 중요하다.

웹 페이지에 반응형 웹 디자인 기법을 적용하면 페이지 요소가 사용자 기기의 웹 브라우저 해상도에 반응하여 자동으로 레이아웃 형태가 바뀌고 이미지와 글자 크기 등도 변경되어 콘텐츠가 제대로 보인다. 반응형 웹 디자인 기법을 구체적으로 배우기 전에 먼저 다양한 해상도에 따라 텍스트나 이미지의 크기를 자동으로 조절하는 데 사용하는 %와 em 단위에 대해 알아보자.

2 %와 em 단위

다음 표에서 스마트폰의 해상도를 살펴보면 최신 갤럭시와 아이폰의 해상도는 각각 2560×1440, 1920×1080픽셀로, 데스크톱의 주된 해상도인 1280×1024~1920×1080픽셀과 큰 차이가 없다. 그러나 스마트폰의 화면 크기는 데스크톱보다 훨씬 작기 때문에, 데스크톱에서 흔히 사용하는 12픽셀 크기의 글자를 스마트폰에서 본다면 글자가 너무 작아서 알아보기 힘들다.

표 14-1 스마트폰 해상도의 예

기종	해상도(px)
갤럭시 S5, 갤럭시 노트 3	1920×1080
갤럭시 S6/S6 엣지, 갤럭시 노트 4/5	2560×1440
아이폰 6	1334×750
아이폰 6 Plus	1920×1080

지금까지는 웹 페이지를 제작할 때 font-size 속성에서 픽셀(px) 단위를 사용하여 글자 크기를 지정했지만, 다양한 해상도의 기기에 맞게 글자 크기를 지정하려면 %나 em 단위를 사용해야 한다. 즉 반응형 웹 디자인에서는 화면 크기가 다양한 모바일 기기에 맞게 글자 크기를 지정하기 위해, 고정된 픽셀보다는 크기를 상대적으로 설정할 수 있는 %와 em 단위를 사용한다.

다음 예제를 통해 %와 em 단위의 사용법을 알아보자.

예제 14-1	%와 em 단위로 글자 크기 지정하기 1	source/14/persent_em1.html

```
01 <!DOCTYPE html>
02 <html>
03 <head>
04 <meta charset="utf-8">
05 <style>
06 body {
07     font-size:100%;
08 }
09 #a {
10     font-size:150%;
11 }
12 #b {
13     font-size:2em;
14 }
15 </style>
16 </head>
```

```
17  <body>
18    Hello! I'm Genius!!!
19    <div id="a">Hello! I'm Genius!!!</div>
20    <div id="b">Hello! I'm Genius!!!</div>
21  </body>
22  </html>
```

▼ 실행 결과

그림 14-2 %와 em 단위로 글자 크기 지정하기 1

▼ 소스코드 살펴보기

• 기본 글자 크기를 100%로 설정

6~8행에서 전체 페이지의 기본 글자 크기를 100%로 지정했다. 일반적으로 웹 브라우저에서 100% 글자 크기는 16픽셀을 말하므로 이 페이지의 기본 글자를 16픽셀로 지정한다는 의미이다. 따라서 18행에서 입력한 글자가 실행 결과 화면의 첫 번째 행에서 16픽셀 크기로 나타났다.

• 요소 내의 글자 크기를 150%로 설정

19행의 〈div〉 태그는 〈body〉 태그 안에 존재한다. 19행에서 아이디 a로 정의한 부분의 글자 크기를 9~11행에서 150%로 지정했다. 6~8행에서 〈body〉 태그의 글자 크기를 100%로 지정했으므로 19행의 글자 크기는 16픽셀의 1.5배(150%)인 24픽셀이 된다. 이는 실행 결과 화면에서 두 번째 행이다.

• 요소 내의 글자 크기를 2em으로 설정

13행에서 글자 크기를 2em으로 지정했는데, 이를 퍼센트로 환산하면 200%이고 다시 픽셀로 환산하면 32픽셀이다. 실행 결과 화면의 세 번째 행에서 이를 확인할 수 있다.

em 단위는 부모 요소에서 정의한 크기를 기준으로 크기를 정한다. [예제 14-1] 20행의 〈div〉 태그 글자 크기를 13행에서 'font-size:2em'으로 지정했는데, 이때 2em의 기준은 〈div〉 태그의 부모 요소인 〈body〉 태그의 글자 크기이다. 7행에서 〈body〉 태그의 글자 크기를 100%, 즉 16픽셀로 지정했기 때문에 2em은 32픽셀이 된다.

다음 예제에서는 [예제 14-1] 7행의 'font-size:100%'를 'font-size:200%'로 바꾸고 그 결과를 살펴보자.

```
01 <!DOCTYPE html>
02 <html>
03 <head>
04 <meta charset="utf-8">
05 <style>
06 body {
07     font-size:200%;
08 }
09 #a {
10     font-size:150%;
11 }
12 #b {
13     font-size:2em;
14 }
15 </style>
16 </head>
17 <body>
18   Hello! I'm Genius!!!
19   <div id="a">Hello! I'm Genius!!!</div>
20   <div id="b">Hello! I'm Genius!!!</div>
21 </body>
22 </html>
```

▼ 실행 결과

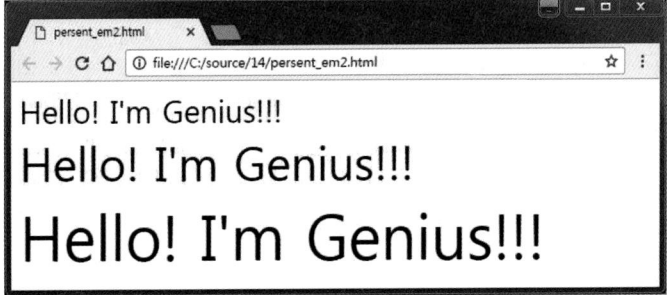

그림 14-3 %와 em 단위로 글자 크기 지정하기 2

[예제 14-1]의 소스코드와 달라진 부분은 7행의 font-size 속성을 200%로 지정한 것뿐인데, 실행 결과 화면을 보면 모든 글자의 크기가 [그림 14-2]의 두 배가 되었다. 왜 이런 결과가 나타난 것일까?

▼ 소스코드 살펴보기

• **기본 글자 크기 설정**

7행에서 전체 페이지의 기본 글자 크기를 200%로 지정했다. 100%는 16픽셀이고 200%는 32픽셀이므로 페이지의 기본 글자 크기가 32픽셀이 되었다. 따라서 18행에서 입력한 글자가 실행 결과 화면의 첫 번째 행에 32픽셀로 나타났다.

• **요소 내의 글자 크기를 150%로 설정**

10행에서 지정한 글자 크기 150%는 7행에서 지정한 기본 글자 크기의 1.5배인 48픽셀을 의미한다. 그래서 실행 결과 화면 두 번째 행의 글자가 48픽셀로 나타났다.

• **요소 내의 글자 크기를 2em으로 설정**

마찬가지로 13행에서 지정한 글자 크기 2em은 기본 글자 크기의 두 배를 의미하므로 실행 결과 화면 세 번째 행의 글자가 64픽셀로 나타났다.

반응형 웹 디자인에서는 페이지 전체 또는 한 요소의 기본 글자 크기를 %나 em으로 설정한 다음, 자식 요소의 글자 크기를 지정할 때 %나 em 단위를 사용한다. 이렇게 기본 글자 크기를 설정하면 거기에 종속된 요소의 글자 크기가 자동으로 변경되어 다양한 해상도의 화면에 맞게 글자 크기가 자동으로 조절된다.

3 뷰포트 설정

스마트폰의 브라우저에서 웹 페이지를 보여주는 영역을 뷰포트(viewport)라고 한다. 반응형 웹 디자인에서는 〈meta〉 태그를 이용하여 뷰포트를 설정한다. 뷰포트의 기본적인 역할을 이해하기 위해 다음 예제에서 뷰포트를 설정하지 않은 경우와 설정한 경우를 비교해보자.

예제 14-3   뷰포트를 설정하지 않은 경우   source/14/no_viewport.html

```
01  <!DOCTYPE html>
02  <html>
03  <head>
04  <meta charset="utf-8">
05  </head>
06  <body>
07      <img src="http://rubato.kr/img/night_view.jpg" width="450">
08      <h2>속초 대포항</h2>
09      <p> 예전에는 배를 댈 공간이 없을 정도로 항구에 어선이 많았고 새벽에 고기를 잡아 돌아온 어선
        으로 북적였다. 항구로 들어오는 진입로 양옆에는 건어물 가게와 횟집이 늘어서 있고, 어판장 쪽에
        는 활어 난전이 형성되어 있었다. 요즘은 동해 고속도로가 개통되어 현대적인 시설의 호텔과 콘도,
        깔끔한 횟집이 많이 들어섰다.</p>
```

```
10  </body>
11  </html>
```

```
01  <!DOCTYPE html>
02  <html>
03  <head>
04  <meta charset="utf-8">
05  <meta name="viewport" content="width=device-width, initial-scale=1.0">
06  </head>
07  <body>
08    <img src="http://rubato.kr/img/night_view.jpg" width="450">
09    <h2>속초 대포항</h2>
10    <p> 예전에는 배를 댈 공간이 없을 정도로 항구에 어선이 많았고 새벽에 고기를 잡아 돌아온 어선
        으로 북적였다. 항구로 들어오는 진입로 양옆에는 건어물 가게와 횟집이 늘어서 있고, 어판장 쪽에
        는 활어 난전이 형성되어 있었다. 요즘은 동해 고속도로가 개통되어 현대적인 시설의 호텔과 콘도,
        깔끔한 횟집이 많이 들어섰다.</p>
11  </body>
12  </html>
```

▼ 실행 결과

그림 14-4 뷰포트를 설정하지 않은 경우(왼쪽)와 설정한 경우(오른쪽)를 실행한 스마트폰 화면

[그림 14-4]의 왼쪽은 [예제 14-3]의 실행 결과를 스마트폰에서 확인한 것이고, 오른쪽은 [예제 14-4]의 실행 결과이다. [예제 14-3]과 같이 뷰포트를 설정하지 않은 일반적인 웹 페이지를 스마트폰에서 실행하면 기본적으로 뷰포트가 980픽셀로 지정된다. 하지만 [예제 14-4]의 5행과 같이 ⟨meta⟩ 태그를 이용하여 뷰포트를 설정하면 content 속성의 'width=device-width' 값에 의해 페이지의 너비가 모바일 기기의 화면 너비에 맞춰진다.

⟨meta⟩ 태그의 content 속성에서 사용할 수 있는 뷰포트의 속성을 다음 표에 정리했다.

표 14-2 뷰포트의 속성

속성	설명
width	픽셀 단위로 뷰포트의 너비를 설정할 수 있으며 기본 값은 device-width
height	픽셀 단위로 뷰포트의 높이를 설정할 수 있으며 기본 값은 device-height
initial-scale	초기 배율을 나타내는 것으로 1.0이 기본 값이며 0.5는 두 배 축소, 2.0은 두 배 확대를 의미
user-scalable	값을 'yes'로 설정하면 사용자가 화면을 확대 또는 축소할 수 있고 'no'로 설정하면 화면을 확대 또는 축소할 수 없으며 기본 값은 'yes'
minimum-scale	사용자가 축소할 수 있는 최솟값을 설정하며 기본 값은 0.25
maximum-scale	사용자가 확대할 수 있는 최댓값을 설정하며 기본 값은 5.0

예를 들어 뷰포트의 너비를 모바일 기기의 너비와 동일하게, 즉 초기 배율은 1.0, 화면의 확대 또는 축소 가능, 최대 두 배까지 확대 가능으로 나타내려면 다음과 같이 뷰포트를 설정한다.

```
<meta name="viewport" content="width=device-width, initial-scale=1.0, user-scalable=yes, maximum-scale=2.0">
```

가변 그리드

앞에서는 웹 페이지의 요소를 배치할 때 열의 너비를 % 단위로 지정하여 브라우저의 가로 해상도에 따라 열의 너비가 유동적으로 변하는 유동형 레이아웃에 대해 간단히 설명했다. 이 절에서는 유동형 레이아웃을 쉽게 표현하기 위한 가변 그리드(fluid grid)에 대해 살펴보자.

1 가변 그리드의 개념

가변 그리드는 그리드, 즉 격자를 이용하여 브라우저의 크기에 따라 레이아웃 요소의 너비를 쉽게 설정하는 것이다.

그림 14-5 12열로 이루어진 가변 그리드

반응형 웹 페이지는 대부분 그리드를 기반으로 요소를 배치한다. [그림 14-5]를 보면 열두 개의 열이 있는데 이 열을 기준으로 요소를 배치하면 다양한 패턴의 레이아웃을 손쉽게 제작할 수 있다.

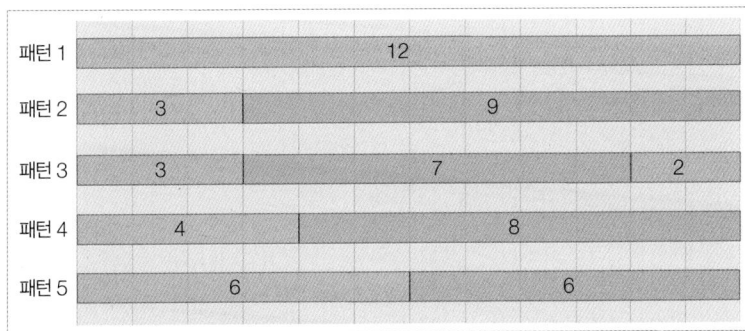

그림 14-6 가변 그리드를 이용한 레이아웃 패턴의 예

[그림 14-6]은 가변 그리드를 사용하여 제작할 수 있는 다양한 형태의 레이아웃 패턴을 보여준다. 예를 들어 패턴 1은 헤더나 푸터와 같은 요소 배치에 사용할 수 있고, 패턴 2는 왼쪽에는 메뉴, 오른쪽에는 콘텐츠를 배치하는 레이아웃에 사용할 수 있다. 이 외에도 원하는 형태에 따라 다양한 조합으로 웹 페이지 레이아웃을 만들 수 있다.

② 가변 그리드 레이아웃

다음 예제에서는 가변 그리드를 이용하여 반응형 웹 페이지를 만들어보자.

예제 14-5 가변 그리드로 레이아웃 만들기	source/14/fluid_grid_layout.html

```
01  <!DOCTYPE html>
02  <html>
03  <head>
04  <meta charset="utf-8">
05  <meta name="viewport" content="width=device-width, initial-scale=1.0">
06  <style>
07  * {
08      box-sizing:border-box;
09      margin:0;
10      padding:0;
11  }
12  ul {
13      list-style-type:none;
14  }
15  body {
16      font-family:"맑은 고딕", "돋움";
17      font-size:100%;
18  }
19  .c1 {width:8.33%; float:left; padding:15px;}
20  .c2 {width:16.66%; float:left; padding:5px;}
21  .c3 {width:25%; float:left; padding:15px;}
22  .c4 {width:33.33%; float:left; padding:15px;}
23  .c5 {width:41.66%; float:left; padding:15px;}
24  .c6 {width:50%; float:left; padding:15px;}
25  .c7 {width:58.33%; float:left; padding:15px;}
26  .c8 {width:66.66%; float:left; padding:15px;}
27  .c9 {width:75%; float:left; padding:15px;}
28  .c10 {width:83.33%; float:left; padding:15px;}
29  .c11 {width:91.66%; float:left; padding:15px;}
```

```
30  .c12 {width:100%; float:left; padding:15px;}
31  header {
32      height:80px;
33      padding:20px;
34      border:solid 1px #ff0000;
35      background-color:#66c0e7;
36  }
37  aside {
38      color:#ffffff;
39      border:solid 1px #ff0000;
40  }
41  aside li {
42      padding:10px;
43      margin:5px;
44      background-color:#b52d89;
45  }
46  section#main {
47      padding:15px;
48      border:solid 1px #ff0000;
49  }
50  section#main p {
51      padding:10px;
52      font-size:0.95em;
53      line-height:130%;
54  }
55  footer {
56      height:60px;
57      padding:10px;
58      text-align:center;
59      border:solid 1px #ff0000;
60      background-color:#eeeeee;
61  }
62  </style>
63  </head>
64  <body>
65    <header class="c12">
66      <h1>루바토의 사진 아카데미</h1>
67    </header>
68
69    <aside class="c3">
70      <ul>
```

```
71      <li>사진의 역사</li>
72      <li>노출이란?</li>
73      <li>카메라 동작 모드</li>
74      <li>렌즈의 종류</li>
75    </ul>
76  </aside>
77
78  <section id="main" class="c9">
79    <h1>사진의 역사</h1>
80    <p> 사진이 발명되기 이전에도 사람들은 카메라 옵스큐라라는 장치로 피사체의 이미지를 얻는 방
        법을 알고 있었다. 13세기나 14세기 무렵에 발명된 카메라 옵스큐라는 한쪽 면에 구멍이 뚫린 암
        실 박스로, 암실 박스의 구멍으로 빛이 들어와 박스 안의 반대쪽 벽면에 이미지가 형성된다.</p>
81    <p> 아날로그 카메라는 카메라 옵스큐라의 작동 원리를 그대로 따른 것이다. 차이점은 카메라의
        경우 암실에 맺힌 상을 뒤집기 위해 거울을 사용하고, 필름을 이용하여 이미지를 저장한다는 것
        이다.</p>
82    <p> 그 후 카메라 옵스큐라는 발전을 거듭하여 오늘날의 카메라에 이르게 되었다. 이제 예술의
        한 장르로 인정받는 사진은 우리의 생활 곳곳에 스며들어 있다.</p>
83  </section>
84
85  <footer class="c12">
86    COPYRIGHT(C) 루바토 All Rights Reseved.
87  </footer>
88  </body>
89  </html>
```

▼ 실행 결과

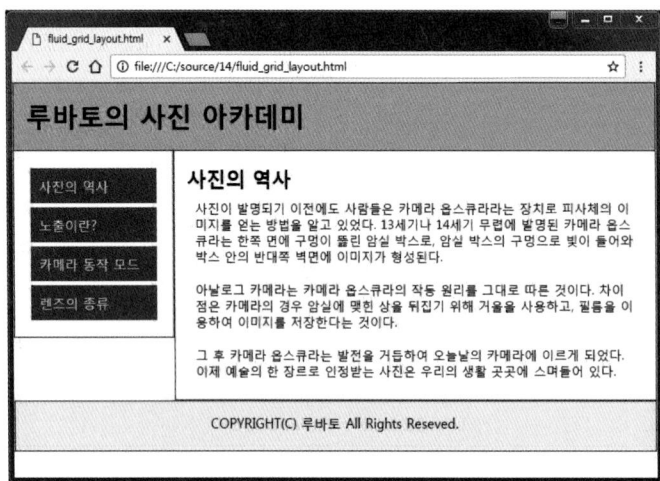

그림 14-7 가변 그리드로 레이아웃 만들기

실행 결과 화면에서 마우스로 브라우저 창의 너비를 줄이거나 늘리면 그에 따라 페이지 요소의 너비도 바뀐다.

▼ 소스코드 살펴보기

• 가변 그리드 정의

19~30행에서 클래스 c1~c12를 이용하여 열두 개 열의 가변 그리드를 정의했다. 가변 그리드의 각 열은 1/12×100=8.33이므로 8.33%의 너비이다. 20행에서 클래스 c2는 두 개 열의 너비이므로 16.66%(8.33×2=16.66)의 너비가 되고, 마지막 클래스인 30행의 c12는 열 전체 너비의 합이므로 100%의 너비이다. 각 클래스의 열은 'float:left'에 의해 왼쪽부터 수평 방향으로 배치되었다.

• 상단 헤더 설정

이 페이지의 상단 헤더는 65~67행의 〈header〉와 〈h1〉 태그에 의해 정의되었다. 여기서 사용한 〈header〉 태그는 31~36행에서 높이, 패딩, 경계선, 배경 색상을 미리 지정했다.

• 상단 헤더 박스의 너비 설정

65행의 클래스 c12는 30행에서 지정한 대로 표현되므로 상단 헤더 박스의 너비가 100%로 나타났다.

• 왼쪽 메뉴 설정

실행 결과 화면 왼쪽의 메뉴(사진의 역사, 노출이란?, 카메라 동작 모드, 렌즈의 종류)는 69~76행의 〈aside〉 태그와 목록 태그인 〈ul〉, 〈li〉 태그에 의해 표현되었다. 37~45행에서는 각 메뉴의 글자 색상, 배경 색상, 패딩, 마진 등을 지정했다.

• 왼쪽 메뉴 박스의 너비 설정

왼쪽 메뉴 박스의 너비는 69행에서 선언한 클래스 c3, 그리고 21행에서 클래스 c3에 대해 지정한 CSS 명령에 의해 25%로 나타났다.

• 메인 콘텐츠 박스 정의

이 페이지의 오른쪽에 있는 메인 콘텐츠 박스는 78~83행의 〈section〉, 〈h1〉, 〈p〉 태그에 의해 정의되었다.

• 메인 콘텐츠 박스와 단락 설정

메인 콘텐츠 박스와 단락은 78행의 아이디 main으로 정의하고, 46~54행에서 CSS 명령으로 패딩, 경계선, 글자 크기, 줄 간격 등을 지정했다.

• 메인 콘텐츠 박스의 너비 설정

78행의 클래스 c9로 표현되는 메인 콘텐츠 박스의 너비는 27행의 'width:75%'에 의해 75%로 나타났다.

미디어 쿼리

지금까지 브라우저 창의 가로 해상도에 맞게 웹 페이지를 만드는 방법을 알아보았다. 이 절에서는 미디어의 유형에 따라 웹 페이지를 표현하는 방법을 살펴보자.

1 미디어 쿼리의 개념

미디어 쿼리(media query)는 웹 페이지가 사용되는 미디어의 유형에 따라 CSS를 다르게 적용하는 기술이다. 이때 사용되는 미디어 유형으로는 print, screen, tv, all 등이 있다. 예를 들어 웹 페이지를 인쇄 용도로 사용하기 위해 CSS를 정의하는 경우에는 print 미디어 유형을 사용하고, 컴퓨터나 모바일 기기의 화면에서 사용한다면 screen으로 CSS를 정의한다. all은 모든 미디어 유형에서 해당 CSS를 적용한다는 의미로 쓰인다.

다음 예제를 통해 미디어 쿼리의 개념과 역할을 알아보자.

예제 14-6 미디어 쿼리 사용하기   source/14/media_qyery.html

```
<!— 생략 —>
05 <meta name="viewport" content="width=device-width, initial-scale=1.0"/>
06 <style>
07 body {
08     background-color:#00ff00; /* 초록색 */
09 }
10
11 @media only screen and (max-width: 600px) {
12     body {
13         background-color:#ffff00; /* 노란색 */
14     }
15 }
16 </style>
17 </head>
18 <body>
19
```

```
20  </body>
21  </html>
```

▼ 실행 결과

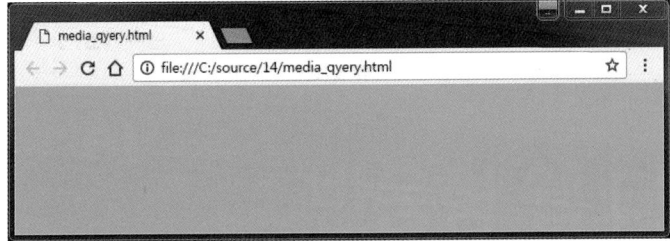

(a) 해상도 너비가 600픽셀을 초과하는 경우

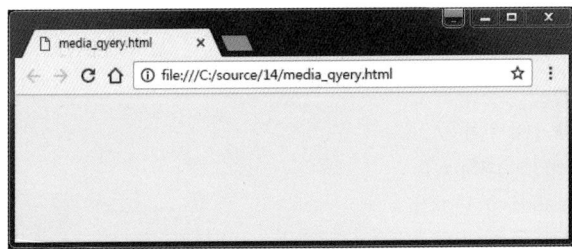

(b) 해상도 너비가 600픽셀 이하인 경우

그림 14-8 미디어 쿼리 사용하기

[그림 14-8]의 두 화면은 미디어 쿼리를 이용한 것으로, 브라우저 해상도의 너비가 600픽셀을 초과하면 페이지의 배경 색상이 초록색으로 나타나고 600픽셀 이하이면 노란색으로 나타나도록 한 것이다.

▼ 소스코드 살펴보기

7~9행에서 페이지의 배경 색상을 초록색으로 지정했다. 그러나 11~15행의 미디어 쿼리 구문에서 미디어 유형이 screen이고 최대 너비를 600픽셀로 지정했다. 즉 600픽셀 이하이면 페이지의 배경 색상이 노란색이 되도록 했다.

이처럼 미디어 쿼리를 이용하면 미디어 유형과 기기의 해상도에 따라 CSS를 다르게 적용할 수 있다.

2 미디어 쿼리 레이아웃

이제 가변 그리드 레이아웃에 미디어 쿼리 개념을 도입한 레이아웃을 만들어보자.

```
<!— 생략 —>
05 <meta name="viewport" content="width=device-width, initial-scale=1.0">
06 <style>
07 * {
08     box-sizing:border-box;
09     margin:0;
10     padding:0;
11 }
12 ul {
13     list-style-type:none;
14 }
15 body {
16     font-family:"맑은 고딕", "돋움";
17     font-size:100%;
18 }
19 /* 너비가 768픽셀을 초과하는 데스크톱 컴퓨터 등 */
20 .c1 {width:8.33%; float:left; padding:15px;}
21 .c2 {width:16.66%; float:left; padding:15px;}
22 .c3 {width:25%; float:left; padding:15px;}
23 .c4 {width:33.33%; float:left; padding:15px;}
24 .c5 {width:41.66%; float:left; padding:15px;}
25 .c6 {width:50%; float:left; padding:15px;}
26 .c7 {width:58.33%; float:left; padding:15px;}
27 .c8 {width:66.66%; float:left; padding:15px;}
28 .c9 {width:75%; float:left; padding:15px;}
29 .c10 {width:83.33%; float:left; padding:15px;}
30 .c11 {width:91.66%; float:left; padding:15px;}
31 .c12 {width:100%; float:left; padding:15px;}
32 /* 너비가 768픽셀 이하인 스마트폰 */
33 @media only screen and (max-width: 768px) {
34     [class*="c"] {
35         width:100%;
36     }
37 }
38 header {
39     height:80px;
40     padding:20px;
41     background-color:#66c0e7;
42 }
```

```
43 aside {
44     color:#ffffff;
45 }
46 aside li {
47     padding:10px;
48     margin:5px;
49     background-color:#b52d89;
50 }
51 section#main {
52     padding:15px;
53 }
54 section#main p {
55     padding:10px;
56     font-size:0.95em;
57     line-height:130%;
58 }
59 footer {
60     height:60px;
61     padding:10px;
62     text-align:center;
63     background-color:#eeeeee;
64 }
65 </style>
66 </head>
67 <body>
68   <header class="c12">
69     <h1>루바토의 사진 아카데미</h1>
70   </header>
71
72   <aside class="c3">
73    <ul>
74     <li>사진의 역사</li>
75     <li>노출이란?</li>
76     <li>카메라 동작 모드</li>
77     <li>렌즈의 종류</li>
78    </ul>
79   </aside>
80
81   <section id="main" class="c9">
82    <h1>사진의 역사</h1>
```

```
83        <p>사진이 발명되기 이전에도 사람들은 카메라 옵스큐라라는 장치로 피사체의 이미지를 얻는 방
          법을 알고 있었다. 13세기나 14세기 무렵에 발명된 카메라 옵스큐라는 한쪽 면에 구멍이 뚫린 암
          실 박스로, 암실 박스의 구멍으로 빛이 들어와 박스 안의 반대쪽 벽면에 이미지가 형성된다.</p>
84        <p>그 후 카메라 옵스큐라는 발전을 거듭하여 오늘날의 카메라에 이르게 되었다. 이제 예술의 한
          장르로 인정받는 사진은 우리의 생활 곳곳에 스며들어 있다.</p>
85        </section>
86
87        <footer class="c12">
88          COPYRIGHT(C) 루바토 All Rights Reseved.
89        </footer>
90      </body>
91    </html>
```

▼ 실행 결과

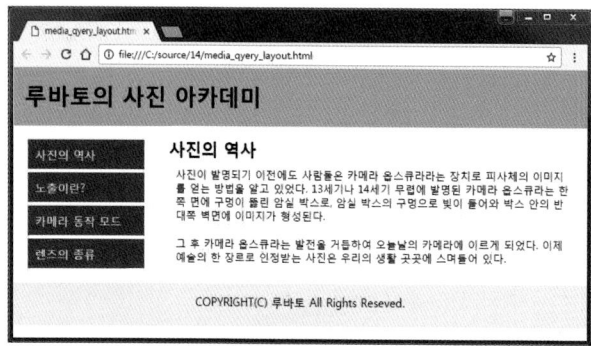

(a) 해상도 너비가 768픽셀을 초과하는 경우

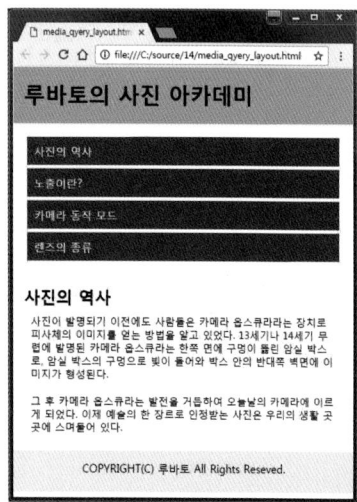

(b) 해상도 너비가 768픽셀 이하인 경우

그림 14-9 미디어 쿼리로 레이아웃 만들기

▼ **소스코드 살펴보기**

- **상단 헤더**

  실행 결과 화면의 위쪽에 있는 파란색 상단 헤더는 68행에서 클래스 c12로 정의되었다. 그리고 31행에서 이에 대한 CSS 명령으로 박스의 너비를 100%로 지정했다. 따라서 해상도 너비가 768픽셀을 초과하는 경우와 768픽셀이하인 경우 모두 상단 헤더가 브라우저의 너비를 꽉 채우고 있다.

- **하단 푸터**

  실행 결과 화면의 아래쪽에 있는 회색 하단 푸터는 87행에서 클래스 c12로 정의되었다. 하단 푸터도 상단 헤더와 마찬가지로 브라우저의 너비 전체를 채우고 있다.

- **왼쪽 메뉴와 메인 콘텐츠**

  왼쪽 메뉴와 오른쪽의 메인 콘텐츠는 72행과 81행에 의해 각각 클래스 c3, 클래스 c9로 정의되었다. 가변 그리드에서 배웠듯이 c3은 세 개 열의 너비를 차지하고 c9는 아홉 개 열의 너비를 차지한다. 따라서 왼쪽 메뉴와 오른쪽메인 콘텐츠의 전체 너비는 열두 개 열의 너비와 같다. 12열 가변 그리드 시스템에서 가로 행에 해당하는 레이아웃요소의 너비는 합이 12가 되어야 한다. 22행과 28행에서는 클래스 c3과 c9에 대해 각각 CSS 명령을 지정했다.

- **왼쪽 메뉴와 메인 콘텐츠(브라우저 너비가 768픽셀 이하인 경우)**

  브라우저 너비가 768픽셀 이하인 경우에는 왼쪽 메뉴와 오른쪽 메인 콘텐츠가 각각 브라우저 너비를 꽉 채운다. 스마트폰과 같이 화면의 크기가 작으면 왼쪽 메뉴와 메인 콘텐츠를 하나의 행에서 같이 보기가 불편하기 때문에 이렇게 설정하는 것이다. 33행에서 미디어 쿼리 구문을 이용하여 기기의 해상도 너비가 768픽셀 이하인 경우에는 34~36행의 CSS 명령이 적용되게 했다.

- **[class*="c"]**

  34행의 CSS 선택자 [class*="c"]는 c로 시작하는 모든 클래스를 선택한다는 의미이다. 이 예제에서는 클래스 c1~c12가 선택된다.

화면이 작은 모바일 기기의 경우 [예제 14-7]의 33~37행과 같이 미디어 쿼리를 이용하여 콘텐츠의 레이아웃을 달리하면 사용자가 콘텐츠를 편하게 볼 수 있다.

반응형 웹 페이지 제작

앞에서 배운 가변 그리드와 미디어 쿼리를 이용하여 유동형 이미지가 포함된 반응형 웹 페이지를 만들어보자.

예제 14-8 가변 그리드와 미디어 쿼리로 반응형 웹 페이지 만들기 source/14/photo_academy.html

```
01  <!DOCTYPE html>
02  <html>
03  <head>
04  <meta charset="utf-8">
05  <meta name="viewport" content="width=device-width, initial-scale=1.0">
06  <style>
07  * {
08      box-sizing:border-box;
09      margin:0;
10      padding:0;
11  }
12  ul {
13      list-style-type:none;
14  }
15  body {
16      font-family:"맑은 고딕", "돋움";
17      font-size:100%;
18  }
19  [class*="c_"] {
20      float:left;
21      padding:10px;
22  }
23  /* 너비가 600픽셀 미만인 스마트폰을 위한 기본 설정 */
24  [class*="c_"] {
25      width:100%;
26  }
27  /* 너비가 600픽셀 이상인 태블릿을 위한 설정 */
28  @media only screen and (min-width: 600px) {
```

```css
29      .c_m_1 {width:8.33%;}
30      .c_m_2 {width:16.66%;}
31      .c_m_3 {width:25%;}
32      .c_m_4 {width:33.33%;}
33      .c_m_5 {width:41.66%;}
34      .c_m_6 {width:50%;}
35      .c_m_7 {width:58.33%;}
36      .c_m_8 {width:66.66%;}
37      .c_m_9 {width:75%;}
38      .c_m_10 {width:83.33%;}
39      .c_m_11 {width:91.66%;}
40      .c_m_12 {width:100%;}
41  }
42  /* 너비가 768픽셀 이상인 데스크톱 컴퓨터, 노트북 등 */
43  @media only screen and (min-width: 768px) {
44      .c_1 {width:8.33%; }
45      .c_2 {width:16.66%; }
46      .c_3 {width:25%; }
47      .c_4 {width:33.33%; }
48      .c_5 {width:41.66%; }
49      .c_6 {width:50%; }
50      .c_7 {width:58.33%; }
51      .c_8 {width:66.66%; }
52      .c_9 {width:75%; }
53      .c_10 {width:83.33%; }
54      .c_11 {width:91.66%; }
55      .c_12 {width:100%; }
56  }
57  header {
58      height:80px;
59      padding:20px;
60      background-color:#66c0e7;
61  }
62  aside#menu {
63      color:#ffffff;
64  }
65  aside#menu li {
66      padding:10px;
67      margin:5px 0 0;
68      background-color:#b52d89;
69  }
```

```
70   section#main {
71       padding:15px;
72   }
73   section#main p {
74       padding:5px;
75       font-size:0.95em;
76       line-height:130%;
77   }
78   aside#photos img {
79       width:100%;
80   }
81   aside#photos li {
82       margin:5px 0 0 0;
83   }
84   footer {
85       height:60px;
86       padding:10px;
87       clear:both;
88       text-align:center;
89       background-color:#eeeeee;
90   }
91   </style>
92   </head>
93   <body>
94     <header class="c12">
95       <h1>루바토의 사진 아카데미</h1>
96     </header>
97
98     <aside id="menu" class="c_m_3 c_3">
99       <ul>
100        <li>사진의 역사</li>
101        <li>노출이란?</li>
102        <li>카메라 동작 모드</li>
103        <li>렌즈의 종류</li>
104      </ul>
105    </aside>
106
107    <section id="main"  class="c_m_9 c_6">
108      <h1>사진의 역사</h1>
109      <p> 사진이 발명되기 이전에도 사람들은 카메라 옵스큐라라는 장치로 피사체의 이미지를 얻는 방
         법을 알고 있었다. 13세기나 14세기 무렵에 발명된 카메라 옵스큐라는 한쪽 면에 구멍이 뚫린 암
         실 박스로, 암실 박스의 구멍으로 빛이 들어와 박스 안의 반대쪽 벽면에 이미지가 형성된다.</p>
```

```
110    <p> 그 후 카메라 옵스큐라는 발전을 거듭하여 오늘날의 카메라에 이르게 되었다. 이제 예술의
       한 장르로 인정받는 사진은 우리의 생활 곳곳에 스며들어 있다.</p>
111    </section>
112    <aside id="photos" class="c_m_12 c_3">
113      <h4>포토갤러리</h4>
114      <ul>
115        <li><img src="img/naksansa.jpg"/></li>
116        <li><img src="img/naksansa.jpg"/></li>
117      </ul>
118    </aside>
119
120    <footer class="c12">
121      COPYRIGHT(C) 루바토 All Rights Reseved.
122    </footer>
123  </body>
124  </html>
```

▼ 실행 결과

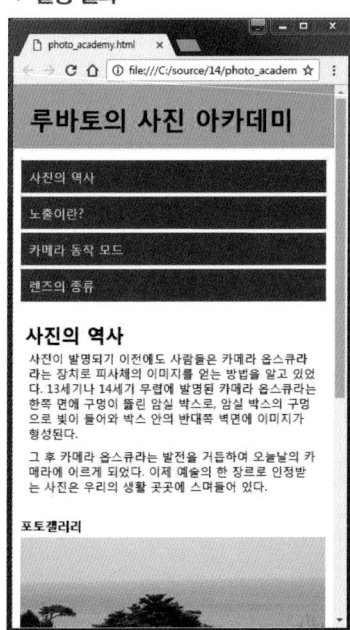

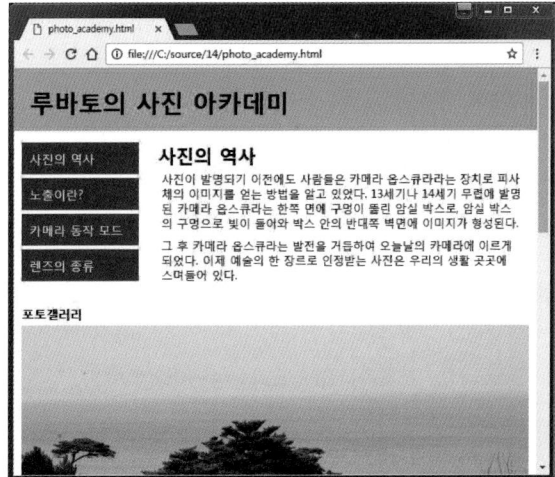

(a) 기기 너비가 600픽셀 미만인 경우   (b) 기기 너비가 600픽셀 이상, 768픽셀 미만인 경우

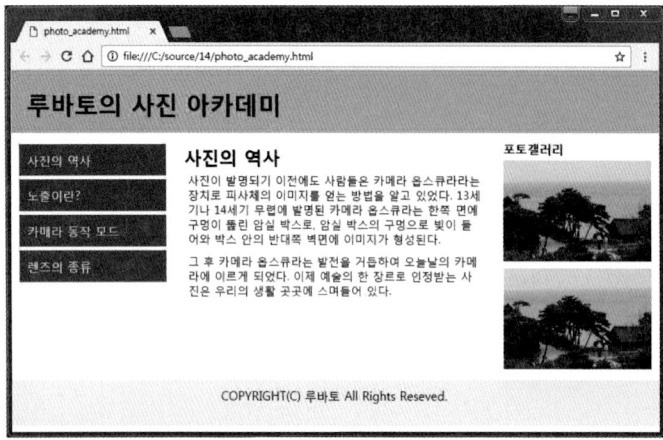

(c) 기기 너비가 768픽셀 이상인 경우

그림 14-10 가변 그리드와 미디어 쿼리로 반응형 웹 페이지 만들기

▼ **소스코드 살펴보기**

- **상단 헤더의 너비**

  94행에서 상단 헤더를 클래스 c12로 정의하고 24~26행에서 클래스 c12의 너비를 100%로 지정했다. 또한 43~56행에서 접속 기기의 너비가 768픽셀 이상인 경우, 즉 클래스 c12의 너비를 100%로 지정했다. 따라서 세 가지 실행 결과 화면에서 모두 상단 헤더가 너비를 꽉 채웠다.

- **하단 푸터의 너비**

  120행에서 하단 푸터를 클래스 c12로 정의하여 상단 헤더와 마찬가지로 하단 푸터도 세 가지 실행 결과 화면에서 너비를 꽉 채웠다.

- **왼쪽 메뉴의 너비(기기의 너비가 768픽셀 이상인 경우)**

  98~105행에 기술된 왼쪽 메뉴는 98행에서 클래스 c_m_3과 c_3으로 정의되었고 25, 31, 46행에서 CSS 명령을 설정했다. 이 중에서 46행(width:25%)은 43행의 미디어 쿼리 구문에 의해 기기의 너비가 768픽셀 이상인 경우에 실행된다. [그림 14-10]의 (c)에서 보듯이 기기의 너비가 768픽셀 이상이면 왼쪽 메뉴의 너비는 25%가 된다.

- **왼쪽 메뉴의 너비(기기의 너비가 600픽셀 이상, 768픽셀 미만인 경우)**

  기기의 너비가 600픽셀 이상, 768픽셀 미만인 경우에는 28행의 미디어 쿼리 구문과 31행(width:25%)에 의해 왼쪽 메뉴의 너비가 25%로 나타난다([그림 14-10]의 (b) 참조).

- **왼쪽 메뉴의 너비(기기의 너비가 600픽셀 미만인 경우)**

  기기의 너비가 600픽셀 미만이면 28~41행과 43~56행이 실행되지 않고 24~26행의 기본 설정이 적용되어 클래스 c3의 너비가 100%로 지정된다. 따라서 [그림 14-10]의 (a)와 같이 왼쪽 메뉴가 가로 방향으로 꽉 차게 나타난다.

- **메인 콘텐츠의 너비**

  107~111행에 기술된 메인 콘텐츠는 107행에 의해 클래스 c_m_9와 c_6으로 정의되었다. 기기의 너비가 600픽

셀 미만이면 [그림 14-10]의 (a)에서 보듯이 메인 콘텐츠의 너비가 100%로 설정되어 가로 방향으로 꽉 차고, 기기의 너비가 600픽셀 이상, 768픽셀 미만이면 37행의 클래스 c_m_9가 적용되어 메인 콘텐츠의 너비가 75%가 된다([그림 14-10]의 (b) 참조). 또한 기기의 너비가 768픽셀 이상인 경우에는 49행의 클래스 c_6이 적용되어 메인 콘텐츠의 너비가 50%로 설정된다. 따라서 [그림 14-10]의 (c)와 같이 중앙의 메인 콘텐츠가 화면의 절반을 차지하고 오른쪽에는 이미지가 나타난다.

- **포토갤러리**

112~118행에 기술된 포토갤러리는 112행에 의해 클래스 c_m_12와 c_3으로 정의되었다. 115행과 116행의 두 이미지는 79행에서 너비가 100%로 지정되었는데, 이처럼 이미지 너비를 100%로 지정하면 이미지의 부모 요소 박스에 꽉 차게 나타난다. 포토갤러리도 기기의 너비가 600픽셀 미만인 경우에는 이미지가 가로 방향으로 꽉 차고([그림 14-10]의 (a) 참조), 기기의 너비가 600픽셀 이상, 768픽셀 미만인 경우에는 40행의 클래스 c_m_12가 실행되어 이미지가 가로 방향으로 꽉 차게 나타난다([그림 14-10]의 (b) 참조). 또한 기기의 너비가 768픽셀 이상이면 46행의 클래스 c_3이 적용되어 포토갤러리의 너비가 25%로 설정되므로 화면 오른쪽에 이미지가 나타난다([그림 14-10]의 (c) 참조).

이 장에서는 반응형 웹 디자인의 기본 작동 원리를 알아보고 가변 그리드와 미디어 쿼리 기법을 이용하여 간단한 반응형 웹 페이지를 만들었다. 다양한 기기에 맞게 페이지 레이아웃을 다르게 하고 요소의 디스플레이 방식을 변경하는 작업은 이 책의 범위를 벗어나므로, 반응형 웹 디자인에 대해 좀 더 깊이 알고 싶은 독자는 관련 전문 서적을 참조하기 바란다.

01 반응형 웹 디자인

웹 페이지가 데스크톱, 랩톱, 태블릿, 스마트폰 등 다양한 기기의 화면에서 제대로 보이게 하는 기술을 말한다.

02 %와 em 단위

반응형 웹 디자인에서는 화면 크기가 다양한 모바일 기기에 맞게 글자 크기를 지정하기 위해, 고정된 픽셀보다는 크기를 상대적으로 설정할 수 있는 %와 em 단위를 사용한다.

03 뷰포트

스마트폰의 브라우저에서 웹 페이지를 보여주는 영역을 뷰포트라고 한다. 반응형 웹 디자인에서는 〈meta〉 태그를 이용하여 뷰포트를 설정한다.

04 가변 그리드

그리드, 즉 격자를 이용하여 브라우저의 크기에 따라 레이아웃 요소의 너비를 쉽게 설정하는 것을 말한다.

05 미디어 쿼리

웹 페이지가 사용되는 미디어의 유형에 따라 CSS를 다르게 적용하는 기술이다.

연습문제

01 뷰포트의 역할과 〈meta〉 태그의 content 속성에서 사용하는 뷰포트 속성에 대해 설명하시오.

02 가변 그리드의 개념을 설명하고 가변 그리드 레이아웃 패턴의 사용법을 설명하시오.

03 미디어 쿼리의 개념과 미디어 유형에 대해 설명하시오.

04 다음은 브라우저 창의 너비가 500px 이하이면 웹 페이지의 배경 색상은 노란색으로, 글자 크기는
0.8em으로, 글자 색상은 파란색으로 변경하는 예제의 실행 결과이다. 다음 소스코드의 빈칸을 채워
완성한 뒤 실행하시오.

source/14/media_query_example.txt

```
<!DOCTYPE html>
<html>
<head>
<meta charset="utf-8">
<meta name=_____ content="width=device-width, initial-scale=1.0"/>
<title>연습문제(14장)</title>
<style>
body {
    font-size:1.0em;
    color:#444444;
}
@media only screen and (_____) { /* 해상도가 500px 이하인 경우 */
    body {
        _____:#ffff00; /* 배경 색상을 노란색으로 */
        color:_____ ; /* 글자는 파란색으로 */
```

```
_____:0.8em;  /* 글자 크기는 150%로 */
    }
}
</style>
</head>
<body>
미디어 쿼리 연습입니다.^^
</body>
</html>
```

부록

웹 표준과
웹 개발 프로세스

웹 사이트나 웹 페이지가 웹 표준을 준수한다는 것은 표준화된 HTML, CSS, 자바스크립트 규정을 따르고 있음을 의미한다. 웹 표준을 준수한 웹 사이트는 웹 표준을 지원하는 어떠한 웹 브라우저 화면에서도 동일하게 표현된다. 현재 사용되고 있는 대부분의 웹 브라우저는 웹 표준을 잘 준수하고 있다. 반대로 웹 표준을 준수하지 않는 웹 사이트는 웹 브라우저의 종류나 버전에 따라 화면에 다르게 나타나기 때문에 사용자들이 기피하게 된다. 따라서 웹 디자이너나 개발자는 웹 사이트를 제작할 때 웹 표준을 준수할 필요가 있다.

WWW(World Wide Web)의 창시자인 팀 버너스 리(Tim Berners Lee)를 중심으로 1994년 10월 창립된 W3C(World Wide Web Consortium)는 다음과 같은 사항에 대한 표준화 작업을 주도적으로 하고 있다.

- HTML, XHTML, SVG, XForms와 같은 언어의 표준화
- CSS, 즉 스타일시트의 표준화
- 자바스크립트의 표준화된 버전, 즉 ECMA 스크립트의 표준화
- 문서 객체 모델, 즉 DOM(document object model)의 표준화

이 책의 모든 설명과 실습은 HTML과 CSS의 최신 표준인 HTML5와 CSS3를 따르고 있다. HTML은 웹 페이지의 구조적인 뼈대를 이루는 부분이기 때문에 표준화된 웹 사이트를 제작할 때 HTML5의 규정을 준수하는 것이 바람직하다.

HTML5에 대해 좀 더 깊이 이해할 수 있도록 그 특징 및 HTML4와 다른 점을 살펴보자.

■ 브라우저 간의 호환성

HTML5로 올바르게 작성된 웹 사이트는 HTML5를 지원하는 모든 웹 브라우저에서 동일하게 표현된다. HTML5로 표준화가 이루어져 웹 브라우저 간의 호환성이 유지되면 사용자 입장에서는 웹 사이트를 마음껏 이용할 수 있으며, 이는 웹 사이트를 제작하는 웹 디자이너나 개발자에게도 바람직한 일이다. 또한 웹 사이트나 웹 솔루션을 개발하는 기업의 입장에서는 크로스 브라우징 문제, 즉 서로 다른 웹 브라우저를 사용했을 때 보이는 결과가 달라 발생하는 문제 때문에 골머리를 썩을 일이 없다. 게다가 HTML5로 개발된 모듈은 확장과 재활용이 용이하다.

■ HTML 문서의 시맨틱과 새로운 태그의 추가

HTML5에 대해 이야기할 때 시맨틱(semantic)이라는 용어가 종종 언급된다. 'semantic'은 '의미의'라는 뜻으로, HTML 태그의 이름과 기능을 일치시킨 것이 시맨틱의 한 예이다. 그 전의 HTML4에서는 오디오 파일이나 비디오 파일을 HTML 문서에 삽입할 때 둘 다 〈embed〉 태그를 사용했는데, HTML5에서는 새롭게 추가된 〈audio〉 태그와 〈video〉 태그를 각각 오디오 파일과 비디오 파일에 사용한다. 그럼으로써 의미가 좀 더 명확해져 HTML 문서에서 〈audio〉 태그가 있는 부분을 보면 '아, 이건 오디오 파일을 재생하는 부분이구나' 하고 알 수 있다.

HTML 문서는 글자, 즉 텍스트 문서이므로 HTML4에서는 사용된 HTML 태그가 웹 브라우저의 웹 페이지 화면에서 어느 부분에 해당하는지 이해하기 어려운 점이 있었다. 그러나 HTML5에서는 태그에 의미, 즉 시맨틱을 부여함으로써 태그의 이름을 통해 직관적으로 그 태그가 어떤 기능을 수행하는지 알 수 있다. HTML5에서는 HTML4에서 사용되던 〈font〉, 〈center〉, 〈frameset〉, 〈frame〉, 〈u〉 태그가 사라지고 시맨틱을 지닌 〈audio〉, 〈video〉, 〈time〉, 〈article〉, 〈section〉, 〈header〉 등의 태그가 새롭게 추가되었다.

■ 구조(HTML)와 디자인(CSS)의 분리

HTML5에서는 HTML 문서 구조는 HTML 태그를 이용하여 작성하고 디자인적인 요소는 HTML 태그나 속성을 이용하기보다 CSS를 사용할 것을 권고한다. 이렇게 함으로써 다음과 같은 큰 장점이 있다.

첫째, HTML 문서 구조가 단순하고 일목요연하여 이해하기 쉽다. 꾸미는 요소가 CSS로 분리되기 때문에 CSS를 제외한 HTML 문서 구조가 단순해지는 것이다. HTML 문서 구조가 복잡해지면 웹 프로그래밍 코드를 삽입하기가 어렵고 추후에 웹 사이트의 유지·보수도 곤란해질 수 있다.

둘째, HTML 문서 구조와 디자인 요소가 서로 분리됨으로써 웹 페이지를 제작하는 시간이 줄어든다. 웹 디자이너나 개발자가 HTML과 CSS로 작업한 웹 페이지 초안을 웹 프로그래머에게 넘겨주면 웹 프로그래머는 PHP 같은 프로그래밍 작업을 바로 시작할 수 있다. 그리고 웹 프로그래머가 프로그래밍 작업을 하는 중에도 디자이너는 CSS를 이용하여 디자인 부분을 수정할 수 있다.

■ 다양한 API 제공

HTML5에서는 웹 응용 프로그램을 개발하는 데 도움이 되는 API(application programming interface)를 제공한다. API는 프로그래밍에 관련된 것으로서 특정 기능을 구현하는 데 사용할 수 있는 함수나 메소드와 같은 인터페이스 모듈을 의미한다. HTML5에서 제공하는

API를 활용하면 프로그래머는 어려운 기능을 직접 구현할 필요가 없다.

HTML5의 대표적인 API 중에는 캔버스(Canvas)가 있는데, 이것을 이용하면 HTML5에서 직접 그림을 그려서 응용 프로그램을 개발할 수 있다. 이 밖에도 웹 페이지에서 마우스로 드래그할 수 있는 드래그 앤드 드롭(Drag & Drop), 인터넷 접속이 끊긴 상태에서도 웹 메일을 볼 수 있는 웹 스토리지(Web Storage), 포털 사이트의 지도 API와 함께 사용되어 자신의 위치를 추적할 수 있는 지오로케이션(Geolocation) 등의 API가 있다. 이러한 API를 이용하면 프로그래머는 자바스크립트나 PHP와 같은 웹 프로그래밍 언어로 직접 개발하느라 고생할 필요 없이 원하는 기능을 손쉽게 구현할 수 있다.

SECTION 02 웹 개발 프로세스

웹 사이트를 새로 디자인하는 데에는 개발하고자 하는 웹 사이트가 제공하는 기능과 특성, 작업 주체의 인적 구성 및 개발 기간에 따라 작업 방법과 과정이 달라진다. 그러나 일반적으로 웹 사이트 개발 과정은 다음 그림과 같이 다섯 단계로 나눌 수 있다. 각 단계에서 중요한 것은 웹 사이트의 운영 주체인 개인이나 기관, 즉 고객과의 대화이다. 특히 기획 단계에서 고객과의 긴밀한 협의를 통해 고객의 요구와 디자이너의 창의성이 결합된 웹 사이트를 개발해야 한다.

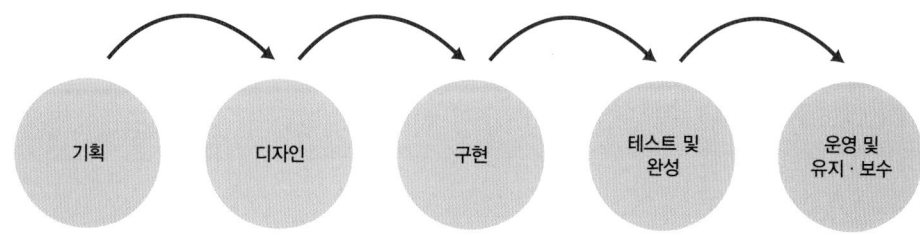

그림 A-1 웹 사이트 개발 5단계

1 기획

웹 사이트를 개발하는 첫 번째 단계는 관련 정보를 수집하고 그 정보를 바탕으로 웹 사이트를 설계하는 기획 단계이다. 기획에서는 구체적인 디자인과 프로그래밍 작업에 앞서 다음과 같은 사항을 고려하고 필요한 정보를 수집해야 한다.

❶ 웹 사이트의 목적

먼저 웹 사이트를 운영하는 목적이 무엇인지 파악해야 한다. 정보 제공, 제품 홍보, 제품 판매, 온라인 교육, 포트폴리오 홍보 등 어떠한 목적으로 웹 사이트를 운영하려는 것인지를 명확히 하고, 그 목적에 맞게 기획 및 디자인 작업이 이루어져야 한다. 다른 분야의 디자인과 마찬가지로 웹 사이트의 디자인에서 가장 우선적으로 고려해야 할 사항 중 하나는 바로 목적에 부합하는 디자인이다.

❷ 사용자 분석

웹 사이트를 이용하는 사용자의 성별, 나이, 성향 등에 맞게 웹 사이트를 개발해야 하는데, 이를 위해서는 어떤 사용자들이 어떤 목적으로 웹 사이트를 이용할지를 분석해야 한다. 사용자 분석을 마치면 그 사용자들에 맞는 웹 사이트의 기능, 콘텐츠 구성, 메뉴 내비게이션 등이 이루어져야 하며, 디자인을 할 때도 사용자가 친근함과 편리함을 느낄 수 있는 색상, 글꼴, 레이아웃 등을 사용해야 한다.

❸ 벤치마킹

개발하고자 하는 웹 사이트의 경쟁 사이트를 분석함으로써 사용자들에게 편의성과 재미있고 유용한 콘텐츠를 제공하는 기틀을 마련할 수 있다. 벤치마킹을 하는 부분은 웹 사이트의 목적과 성격에 따라 다를 수 있으나 일반적으로 다음을 포함한다.

- 모양과 느낌 : 페이지 레이아웃 형태, 화면의 배색과 여백, 글자의 크기 · 색상 · 스타일 등
- 내비게이션 : 메뉴의 형태 · 크기 · 개수 · 위치 등과 검색 기능 여부, 메뉴나 콘텐츠를 클릭했을 때의 페이지 이동 방법 등
- 콘텐츠 : 배너, 이미지, 동영상, 표, 다이어그램, 음악, 음향 효과, 애니메이션 등
- 기능 : 게시판, 회원 가입, 로그인, 관리자 기능 등

❹ CMS 도입 여부

요즘은 웹 사이트 개발을 도와주는 프로그램, 즉 CMS(content management system)가 많이 출시되어 이러한 프로그램의 도움을 받으면 일이 쉬워지고 시간도 단축할 수 있다. 웹 사이트를 개발할 때 웹 사이트가 제공하는 기능과 개발 환경에 따라 CMS 도입 여부를 결정해야 하며, 이에 따라 기획, 디자인, 프로그래밍 등 전체 개발 과정과 개발 기간이 많이 달라진다.

무료로 홈페이지 제작을 도와주는 CMS, 즉 무료 홈페이지 솔루션으로 국내에서 많이 사용되는 것은 제로보드 XE(http://www.xpressengine.com)와 그누보드(http://sir.kr) 등이며, 자세한 정보는 해당 홈페이지에서 얻을 수 있다. 그리고 국외에서는 워드프레스(https://wordpress.org), 윅스(http://wix.com), 스퀘어스페이스(https://www.squarespace.com) 등의 CMS가 널리 쓰이고 있다. 이 외에도 포털 사이트에서 '홈페이지 솔루션'을 검색해 보면 업체에서 제공하는 무료 또는 유료의 다양한 솔루션이 있으니 참고하기 바란다.

CMS 프로그램을 이용하여 홈페이지를 제작하면 디자인과 프로그래밍 작업이 간단하여 개발이 수월하고 제작 기간이 줄어든다는 장점이 있는 반면에 고객의 요구에 맞는 디자인 또는 콘텐츠 구성에 어려움을 겪을 수도 있다. 즉 이미 만들어진 틀을 이용하여 웹 사이트를 제작하는 것이기 때문에 이 틀 안에서 작업이 이루어져야 하는데, 여기서 벗어나게 되면 많은 불편이 따르는

것이다. 따라서 웹 사이트의 목적, 기능, 성격, 개발 기간 등을 고려하고 CMS 프로그램을 사용했을 때와 사용하지 않았을 때의 장단점을 분석하여 CMS 도입 여부를 결정해야 한다.

[그림 A-1]에 제시된 5단계는 CMS 프로그램을 도입하지 않고 직접 웹 사이트 또는 웹 앱을 개발하는 프로세스이다. 만약 CMS 프로그램을 사용한다면 CMS 프로그램의 종류에 따라 기획 단계를 비롯한 전 과정의 개발 방법이 달라지게 된다.

웹 사이트의 목적, 사용자 분석, 콘텐츠 구성에 대한 콘셉트가 결정되었다면 다음으로 구체적인 설계에 들어간다. 이를 위해 먼저 웹 사이트의 콘텐츠 구성에 대한 설계를 하는데, 웹 사이트가 어떤 콘텐츠로 구성되었는지를 가장 잘 보여주는 것은 메뉴 구성도(menu architecture), 즉 사이트 맵이다.

❺ 메뉴 구성도

다음 그림에서 보듯이 웹 페이지 상단에 들어가는 메뉴(top menu), 메인 페이지에 들어가는 메뉴(main menu), 서브 페이지에 들어가는 메뉴(sub menu)의 목록을 작성한다.

그림 A-2 메뉴 구성도의 작성 예

메뉴 구성도를 작성하고 나면 이어서 스토리보드(stroyboard)를 작성한다.

❻ 스토리보드

웹 사이트의 각 페이지에 들어갈 콘텐츠와 메뉴를 결정했다면 다음으로 디자인 시안을 만들기 전에 스토리보드를 만든다. 스토리보드는 웹 페이지 각각의 화면 구성도와 설명으로 이루어지며, 영화의 시나리오와 같다고 생각하면 된다.

다음 그림은 필자의 홈페이지를 제작할 때 작성한 메인 페이지의 스토리보드이다. 여기서는 웹 페이지에 사용된 구성 요소를 블록 형태로 간단하게 도식화하여 나타냈지만, 프로젝트의 규모가 이보다 크면 콘텐츠에 대한 구체적인 설명이나 프로그래밍 시 고려 사항 등이 추가될 수 있다. 한 페이지에 모두 나타낼 수 없는 경우에는 별도의 파일을 만들고 그 첨부 파일의 이름을 스토리보드에 기입한다.

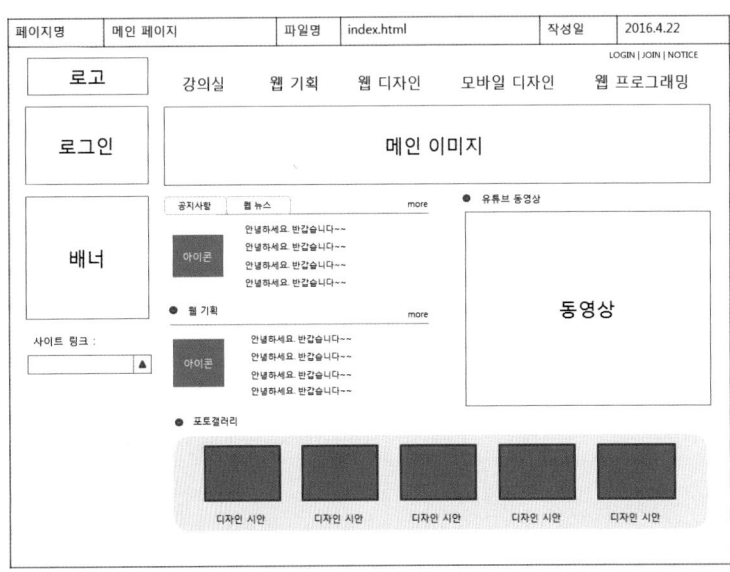

그림 A-3 스토리보드의 작성 예

2 디자인

디자인 작업 과정은 고객에게 보여줄 디자인 샘플인 디자인 시안과 고객의 요구가 반영된 디자인 시안을 바탕으로 제작되는 웹 페이지의 화면 디자인으로 나눌 수 있다. 디자인 시안의 경우 디자인 프로그램(일반적으로 포토샵)을 이용하여 메인 페이지에 해당하는 메인 화면과 서브 페이지의 디자인 시안을 제작한다. 또한 웹 페이지의 화면 디자인은 완성된 메인 페이지 시안과 서브 페이지 시안을 바탕으로 웹 사이트의 모든 페이지를 제작하는 것을 원칙으로 한다. 그러나 웹 사이트의 규모나 개발 기간 등의 상황에 따라 일부 페이지만 화면 디자인을 하기도 한다.

디자인 시안과 화면 디자인 작업이 끝나면 필요한 이미지들을 잘라 폴더에 저장한 다음 HTML 과 CSS를 이용하여 웹 페이지 제작에 들어간다.

3 구현

구현 단계에서는 앞 단계에서 만든 디자인 시안이나 화면 디자인을 바탕으로 HTML과 CSS를 이용하여 웹 페이지를 제작한다. HTML과 CSS를 이용한 웹 페이지 제작 과정은 바로 이 책의 본문에서 다룬 내용이기도 하다.

HTML과 CSS로 웹 페이지 제작을 완료하면 자바스크립트, jQuery, PHP(또는 JSP, ASP. NET) 등의 웹 프로그래밍 언어와 데이터베이스를 이용하여 웹 사이트에 필요한 기능(게시판, 회원 가입, 로그인 등)을 구현한다. HTML과 CSS를 제외한 프로그래밍 작업은 이 책의 범위를 벗어나므로 관련 서적을 참조하기 바란다.

4 테스트 및 완성

구현 단계에서 기능적인 부분을 작업한 다음에는 최종적으로 웹 사이트를 테스트하고 수정하여 웹 사이트를 완성하는 단계에 이른다. 웹 사이트가 요구하는 기능을 테스트해보고 디자인이나 프로그램 소스를 수정하는 것이다. 또한 다양한 웹 브라우저와 각 브라우저의 버전에서 웹 페이지가 제대로 보이는지 확인하여 웹 브라우저 간의 호환 여부를 테스트한다. 모든 브라우저와 각 브라우저의 모든 버전에서 제대로 동작하는 웹 페이지를 제작하는 것은 현실적으로 상당히 어려운 일이다. 따라서 개발하고 있는 웹 사이트의 사용자가 주로 이용하는 웹 브라우저와 버전에서 웹 페이지가 제대로 보이는지 테스트하고 필요시 프로그램 소스를 수정한다.

웹 사이트의 테스트와 수정이 완료되면 FTP 프로그램을 이용하여 서버의 계정에 작업 폴더의 파일과 폴더를 업로드한다. FTP는 'file transfer protocol'의 약어로, 서버에 파일을 송수신할 수 있는 프로토콜, 즉 통신 규약이다. 그리고 FTP 프로그램은 서버에 파일을 업로드하거나 다운로드할 수 있는 응용 프로그램을 말한다.

5 운영 및 유지 · 보수

앞의 과정을 거쳐 웹 사이트 개발이 완료되었다고 해서 모든 일이 끝난 것은 아니다. 웹 사이트는 살아 있는 유기체와 같아서 운영하다 보면 디자인을 수정하거나 기능을 업데이트할 일이 많이 생긴다. 사용자가 지속적으로 웹 사이트를 접속하면 지루함을 느끼게 되므로 메인 이미지를 교체하거나 배너와 같은 콘텐츠를 수정 및 추가할 필요가 있으며, 웹 페이지에 새로운 메뉴를 추가하여 콘텐츠를 보강하기도 한다.

웹 사이트를 운영하는 기업이나 개인이 관련 인력과 기술을 보유한 경우에는 자체적으로 유지 · 보수를 할 수 있겠지만, 그렇지 않은 경우에는 이를 관리하는 업체와 계약을 맺고 웹 사이트의 유지 · 보수를 맡길 수도 있다. 따라서 웹 사이트의 개발을 완성하기 전에 추후의 유지 · 보수에 대해서도 고민하고 계획을 세워야 한다.

지금까지 웹 사이트 개발 과정을 다섯 단계로 나누어 살펴보았는데, 이는 CMS 프로그램을 도입하지 않고 웹 사이트를 직접 디자인하고 기능을 구현하는 데 초점을 맞춘 것이다. 앞에서도 언급했듯이 CMS 프로그램을 사용하는 경우에는 전 과정에 걸친 작업 방법은 물론이고 운영 및 유지 · 보수 방식도 달라지게 된다. 그러므로 웹 사이트 개발 시 기획 단계에서 웹 사이트의 성격, 목적, 개발 기간, 비용, 개발 환경 등을 고려하여 CMS 도입 여부를 신중히 검토해야 한다. 또한 CMS를 도입한다면 사용법과 특성을 잘 파악하여 적절하게 활용해야 적은 비용과 노력으로 웹 사이트를 성공적으로 구축할 수 있을 것이다.

INDEX